HANS NIMMANN, Flächen- und Erdmassenberechnungen im Garten- und Landschaftsbau, 2. Auflage

Flächen- und Erdmassenberechnungen im Garten- und Landschaftsbau

Zweite, neubearbeitete Auflage
von

Hans Nimmann

Professor an der Technischen Fachhochschule Berlin
— Fachbereich Landespflege und Gartenbau —

unter Mitarbeit von
Ing. (grad.) Elisabeth Gehrke-Puck
und Ing. (grad.) Barbara Heinze

Mit 136 Abbildungen, 36 Formelzeichnungen und 39 Tabellen

1980

Verlag Paul Parey · Berlin und Hamburg

Schriftenreihe „Die Gärtnerische Berufspraxis", Heft 36
Reihe B: Landschafts- und Sportplatzbau

Die Schriftenreihe wird herausgegeben von Landwirtschaftsdirektor G. Bouillon, Prof. R. Lehr, Prof. Dr. h.c. R. Maatsch und Prof. A. Niesel.

Die 1. Auflage erschien unter dem Titel NIMMANN „Flächen- und Erdmassenberechnungen".

1. Auflage 1970
ISBN 3-489-73122-0

CIP-Kurztitelaufnahme der Deutschen Bibliothek

Nimmann, Hans:
Flächen- und Erdmassenberechnungen im Garten- und Landschaftsbau / von Hans Nimmann. Unter Mitarb. von Elisabeth Gehrke-Puck u. Barbara Heinze. — 2., neubearb. Aufl. — Berlin, Hamburg : Parey, 1980.
(Schriftenreihe die gärtnerische Berufspraxis ; H. 36 : Reihe B, Landschafts- u. Sportplatzbau)

ISBN 3-489-62922-1

1. Auf. u.d.T.: Nimmann, Hans: Flächen- und Erdmassenberechnungen.

Umschlaggestaltung: Christian Honig, Neuwied/Rhein.

Das Werk ist urheberrechtlich geschützt. Die dadurch begründeten Rechte, insbesondere die der Übersetzung, des Nachdrucks, des Vortrages, der Entnahme von Abbildungen, der Funksendung, der Wiedergabe auf photomechanischem oder ähnlichem Wege und der Speicherung in Datenverarbeitungsanlagen, bleiben, auch bei nur auszugsweiser Verwertung, vorbehalten. Werden einzelne Vervielfältigungsstücke in dem nach § 54 Abs. 1 UrhG zulässigen Umfang für gewerbliche Zwecke hergestellt, ist an den Verlag die nach § 54 Abs. 2 UrhG zu zahlende Vergütung zu entrichten, über deren Höhe der Verlag Auskunft gibt.

© Verlag Paul Parey, Berlin und Hamburg, 1980. Anschriften: Lindenstraße 44—47, 1000 Berlin 61; Spitalerstraße 12, 2000 Hamburg 1. Printed in Germany by H. Heenemann GmbH & Co., 1000 Berlin 42. Buchbinder: Dieter Mikolai, 1000 Berlin 10.

ISSN 0301-2719 ASTM/Coden GABEAH (Schriftenreihe „Die Gärtnerische Berufspraxis") ISBN 3-489-62922-1

Vorwort zur 2. Auflage

Zehn Jahre sind seit Erscheinen der 1. Auflage verstrichen. Die in Lehre und Praxis bei der Benutzung der 1. Auflage gemachten Erfahrungen, neue Erkenntnisse, Normen und Geräte erforderten eine völlig neue Bearbeitung:
Die Gliederung wurde vielseitiger und praxisbezogener, einige Teile wurden gestrafft, andere zur Vervollständigung zugefügt. Der vereinfachende Einsatz von Elektronenrechnern und Kleincomputern fand seinen Niederschlag und gestattet einfachere Aufzeichnungsformen. Besonders erwähnt seien z. B. neue, vereinfachte summarische Erdmassenberechnungen aus der Fläche, insbesondere für die Teilkörper im Nullinienbereich, die sich auch leicht in der EDV anwenden lassen.
Neu aufgenommen wurden auch viele Hinweise für überschlägliche Berechnungsarten. War die 1. Auflage vorrangig als Lehrbuch geeignet, kann die 2. Auflage durch das sehr differenzierte Inhaltsverzeichnis, das Sachverzeichnis und durch die zahlreichen Seitenhinweise im Text auch vom Praktiker leicht als Nachschlagewerk benutzt werden. Die zusätzlichen Zeilenangaben präzisieren die Fundstelle und erleichtern das Auffinden (z. B. bedeutet „Seite 17, 23" = Seite 17, Zeile 23).

Berlin, im Sommer 1980   HANS NIMMANN

Vorwort zur 1. Auflage

Ingenieuren und Technikern, die bei einer Bauabwicklung Flächenbestimmungen und Erdmassenberechnungen vornehmen müssen, soll dieses Buch als Hilfsmittel dienen. Abgesehen von wenigen, meist recht einseitigen Veröffentlichungen wurde das Thema bisher nur in vermessungstechnischen Gesamtwerken behandelt; dadurch aber wird der Benutzerkreis stark eingeschränkt.
Die vorliegende Arbeit ist im Laufe von 15 Jahren gewachsen, während derer sich der Verfasser mit dem Thema in Praxis, Lehre und Übungen beschäftigte. Sie versucht, die möglichen Verfahren in ihrer zweckmäßigen Anwendung, Darstellung, Tabellenführung und Berechnung aufzuzeigen, zugleich aber auch die Fehlerhaftigkeit, die allen Verfahren anhaftet. Besonders wird auf die Erdmassenberechnung aus Höhenlinien oder Ab- und Auftragslinien hingewiesen, weil sich beide Verfahren bei unregelmäßigen Geländeformen besonders schnell und genau anwenden lassen. In der modernen Freiraumgestaltung gewinnen sie auch in Hinblick auf die Möglichkeiten, moderne Erdbaumaschinen und Pauschalabrechnungen einzusetzen, immer mehr an Bedeutung.

Auf eine vollständige Quellen- und Literaturangabe wurde verzichtet, weil sich die Darstellung meist auf allgemein bekanntem mathematischem Grundwissen aufbaut oder zum Teil allein auf eigenen logischen Überlegungen und Untersuchungen beruht und dabei sogar in Widerspruch zu anderen Veröffentlichungen kommt, soweit sie als falsch oder unzweckmäßig erkannt wurden. Erwähnt seien jedoch drei interessante Veröffentlichungen, und zwar die von OSTERLOH, Erdmassenberechnung, Bauverlag, von GÜNTHER, Bauabwicklung im Ingenieurbau, Werner-Verlag, und von MEIER, OENICKE, RÖHR, Aufmaß und Abrechnungen von Erdbewegungen, Bauverlag.

Der Verfasser glaubt, auch neue Wege beschritten zu haben, denn gleiche oder ähnliche Veröffentlichungen sind ihm bislang unbekannt geblieben. Erwähnt seien zum Beispiel die Diagonalprobe, die Anwendung von Ab- und Auftragslinien, die (dreidimensionale) Erdmassenberechnung nach der Methode Elling für Erdmassenberechnungen aus Profilen und Höhenlinien sowie die Berechnung von Restkuppen nach einer neuen Annäherungsformel.

Das Thema soll zwar vollständig ausgelotet werden, aber die vielseitigen Möglichkeiten spezieller Gegebenheiten machen es unmöglich, auf alle Sonderfälle — besonders bei der Berechnung von Reststücken — einzugehen, da sie räumlich oft sehr schwer vorstellbar und mathematisch schwierig zu erfassen sind und meist auch nur geringe Massen ergeben. Auf Beispiele für die Umwandlung von einem Berechnungssystem in ein anderes sowie auf die Berechnung komplizierter Baugruben (zum Beispiel an diagonal geneigten Hängen) wurde verzichtet, da sich solche Berechnungen nach den aufgeführten Methoden durchführen lassen; außerdem hätte der dadurch bedingte Mehrumfang den Verkaufspreis des Buches ungünstig beeinflußt.

Die praktische Vermessung im Gelände wurde, abgesehen von wenigen Hinweisen, nicht behandelt, da dann der gesetzte Rahmen gesprengt worden wäre und ohnehin genügend Veröffentlichungen zu diesem Thema vorliegen.

Die in den Formeln verwendeten Buchstaben entsprechen nicht den neuesten, international geltenden, da diese dem angesprochenen Leserkreis kaum geläufig sein dürften und somit die Verständlichkeit gelitten hätte.

Berlin, im Mai 1970

HANS NIMMANN

Inhalt

1.	**Allgemeines**	13
1.1	Koordinatenanordnung und -darstellung	13
1.2	Maßeinheiten	14
1.3	Maßstäbe	14
1.4	Rechengänge und Tabellen	15
2	**Flächenbestimmungen**	16
2.1	Flächenbestimmung auf Plänen	16
2.1.1	Geometrische Flächen	16
2.1.1.1	Quadrat, Rechteck, Parallelogramm	17
2.1.1.2	Dreieck	17
2.1.1.3	Trapez	17
2.1.1.4	Parallelglastafel	18
2.1.1.5	Klothsche Hyperbeltafel	18
2.1.1.6	Kreis, Ellipse, gekrümmte Flächen	18
2.1.2	Vielecke	18
2.1.2.1	Zerlegen in geometrische Flächen	18
2.1.2.2	Umwandeln in ein Dreieck	20
2.1.2.3	Bestimmung nach Koordinatenwerten der Eckpunkte	20
2.1.2.3.1	Trapezsumme	20
2.1.2.3.1.1	Trapezsumme mit Achse außerhalb	20
2.1.2.3.1.2	Trapezsumme mit Achse innerhalb	22
2.1.2.3.2	Gaußsche Flächenformel	23
2.1.2.3.3	Ellingsches Verfahren	26
2.1.2.3.3.1	Ellingsches Verfahren für Kurbelmaschinen	26
2.1.2.3.3.2	Ellingsches Verfahren für Elektronenrechner	27
2.1.2.3.3.3	Ellingsches Verfahren für Kleincomputer	28
2.1.2.4	Bestimmung von Vielecken mit Polarkoordinaten	28
2.1.2.5	Bestimmung mit Polygonzug	29
2.1.2.6	Vielfachflächen	29
2.1.3	Flächenbestimmung kurvig begrenzter, unregelmäßiger Flächen	29
2.1.3.1	Ausschneiden und Wiegen	29
2.1.3.2	Umwandeln in Vielecke mit Flächenausgleich	29
2.1.3.3	Zerlegen in Vielecke und Kappen	29
2.1.3.4	Quadrattafel (Zähltafel)	30
2.1.3.5	Planimeterharfe	30
2.1.3.6	Schneidenplanimeter (= Zirkelplanimeter)	31
2.1.3.7	Polar- oder Kompensationsplanimeter	32

2.1.3.7.1	Pol außerhalb der Fläche	32
2.1.3.7.2	Pol innerhalb der Fläche	35
2.1.3.7.3	Verstellbarer Fahrarm	35
2.1.3.7.4	Verstellbarer Polarm	35
2.1.3.7.5	Prüfung des Polarplanimeters, Fehlerermittlung	36
2.1.3.8	Meßrad (Kurvenmesser, Kurvenmeter)	36
2.1.4	Zweimaßstäbliche Flächen	37
2.1.5	Flächenkontrolle, Genauigkeit, Fehlerausgleich	37
2.1.5.1	Flächenplan, zeichnerische Darstellung	38
2.1.5.2	Flächentabelle, Teilflächen	39
2.1.5.3	Flächenzusammenstellung und -ausgleich	40
2.1.5.4	Fehlergrenzen	41
2.1.6	Geneigte Flächen	41
2.1.6.1	Horizontalaufmaß	42
2.1.6.2	Neigungsaufmaß	42
2.1.6.3	Zuschläge für gleichmäßig geneigte Böschungsflächen	44
2.1.6.4	Zuschläge für unregelmäßig geneigte Flächen	44
2.2	Flächenaufmaß im Gelände	45
2.2.1	Aufmaßplan und Aufmaßtabelle	45
2.2.2	Horizontalaufmaß	46
2.2.2.1	Geometrische Einzelflächen	46
2.2.2.1.1	Quadrat, Rechteck, Parallelogramm	47
2.2.2.1.2	Dreieck	47
2.2.2.1.3	Trapez	47
2.2.2.1.4	Kreis, Ellipse	48
2.2.2.2	Vieleck	48
2.2.2.2.1	Zerlegen von Vielecken in geometrische Flächen	48
2.2.2.2.2	Koordinatenaufmaß von Vielecken	48
2.2.2.2.3	Polarkoordinatenaufmaß	50
2.2.2.2.4	Polygonzug	51
2.2.2.2.5	Bussolenzug	51
2.2.2.3	Kurvig begrenzte, unregelmäßige Flächen	52
2.2.2.3.1	Umwandeln in ein Vieleck mit Flächenausgleich	52
2.2.2.3.2	Zerlegen in ein Vieleck und Kappen	52
2.2.2.3.3	Aufmaß nach Simpsonscher Regel	53
2.2.2.4	Vielflächensysteme	53
2.2.2.4.1	Geometrische Einzelaufmaße	53
2.2.2.4.2	Koordinatenaufmaß	54
2.2.2.4.3	Polarkoordinatenaufmaß	54
2.2.3	Abwicklungsaufmaß	54
2.2.3.1	Direktes Neigungsaufmaß	55
2.2.3.1.1	Direkte Aufmaße im Streckenverfahren	55
2.2.3.1.2	Direkte Koordinatenaufmaße	55
2.2.3.2	Indirektes Neigungsaufmaß	55
2.2.4	Aufmaßkontrolle, Genauigkeit, Flächenausgleich	55
2.2.4.1	Streckenkontrollen	56
2.2.4.2	Flächenkontrollen	56
2.2.4.3	Fehlergrenzen bei Flächenberechnungen nach Aufmaß im Gelände	56

3	**Erdmassenberechnung**	58
3.1	Grundlagen	58
3.1.1	Grundfläche mal Höhe	58
3.1.2	Grundfläche mal mittlere Höhe	58
3.1.2.1	Flächenschwerpunktermittlung	60
3.1.3	Pyramiden- und Kegelförmige	62
3.1.4	Prismatoide	62
3.1.4.1	Prismatoidformel	62
3.1.4.2	Durchschnittsformel	64
3.1.5	Unregelmäßige Erdkörper	65
3.1.6	Methoden der Erdmassenberechnung	65
3.1.6.1	Direkte Erdmassenberechnung	66
3.1.6.2	Indirekte Erdmassenberechnung	66
3.1.6.3	Zerlegen in einfache Körper	66
3.1.6.4	Berechnung aus der Fläche	67
3.1.6.5	Berechnung aus Profilen	67
3.1.6.6	Berechnung aus Höhenlinien	67
3.1.6.7	Kombinationen	67
3.1.6.8	Sandkasten-Methode	68
3.2	Erdmassenberechnung nach Plänen	68
3.2.1	Plandarstellung	68
3.2.2	Erdmassenberechnung aus der Fläche	69
3.2.2.1	Regelmäßige Höhennetze	69
3.2.2.1.1	Mittlere Höhe aus Netzhöhen	70
3.2.2.1.2	Summarische Berechnung von reinen Abtrags- und Auftragsfeldern	72
3.2.2.2	Einzelkörper	75
3.2.2.2.1	Quadrat, Rechteck	75
3.2.2.2.2	Diagonalprobe	76
3.2.2.2.3	Nullinienermittlung	76
3.2.2.2.4	Dreiecke	78
3.2.2.2.5	Trapeze	79
3.2.2.2.6	Rechtecke (Quadrate) mit einem Ab- bzw. Auftragswert	80
3.2.2.2.7	Unregelmäßige Vierecke	81
3.2.2.3	Überschlägliche Massenberechnung aus der Fläche	82
3.2.2.4	Fehler bei Massenberechnungen aus der Fläche	83
3.2.3	Erdmassenberechnung aus Profilen	83
3.2.3.1	Lage und Bezeichnung der Profile	84
3.2.3.2	Lage der Profilpunkte	84
3.2.3.3	Darstellung von Profilen	84
3.2.3.4	Massenberechnung aus Längsprofilen	86
3.2.3.5	Massenberechnung aus Querprofilen	86
3.2.3.5.1	Annähernd gleichlange Profile	88
3.2.3.5.2	Ungleichlange Profile, Berechnung nach Prismatoidformel	90
3.2.3.5.3	Zwischenprofile	92
3.2.3.5.4	Ab- und Auftragsprofil stehen sich gegenüber	92
3.2.3.5.5	Nullpunkt- und Nullinienermittlung *aus Profilen*	94

3.2.3.5.6	Profile mit Ab- und Auftrag (Mischprofile)	95
3.2.3.5.7	Ab- und Auftragsprofil gegenüber reinem Ab- oder Auftragsprofil	96
3.2.3.5.8	Mittlere Höhe aus Profilen	96
3.2.3.5.9	Vielschichtige Profile	98
3.2.3.5.10	Nicht parallele Profile	98
3.2.3.5.11	Beispiel einer Erdmassenberechnung aus Profilen	98
3.2.3.5.12	Restkörper	99
3.2.3.5.13	EDV-Abrechnung aus Profilen	100
3.2.3.6	Überschlägliche Erdmassenberechnung aus Profilen	100
3.2.3.7	Fehler bei Massenberechnung aus Profilen	102
3.2.4	Erdmassenberechnung aus Höhenlinien	102
3.2.4.1	Zeichnerische Darstellung von Höhenlinien	103
3.2.4.2	Konstruktion von Höhenlinien	103
3.2.4.2.1	Durch Profildarstellung	103
3.2.4.2.2	Im Z-Verfahren	104
3.2.4.2.3	Mit Höhenlinienharfen	104
3.2.4.3	Interpolieren von Höhenlinien	104
3.2.4.4	Mittlere Höhe aus Höhenlinien	106
3.2.4.5	Restkuppen	108
3.2.4.6	Direkte Massenberechnung aus alten und neuen Höhenlinien	108
3.2.4.6.1	Gleichlange Schichtflächen	110
3.2.4.6.2	Ungleichlange Schichtflächen	110
3.2.4.6.3	Zwischenschichtflächen	110
3.2.4.6.4	Wechsel von Ab- und Auftragsschicht	112
3.2.4.6.5	Ab- und Auftragsschicht über (bzw. unter) reiner Ab- oder Auftragsschicht	112
3.2.4.6.6	Nullinienermittlung	112
3.2.4.6.7	Restkörper	114
3.2.4.6.8	Überschlägliche Massenermittlung aus Höhenlinien	114
3.2.4.7	Fehler bei Massenberechnungen aus Höhenlinien	116
3.2.5	Erdmassenberechnung aus Ab- und Auftragslinien	116
3.2.6	Erdmassenberechnung nach der Methode Elling	118
3.2.7	Erdmassenberechnung aus alter und neuer mittlerer Höhe	118
3.2.8	Umwandeln von Höhenmaßsystemen	118
3.2.9	Bodenlockerung	120
3.2.9.1	Bleibende Lockerung	121
3.2.9.2	Anfängliche Lockerung	121
3.2.10	Böschungen	121
3.2.10.1	Böschungswinkel für Baugruben	124
3.2.10.2	Böschungswinkel für Abtragsböschungen	124
3.2.10.3	Böschungswinkel für Auftragsböschungen	124
3.2.11	Massenbilanz	124
3.2.12	Ausgleich bei Überschuß- bzw. fehlendem Boden	126
3.2.13	Bodenbewegung und Zwischenlagerung (Bauphasen)	127
3.2.13.1	Oberboden, Boden für vegetationstechnische Zwecke	131
3.2.13.2	Unterboden	133
3.2.13.3	Baugruben	133
3.2.13.4	Zwischenlagerung	134

3.3	Erdmassenberechnung nach örtlichem Aufmaß zur Abrechnung	134
3.3.1	Baugruben	134
3.3.2	Erdhaufen, Mieten	134
3.3.3	Aufmaß aus der Fläche	135
3.3.4	Aufmaß nach Profilen	136
4	**Abrechnung nach der ATV** (Allgemeine Technische Vorschriften für Bauleistungen)	138
4.1	Abrechnung nach DIN 18 300 (Erdarbeiten), August 1974	138
4.2	Abrechnung nach DIN 18 320 (Landschaftsbauarbeiten), September 1976	140
5	**Formelsammlung**	143
Sachverzeichnis		151

Abbildungsverzeichnis

Abbildungen 1—10	19
Abbildungen 11—15	21
Abbildungen 16—25	25
Abbildungen 26—34	33
Abbildung 35	43
Abbildungen 36—40	49
Abbildungen 41—58	59
Abbildungen 59—66	63
Abbildungen 67—73	73
Abbildungen 74—79	77
Abbildungen 80—83	85
Abbildungen 84—87, 91	87
Abbildungen 88—90	91
Abbildungen 92—96	93
Abbildungen 97—102	97
Abbildungen 103—109	101
Abbildungen 110—114	105
Abbildungen 115—119	109
Abbildung 120	111
Abbildungen 121—128	113
Abbildung 129	115
Abbildungen 130—136	119

1 ALLGEMEINES

Der Flächenbestimmung und der Erdmassenberechnung liegen mathematische Formeln für die verschiedenen Flächen- und Raumformen zugrunde. Im Text sind nur die wichtigsten aufgeführt. Spezielle Formeln lassen sich meist aus diesen entwickeln bzw. auch aus der beigefügten Formelsammlung oder anderen mathematischen Lehrbüchern und Formelsammlungen entnehmen. Abgesehen von Einzelflächen oder -körpern sollte nach Möglichkeit nicht von Teilstreckenmaßen ausgegangen werden, sondern, dem Vermessungsverfahren entsprechend, von Koordinatenwerten, also fortlaufenden Messungen, bei denen alle Werte von einem gemeinsamen Nullpunkt ausgehen.

1.1 Koordinatenanordnung und -darstellung

Für die drei Dimensionen ergeben sich x-, y- und z-Werte. Entgegen der in der Mathematik üblichen linksläufigen Anordnung des Koordinatensystems sollten die Bezeichnungen den Regeln der Vermessungstechnik entsprechen, die sich dem praktischen Vermessungsgang (rechtsläufig) anpassen (Geodätisches Koordinatensystem, Hoch- und Rechtswert) **(Abb. 1)**:

Horizontal-(Lage)-Vermessung

x = 1. Vermessungsgang geradeaus (auch Nordrichtung). Bei Straßenachsen auch —
 dieser folgend — gekrümmt = Abszisse
y = 2. Vermessungsgang, Werte nach links = $-y$ = Ordinate
  Werte nach rechts = $+y$ = Ordinate

Vertikal-(Höhen-)Vermessung

z = 3. Vermessungsgang nach oben (Höhen) = Ordinate

Eine einheitliche Verwendung dieser Koordinatenbezeichnungen erleichtert die Zuordnung von Werten, besonders im Hinblick auf den Einsatz von Computern und der EDV. Um Mißverständnisse auszuschalten, sollte die Richtung der Koordinaten auf der Zeichnung angegeben werden.
Die Stellung der Ordinatenwerte (Zahlen) im Plan oder in der Zeichnung sollte die betreffende Koordinate und ihre Richtung, also die Lage des Nullpunktes, deutlich erkennen lassen. Deshalb sollten die Zahlen so eingeschrieben werden, daß der Fuß jeder Zahl stets zum zugehörigen Nullpunkt zeigt **(Abb. 1)**. Die Zahlen stehen demnach bei fortlaufenden Messungen rechtwinklig zur Meßstrecke. Höhenlinienzahlen (z) zeigen mit ihrem Fuß also hangabwärts **(Abb. 120)**, bei negativen z-Werten (z. B. Meerestiefen) hangaufwärts.
Ein Lageaufmaß in dieser Form zeigt **Abb. 16**, eine Profildarstellung **Abb. 88**. Bei Vielfachflächen (Seite 29, 15) kann diese Darstellungsart unübersichtlich werden. Man könnte — in richtiger Zahlenstellung — die x- und y- bzw. die y- und z-Werte direkt an die Punkte schreiben **(Abb. 17)**, wodurch die Darstellung der Meßlinien entfallen könnte.

14   Allgemeines

Sofern auf dem Plan ein entsprechender Hinweis vorhanden ist, könnte von der o. a. Zahlenstellung abgewichen werden und die x-, y- und erforderlichenfalls auch die z-Werte neben jeden Punkt untereinandergeschrieben werden **(Abb. 2)**.
Bei Anschreiben der Koordinatenwerte an den jeweiligen Punkt ist eine direkte Eingabe aus dem Plan in den Rechner besonders einfach.
Bei kleinen Planmaßstäben oder bei Punkthäufung, bei vielen und kleinen Flächen, ist im Plan kein Platz für die Angabe von Koordinatenwerten. Dann müssen die Punkte numeriert werden und die Werte sind aus einer besonderen Tabelle zu entnehmen (**Abb. 3**, Tab. 1).

Tabelle 1

Pkt. Nr.	x	y
1	4,00	27,50
2	5,10	15,00
3	5,45	12,38
4	5,80	9,10
5	12,00	15,65
6	15,42	13,50
usw.		

Eine besondere Darstellungsform kann vorgeschrieben sein, z. B. bei Baubehörden (Seite 100, 20).
Bei nicht fortlaufenden Messungen (Teilstreckenmaße) sollten die Streckenwerte stets auf die Mitte der Strecke und in die Fläche, die damit berechnet werden soll, geschrieben werden **(Abb. 4)**.

1.2   Maßeinheiten

Die Maßeinheit (z. B. m oder müNN) sollte stets angegeben werden; aus Gründen der Übersichtlichkeit, Arbeits- und Platzersparnis auf Zeichnungen aber nur einmal an deutlicher Stelle (am Linienmaßstab, **Abb. 5** oder in der Erläuterung), bei Tabellen nur im Tabellenkopf, aber in allen Spalten, weil sich hier die Maßeinheiten oft ändern (m, m^2, m^3). Durchweg werden metrische Maßeinheiten, meist Meter (= m), verwendet. Es sind jedoch auch andere Maßeinheiten notwendig (z. B. NE = Noniuseinheiten bei Verwendung eines Polarplanimeters). Eindimensional ergeben sich für die Flächen- und Erdmassenberechnung mm (Millimeter), cm (Zentimeter) und m (Meter); zweidimensional: mm^2 (Quadratmillimeter), cm^2 (Quadratzentimeter) und m^2 (Quadratmeter); früher auch ar (Ar = 100 m^2) und ha (Hektar 10 000 m^2); dreidimensional: m^3 (Kubikmeter).[1]

1.3   Maßstäbe

Auf der Zeichnung werden absolute Maße (mm, cm), also direkte Papiermaße, oder relative (m), die dem Planmaßstab entsprechen, gemessen, oder es werden direkte Urmaße (m) eingetragen, die im Gelände aufgemessen wurden.
Es sollten einfache Maßstäbe verwendet werden (DIN 823, 3/76 : M 1 : 1, 1 : 2,5, 1 : 5, 1 : 10, 1 : 20, (1 : 25), 1 : 50, 1 : 100, 1 : 200, (1 : 250), 1 : 500, 1 : 1000).[2]

---

[1] In der elektronischen Datenverarbeitung (EDV) Schreibweise auch: M = m, M2 = m^2, M3 = m^3.

[2] In den Zeichnungen ergeben sich z. T. auch andere Maßstäbe durch die Verkleinerung.

Bei Umrechnungen von einer Maßeinheit in eine andere, bzw. von einem Maßstab in den anderen, bzw. von einer Dimension in eine höhere, ist die Kommastellung entsprechend der 1., 2. oder 3. Dimension zu berücksichtigen, z. B.:
Bei M1 : 200 ist 1 mm ≙ 0,2 m
$\quad\quad\quad\quad$ 1 mm^2 ≙ 0,04 m^2
$\quad\quad\quad\quad$ 1 mm^3 ≙ 0,008 m^3

1.4 Rechengänge und Tabellen

Die Rechenergebnisse werden auf zwei Stellen hinter dem Komma gerundet, d. h. Abrunden bei einer 1, 2, 3 oder 4 und Aufrunden bei einer 5, 6, 7, 8 oder 9 in der 3. Dezimalstelle, auch bei Teil- und Zwischensummen. Hierbei ergeben sich u. U. verschiedene Endergebnisse je nach dem durchgeführten Rechengang und den verwendeten Elektronenrechnern (= Rundungsfehler), z. B. wirft ein einfacher Rechner bei 1 : 3 × 3 × 1000 = 999,99... aus, während ein guter Rechner 1000 (richtiges Ergebnis) auswirft. Es gibt Rechner, die logisch runden und andere, die die Reststellen einfach abschneiden. Deshalb sollten die Rechnungen möglichst summarisch durchgeführt werden, d. h. alle sich wiederholenden Rechengänge sollten ausgeklammert und am Schluß an der Summe durchgeführt werden, und zwar zuerst die Multiplikationen und erst am Schluß die Divisionen, wodurch Rundungsfehler auf ein Minimum reduziert werden. Es ist genauer, mit nicht gerundeten Zwischenergebnissen im Rechner im kontinuierlichen Rechengang weiterzurechnen. Bei vielen (gleichartigen) Flächen ist deshalb die jeweilige tabellarische Zusammenfassung von gleichen Rechengängen (z. B. Rechtecke und Dreiecke) sinnvoll.

Bei Baubehörden sind z. T. Rechenanweisungen für Aufmaß und Abrechnung festgelegt. Bei den Aufzeichnungen sollten die Rechenansätze (Urmaße) erkennbar sein. Bei Wiederholung gleicher Formeln ist ein Kurzzeichen in besonderer Spalte angebracht, z. B.: D = Dreieck, T = Trapez, P = Prismatoid. Erläuterung der Kurzzeichen in einer Vorbemerkung. Bruch- und Klammerschreibweisen sollten vermieden werden, da sie viel Platz benötigen, unübersichtlich sind und auch für EDV-Anlagen unzweckmäßig sind.

Es bieten sich Aufzeichnungen in Tabellenform an, aus deren Kopfspalten die Maßeinheiten und Rechengänge erkennbar sind (vorgedruckte Formulare). Positive und negative Werte sind wegen der Übersichtlichkeit und um Verwechslungen zu vermeiden in getrennten Spalten anzuordnen. Bei ungewöhnlichen Rechengängen empfiehlt sich in einer Vorbemerkung ein Beispielrechengang, um den Gebrauch der Tabelle verständlich zu machen. U. U. ist zu vermerken, mit welchem Elektronenrechner gerechnet wurde, damit abweichende Endergebnisse erklärbar sind. Die Tabellen sind so anzuordnen, daß keine Werte mehrfach aufgezeichnet werden müssen. Aufzeichnungsvorschriften z. B. von Baubehörden (Seite 100, 20) sind zu beachten.

2 FLÄCHENBESTIMMUNGEN

In der Vermessungskunde unterscheidet man nach WERKMEISTER, Lexikon der Vermessungskunde, 1949, bei der Bestimmung der Fläche einer im Felde (Uraufmaß) oder in einem Plan gegebenen Figur:

a) *Flächenbestimmung aus Feldmaßen im* Streckenverfahren, (Seite 47, 10), im rechtwinkligen Koordinatenverfahren (Seite 48, 30) und im Polarkoordinatenverfahren (Seite 50, 05).

b) *Flächenbestimmung aus Feld- und Planmaßen,* auch halbgraphische Flächenbestimmung genannt: Die Figuren müssen maßstäblich in einem Plan vorliegen. Das Verfahren wird bei Flächen angewendet, deren eine Dimension sehr groß ist, während die andere sehr klein ist, z. B. bei Wegen, wobei die Länge auf dem Plan ermittelt, die Breite aber im Gelände gemessen wird.

c) *Flächenbestimmung aus Planmaßen,* auch graphische Flächenbestimmung genannt, aus maßstäblich gezeichneten Figuren, deren Maße auf dem Plan gemessen werden. Dieses Verfahren soll zunächst behandelt werden.

2.1 Flächenbestimmung auf Plänen

Die Flächenbestimmung nach Plänen (Zeichnungen) erhält nach der ATV (Seite 140, 20) eine erhöhte Bedeutung, da dort ausdrücklich das Abrechnen nach Ausführungszeichnungen vorangestellt wurde, um ein örtliches Aufmaß (Seite 45, 25) zu sparen. Grundsätzlich sind die in dieser ATV festgelegten Vorschriften bei Ausschreibungen zu beachten, wobei in Sonderfällen außer den auf Seite 138, 17 zitierten DIN-Normen auch noch andere heranzuziehen sind.

Die vertragliche Festlegung der Aufmaßart kann sinnvoll sein (z. B. Polarkoordinaten und mit selbstreduzierendem Tachymetertheodolit), insbesondere wenn diese eine geringere Genauigkeit hat.

2.1.1 Geometrische Flächen

Die Flächen werden in einfache, geometrisch zu bestimmende Teilflächen aufgeteilt. Bei benachbarten Figuren möglichst gemeinsame Strecken zur Berechnung benutzen. Maße *auf* die gemessene Strecke *in* die betreffende Fläche schreiben, ohne Rücksicht auf die Stellung der Zahl zum Plan **(Abb. 4)**.

2.1.1.1 Quadrat, Rechteck, Parallelogramm

Beim *Quadrat* **(Abb. 6a)**, *Rechteck* **(Abb. 6b)**, Parallelogramm **(Abb. 7)** ist die

$$\text{Fläche} = \text{Grundstrecke} \times \text{Höhe} = F = g \cdot h$$

2.1.1.2 Dreieck

Beim *Dreieck* **(Abb. 8)**:

$$F = \frac{\text{Grundstrecke} \times \text{Höhe}}{2} = \frac{g \cdot h}{2}$$

Für Aufmaß im Gelände (Seite 47, 10) bzw. wenn die Maße im Plan vorliegen, bietet sich auch die Flächenberechnung aus den Dreiecksseiten nach der heronschen Formel an (Seite 47, 22).

$$F = \sqrt{s\,(s-a)\,(s-b)\,(s-c)}, \text{ wobei } s = \frac{a+b+c}{2} \text{ ist.}$$

Ebenfalls für Abstecken und Aufmaß im Gelände (Seite 50, 06) aus einem Winkel und den beiden Schenkellängen:

$$F = \frac{a \cdot b \cdot \sin\varphi}{2}$$

2.1.1.3 Trapez

Beim *Trapez* **(Abb. 9)**

$$F = \frac{\text{Grundstrecke} \times \text{Summe beider Höhen}}{2} = \frac{g \cdot (h_1 + h_2)}{2}$$

oder

$$F = \text{Grundstrecke} \times \text{mittlerer Höhe} = g \cdot m_h$$

Diese Trapezformeln entsprechen der im praktischen Aufmaß benutzten.

Die tabellarische Zusammenfassung von Dreiecken und Trapezen erspart das Halbieren bei jeder Teilfläche, wenn zunächst mit 2 F gerechnet wird. Die Halbierung erfolgt dann am Schluß der Tabelle.
Verschränkte Trapeze siehe Seite 22, 45.

2.1.1.4 Parallelglastafel (Abb. 11)

Sie dient zum unmittelbaren Ablesen der Streckenwerte bei Dreiecken bzw. Vierecken auf dem Plan, wobei die Halbierung bereits berücksichtigt wird. Die horizontalen Gitterlinien werden parallel zur Grundfläche bzw. bei Vierecken zu einer Diagonalen gelegt. Der Längenwert der Diagonalen und der Höhensumme beider Dreiecke (beim Viereck) werden abgelesen. Das Produkt beider Ablesungen ergibt den Flächeninhalt, da die Gitterlinien für die Höhen im doppelten Maßstab eingetragen sind und so die Halbierung bereits berücksichtigt wird. Im Beispiel: $42,00 \cdot 17,50 = 735,00$ m^2.
Dieses Verfahren ist beim Rechnen mit 2 F oder mit Elektronenrechnern nicht mehr erforderlich.

2.1.1.5 Klothsche Hyperbeltafel (Abb. 12)

Sie ermöglicht die direkte Ablesung des Flächeninhaltes von Dreiecken. Die transparente Glastafel hat symmetrische Hyperbelgruppen entweder mit mm^2-Werten oder (für einen bestimmten Maßstab) m^2-Werten. Bei der **Abb. 12** wird die Mittelasymptote zuerst auf die Diagonale des Vierecks (bzw. die Grundseite des Dreiecks) gelegt (gestrichelte Lage). Darauf wird die Tafel längs eines an der oberen Tafelkante angelegten Lineals nach links und nach rechts verschoben, so daß sich für die beiden Dreiecke die voll ausgezogenen Lagen ergeben. An den freien unteren Ecken der Dreiecke können dann ihre Flächeninhalte (1500 und 750 m^2) abgelesen werden. F ist im Beispiel dann 2250 m^2. Auch dieses Verfahren lohnt sich bei Verwendung von Elektronenrechnern nicht mehr.

2.1.1.6 Kreis, Ellipse, gekrümmte Flächen

Die Flächenformeln sind der Formelsammlung am Schluß zu entnehmen (Seite 145). Gekrümmte Flächen siehe auch geneigte Flächen (Seite 41, 10) und Abwicklungsaufmaß (Seite 42, 41).

2.1.2 Vielecke

2.1.2.1 Zerlegen in geometrische Flächen

Dieses Verfahren ist das üblichste, sofern nicht bereits Konstruktionsmaße, z. B. Absteckmaße nach Koordinaten o. a., vorliegen. Die Eckpunkte von Vielecken sollten rechtsläufig numeriert werden **(Abb. 4)**. Vielecke können leicht in Dreiecke **(Abb. 4)** zerlegt werden. Die Einzeldreiecke erhalten keine besondere Kennzeichnung, da sie bereits durch die Ecknummern definiert sind. Eine Systematik, z. B. stets zuerst die Grundseite, ist in Tabellen hilfreich, wodurch u. U. die Maße in der Zeichnung fortfallen könnten. Zur Kontrolle: n Ecken ergeben n-2 Dreiecke. Tab. 2 zeigt Beispiele für **Abb. 4**:

Flächenbestimmung auf Plänen 19

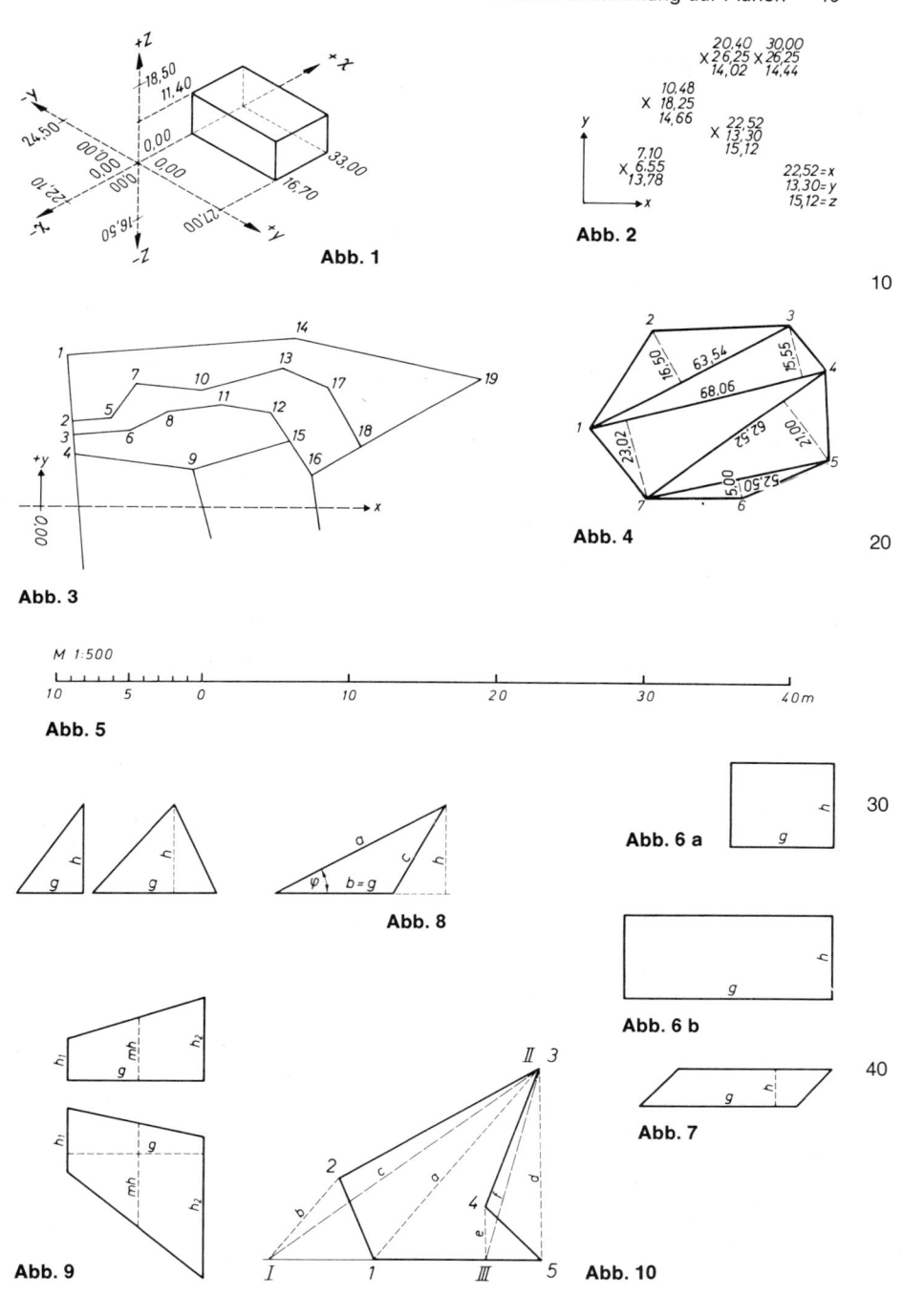

Abb. 1

20,40 30,00
×26,25 ×26,25
 14,02 14,44

     10,48
   × 18,25
     14,66   22,52
                ×13,30
                 15,12
     7,10
   × 6,55   22,52=x
    13,78   13,30=y
                         15,12=z

Abb. 2

Abb. 3

Abb. 4

M 1:500

Abb. 5

Abb. 6 a

Abb. 8

Abb. 6 b

Abb. 9

Abb. 7

Abb. 10

20 Flächenbestimmungen

Tabelle 2

Dreieck	g(m)	h(m)	g·h = 2 F
3-1-2	63,54	16,50	1 048,4100
4-1-3	68,06	15,55	1 058,3330
1-4-7	68,06	23,02	1 566,7412
7-4-5	62,52	21,00	1 312,9200
7-5-6	52,50	5,00	262,5000

5 Dreiecke = 7-2 5 248,9042 : 2 = 2 624,45 m^2

2.1.2.2 Umwandeln in ein Dreieck

Dieses Verfahren dient nicht zur Flächenermittlung, sondern um bei gleichbleibender Fläche in der Planung durch Konstruieren nach den Gesetzen der Planimetrie, z. B. vieleckige Grundstücke oder Grundstücksteile zu vereinfachen. **Abb. 10** zeigt die Umwandlung eines Fünfecks *(1, 2, 3, 4, 5)* in das Dreieck (I, II, III). Eine beliebige Seite wird als Konstruktionsgrundseite benutzt. Zug um Zug werden jeweils 2 Seiten in eine Ausgleichseite umgewandelt, bis nur noch drei Seiten vorhanden sind. Im Beispiel wird erst a gezeichnet, parallel dazu b, dann c (= Dreiecksseite), dann d, parallel dazu e, dann f (= Dreiecksseite). Die Fläche des neuen Dreiecks (I, II, III) ist gleich der Fläche des Ausgangsvielecks. Das Verfahren erfordert zwar viel Konstruktionsarbeit, aber nur eine einfache Rechnung.

2.1.2.3 Bestimmung nach Koordinatenwerten der Eckpunkte

Für Aufmaße im Gelände sinnvoll (Seite 48, 30). Zur Flächenermittlung auf dem Plan anzuwenden, wenn hiermit gleichzeitig Absteckverfahren (Konstruktionszeichnung gem. ATV, Seite 140, 18) und Abrechnungsverfahren vorbestimmt werden. Die Flächenberechnung ist in Kleincomputern nach dem Ellingschen Verfahren (Seite 28, 25) programmierbar, aber auch konventionell aus der Summe der Trapeze (Seite 20, 39) berechenbar. Bezüglich der Darstellung auf dem Plan bzw. der Zeichnung ist zu unterscheiden, ob das Koordinatensystem für die Flächenberechnung vieler Flächen (Vielfachflächen, Seite 29, 15) oder nur für eine einzelne Vielecksfläche benutzt werden soll.

2.1.2.3.1 Trapezsumme

2.1.2.3.1.1 Trapezsumme mit Achse außerhalb

Für Abstecken und Aufmaße im Gelände selten (z. B. Pflanzstreifen), aber im Rahmen von Vielfachflächen (Seite 29, 15) und in der Erdmassenberechnung für Profilflächen häufig **(Abb. 88)**. Für Planbestimmungen leicht anwendbar. Da die Fläche nur in einem Quadranten des Koordinatensystems liegt, sind die Vorzeichen der Meßwerte (z. B. —y) zu vernachlässigen. Die Lote aller rechtsläufig numerierten Punkte ergeben auf der Achse so viele Trapeze wie Punkte. Kennzeichnung der Trapeze durch die Punkte. Tra-

Flächenbestimmung auf Plänen   21

Hyperbeltafel 1:1000
von M. Kloth
Versandhaus für Vermessungswesen, Kassel
Alle Rechte vorbehalten

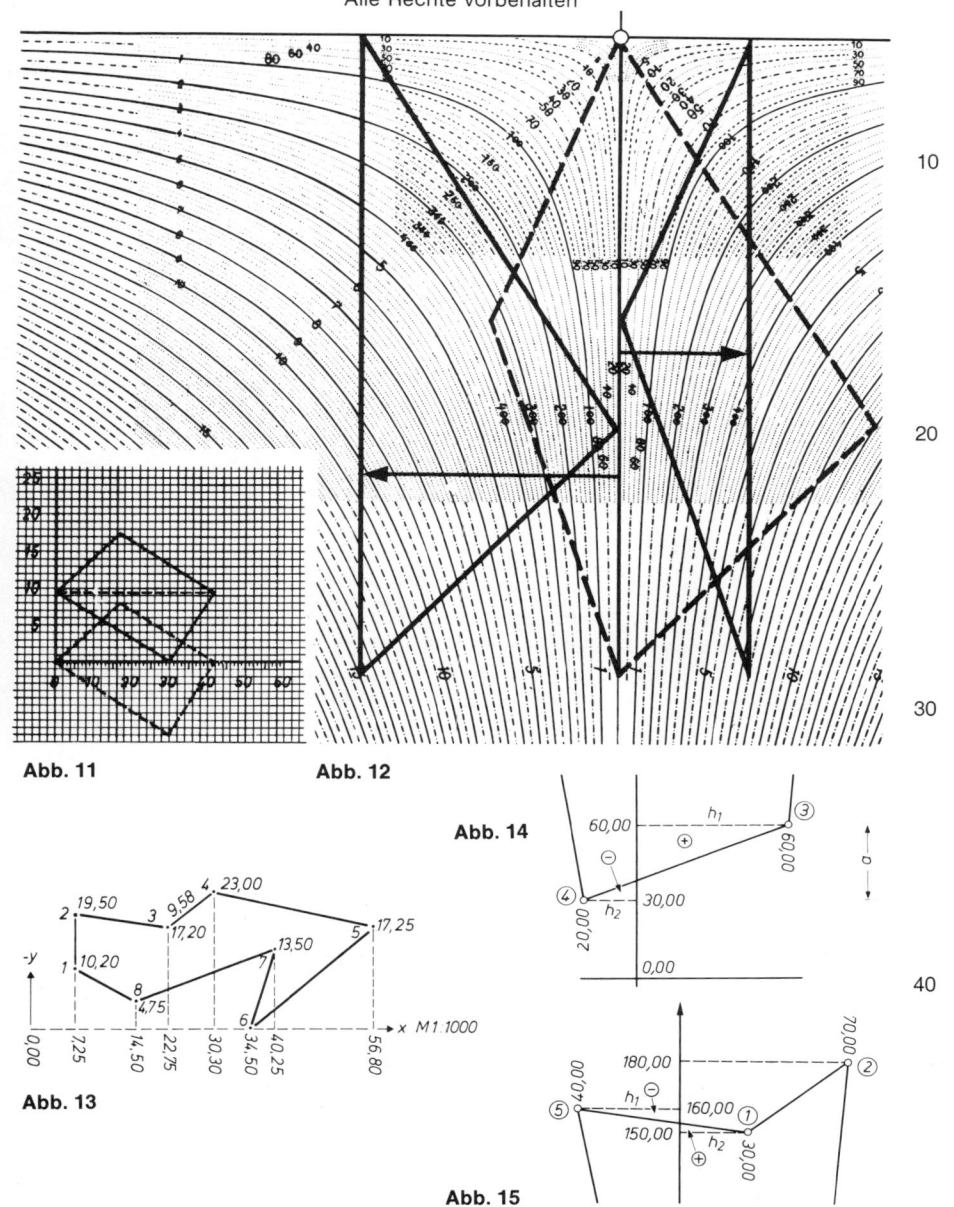

Abb. 11

Abb. 12

Abb. 13

Abb. 14

Abb. 15

22   Flächenbestimmungen

peze mit steigenden Achswerten sind positiv, Trapeze mit fallenden Achswerten negativ **(Abb. 13)** oder einfach ausgedrückt: Von der Summe der großen Trapeze wird die Summe der kleineren Trapeze abgezogen. Für **Abb. 13** ergibt sich folgende Tab. 3:

Tabelle 3

1	2	3	4	5	6	7
Pkt.	x (m)	x Differenz (m)	y (m)	Summe y (m)	$+ m^2$	$2 F$ $- m^2$
1	7,25		10,20			
		0,00		29,70	0,000	0,000
2	7,25		19,50			
		15,50		36,70	568,850	
3	22,75		17,20			
		7,55		40,20	303,510	
4	30,30		23,00			
		26,50		40,25	1 066,625	
5	56,80		17,25			
		22,30		17,25		384,6750
6	34,50		0,00			
		5,75		13,50	77,625	
7	40,25		13,50			
		25,75		18,25		469,9375
8	14,50		4,75			
		7,25		14,95		108,3875
1	7,25		10,20			
					2 016,61	963,0000
					- 963,00	
					1 053,61 : 2 = 526,805 m²	
					F = 526,81 m²	

Der 1. Punkt muß stets am Schluß nochmal aufgeführt werden (Trapez 8—1). Wegen der eindeutigen Zuordnung der Teilrechnung (Differenz der x-Werte = Trapezgrundlinie, Summe der beiden Trapezhöhen) sind die Werte von Spalte 3 und 5 auf Lücke zu den Vorspaltenwerten zu schreiben. Die Trapeze 5—6 und 6—7 sind zwar Dreiecke, werden aber zugunsten des einheitlichen Rechenschemas wie Trapeze (mit je einer Höhe = 0,00) gerechnet: Differenz der Achswerte (Trapezbasis, hier x) mal Summe beider Höhen (hier y) = 2 F. Die Trapeze 5—6, 7—8 und 8—1 sind negativ, da die Achswerte (hier x) abnehmen. Das Trapez 1—2 ist ein Grenzfall mit 0,00 m².

2.1.2.3.1.2 Trapezsumme mit Achse innerhalb

Für Abstecken und Aufmaße im Gelände und in der Erdmassenberechnung für Querprofile (—y und +y) auf z. B. Straßenachsen (Seite 98, 41) häufig. Da die Fläche in mindestens zwei Quadranten des Koordinatensystems liegt, also positive und negative Werte auftreten (—y, +y) müssen entweder durch Achsenverschiebung die negativen Werte positiv gemacht werden (Seite 27, 01), oder die durch die Achse geschnittenen Trapeze (Trapeze mit positiver und negativer Höhe = verschränkte Trapeze) müssen nach der Formel für *verschränkte Trapeze*

$$F = \frac{h_1 - h_2}{2} \cdot g$$

Flächenbestimmung auf Plänen 23

gerechnet werden. Hierbei ist h_1 immer die größere Höhe ohne Berücksichtigung der Vorzeichen. Das Flächenergebnis ist bereits die Flächendifferenz der beiden sich ergebenden Flächendreiecke, positiv, wenn die größere Höhe innerhalb der Vielecksfläche **(Abb. 14)**, negativ, wenn sie außerhalb liegt **(Abb. 15)**. Für die normalen Trapeze ergibt sich bezogen auf die Rechtsläufigkeit der Figur links von der Achse: positiv bei steigenden, negativ bei fallenden Achswerten; rechts von der Achse: positiv bei fallenden, negativ bei steigenden Achswerten. Als Beispiel wird die Fläche **Abb. 13** benutzt, jedoch mit Achse innerhalb der Figur **(Abb 16)**. Die Meßstrecken der Ordinaten sind wesentlich kürzer. Es ergibt sich Tab. 4:

Tabelle 4

1	2	3	4	5	6	7
Pkt.	x (m)	x Differenz (m)	y (m)	Summe (bzw. Differenz) y	2 F $+ m^2$	$- m^2$
1	7,25		4,80			
		0,00		0,30	0,0000	0,0000
2	7,25		4,50			
		15,50		6,70	103,8500	
3	22,75		2,20			
		7,55		10,20	77,0100	
4	30,30		8,00			
		26,50		10,25	271,6250	
5	56,80		2,25			
		22,30		12,75	284,3250	
6	34,50		15,00			
		5,75		16,50		94,8750
7	40,25		1,50			
		25,75		11,75	302,5625	
8	14,50		10,25			
		7,25		15,05	109,1125	
1	7,25		4,80		1 148,4850	
					- 94,8750	

1 053,6100 : 2 = 526,805 m²
F = 526,81 m²

Nur ein Trapez (6–7) mit negativem Ergebnis, da gegenläufig, 2 verschränkte Trapeze (5–6 und 1–2, Diff. von y statt Summe) mit positivem Ergebnis (größere Höhe [y] innerhalb des Vielecks) und mit 0,00 m². Das Ergebnis ist gleich dem von Tab. 3, da gleiche Werte, lediglich mit um −15,00 m verschobener x-Achse.

2.1.2.3.2 Gaußsche Flächenformel

Die Flächenberechnung nach Trapezsummen (Seite 20, 39) hat Gauß in 2 allgemeingültige Summenformeln umgewandelt: Wenn eine Fläche in einem positiven Quadranten des Koordinatensystems vorliegt, können statt der Werte x_1, y_1; x_2, y_2 usw. für den Gesamtrechengang eingesetzt werden:
2 F = $(x_1 - x_2)(y_1 + y_2) + (x_2 - x_3)(y_2 + y_3) +$ usw. Durch Umwandeln der negativen Produktenvorzeichen, durch Umstellung, Ausmultiplizieren, Kürzen, Zusammenfassen, Ordnen nach steigenden Nummern von x bzw. y und Ausklammern von x bzw. y ergeben sich die beiden Gaußschen Flächenformeln:

24 Flächenbestimmungen

$$2F = \sum_{1}^{m} x_n (y_{n+1} - y_{n-1})$$ oder $$2F = \sum_{1}^{m} y_n (x_{n-1} - x_{n+1})$$

$\sum_{1}^{m}$ bedeutet: Summe aller Glieder von 1 bis m.
$x_n (y_{n+1} - y_{n-1})$ ist ein Glied, z. B. $x_5 (y_{5+1} - y_{5-1}) = x_5 (y_6 - y_4)$.

Textformel:
Der doppelte Flächeninhalt ergibt sich als Summe der Reihe aller vorkommenden *Abszissenwerte*, multipliziert jeweils mit der Differenz zwischen den y-Werten des *folgenden* (Minuend) und des *zurückliegenden Eckpunktes* (Subtrahend).

oder

Der doppelte Flächeninhalt ergibt sich als Summe der Reihe aller vorkommenden *Ordinatenwerte*, multipliziert jeweils mit der Differenz zwischen den x-Werten des *zurückliegenden* (Minuend) und des *folgenden Eckpunktes* (Subtrahend).
Diese Formeln stimmen auch bei Einsetzen von negativen Werten.

Für die **Abb. 16** ergibt sich die Tab. 5, wobei die Spalten 4, 5, 10 + 11 die Rechnung nach der 1. und die Spalten 6—9 die Kontrolle nach der 2. Formel darstellen, wodurch die Tabelle umfangreicher als die Tab. 3 und 4 ist, aber wegen der Rechenkontrolle durch einen anderen Rechengang sehr sicher ist.

Tabelle 5

1	2	3	4	5	6	7	8	9	10	11
					\multicolumn{4}{Kontrollrechnung}			
Pkt. Nr.	x_n ± m	y_n ± m	$(y_{n+1} - y_{n-1})$ + m	$(y_{n+1} - y_{n-1})$ − m	$(x_{n-1} - x_{n+1})$ + m	$(x_{n-1} - x_{n+1})$ − m	$y_n(x_{n-1} - x_{n+1})$ + m²	$y_n(x_{n-1} - x_{n+1})$ − m²	$x_n(y_{n+1} - y_{n-1})$ + m²	$x_n(y_{n+1} - y_{n-1})$ − m²
1	7,25	+ 4,80			15,50		69,75			50,7500
2	7,25	− 4,50		7,00	23,05		50,71			79,6250
3	22,75	− 2,20		3,50	34,05		272,40			1,5150
4	30,30	− 8,00		0,05	4,20		9,45		1 306,4000	
5	56,80	− 2,25	23,00							
6	34,50	+15,00	3,75		16,55		248,25		129,3750	
7	40,25	+ 1,50		4,75	20,00		30,00			191,1875
8	14,50	+10,25	3,30		33,00		338,25		47,8500	
1	7,25	+ 4,80		14,75	7,25		34,80			106,9375
2	7,25	− 4,50								
			30,05	30,05	76,80	76,80	1 053,61	0,00	1 483,6250	430,0150
						− 0,00			− 430,0150	
					2 F =	1 053,61	2 F =	1 053,6100		

F = 526,81 m²

Übereinstimmung mit den Tab. 3 und 4

Man beachte, daß die Summen der Spalten 4 und 5 sowie 6 und 7 jeweils gleich sind. Wegen dieser Rechenkontrolle niemals zeilen-, sondern spaltenweise rechnen, weil so Rechenfehler sofort bemerkt werden.

Flächenbestimmung auf Plänen 25

Abb. 16

Abb. 17

Abb. 18

Abb. 19

Abb. 20

Abb. 21

Abb. 22
- Reststück
- a = Kappenbasis
- d = Streifenbreite
- m = Mittellinie
- s = Streifenbegrenzung
- b = Kappenbasis
- Reststück

Abb. 24

Abb. 25

Abb. 23

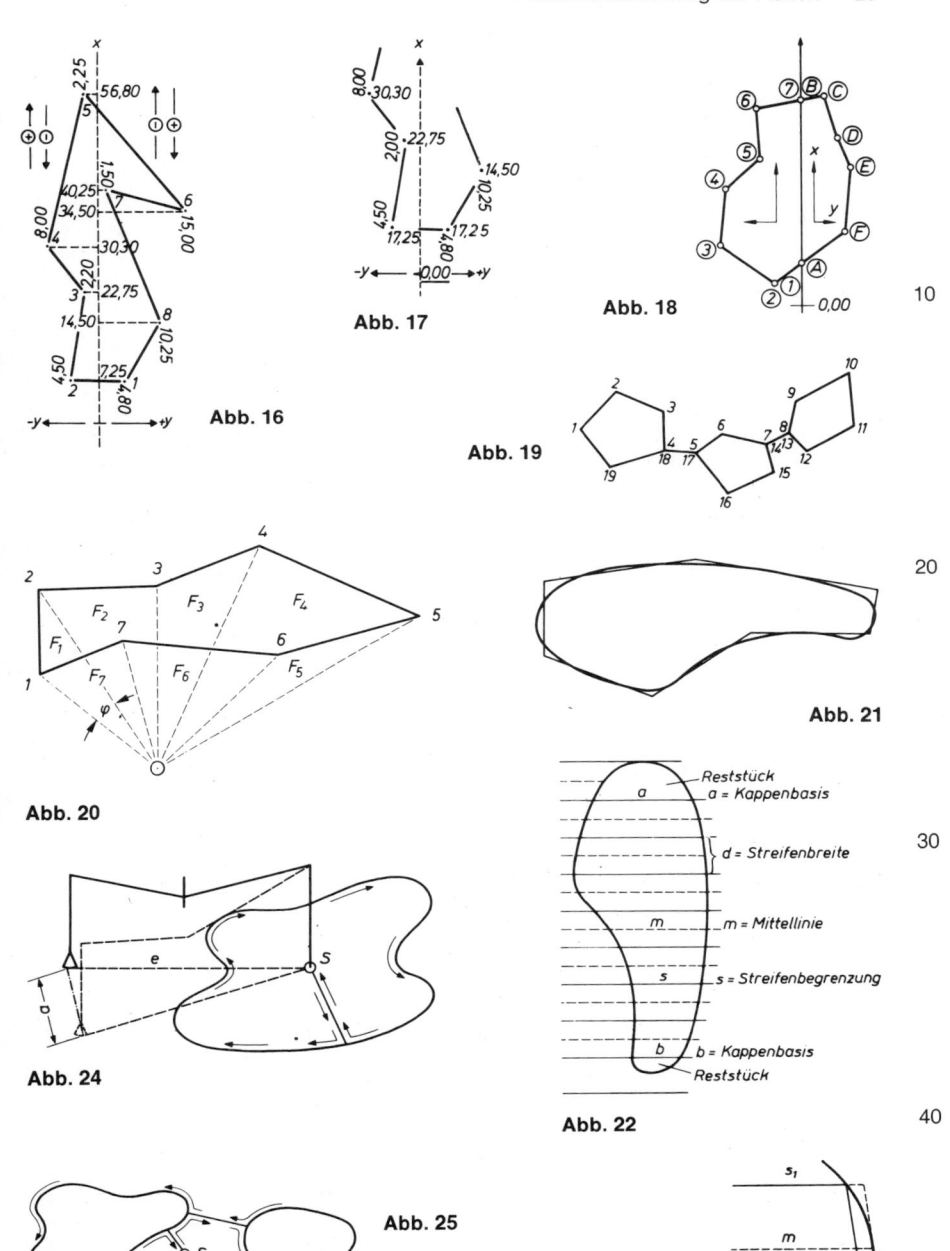

26   Flächenbestimmungen

Die Punkte 1 und 2 werden am Schluß wiederholt, da die Rechengänge über 3 Zeilen gehen, Beginn also bei 2, Ende bei 1.
Schwierigkeit macht die Beachtung der Vorzeichen, z. B. bei

3, Spalte 5 = − 8,00 − (− 4,50) = − 3,50
7, Spalte 5 = +10,25 − (+15,00) = − 4,75
5, Spalte 4 = +15,00 − (− 8,00) = +23,00
2, Spalte 11 =   7,25 × (− 7,00) = −50,75

2.1.2.3.3 Ellingsches Verfahren

2.1.2.3.3.1 Ellingsches Verfahren für Kurbelmaschinen

Kurbelmaschinen sind heute durch die Elektronenrechner ersetzt. Dennoch ist der Kurbelrechner für die Flächenberechnung nach Koordinatenwerten in mehrfacher Hinsicht dem einfachen Elektronenrechner (Seite 27, 41) überlegen, es sei denn, es steht ein programmierbarer Rechner zur Verfügung (Seite 28, 25). Weil jeder Wert nur einmal eingegeben wird, Kommas entfallen und nur einzelne Ziffern geändert werden, ist die Fehlermöglichkeit durch falsches Eingeben auf etwa 50 % reduziert. Zum schnellen Arbeiten ist jedoch Übung erforderlich. Nachteilig ist auch die geräuschvolle Arbeit.

Tab. 6

1	2	3	4	5
	Einstellwerk	Zählwerk		
Pkt.	x	y-Werte		
	+ m	y + 100 + m	Meßwerte − m	+ m
1	7,25	104,80		4,80
2	7,25	95,50	4,50	
3	22,75	97,80	2,20	
4	30,30	92,00	8,00	
5	56,80	97,75	2,25	
6	34,50	115,00		15,00
7	40,25	101,50		1,50
8	14,50	110,25		10,25
1	7,25	104,80		
1	7,25	104,80		

2 F = 1 053,6100; F = 526,81 m²

Es kann jedes rechtsläufig angeordnete Flächenaufmaß benutzt werden. Sofern sich die Fläche nur in *einem* Quadranten des Koordinatensystems befindet, können die Vorzeichen der Werte unberücksichtigt bleiben. Das System wird lediglich so gedreht, daß sich die Figur im positiven Quadranten (oben rechts) befindet (z. B. **Abb. 13**). Die von unten nach oben steigenden Werte (y bei **Abb. 13**) werden dann in Spalte 2 (Tab. 6) und die von links nach rechts steigenden Werte (x bei **Abb. 13**) in Spalte 3 (Tab. 6) eingeordnet. Rechengang dann wie Seite 27, 10. Häufig befindet sich die Fläche jedoch in zwei Quadranten des Koordinatensystems· (−y und +y, **Abb. 16**). Die Tabelle sollte dann die

Urmaße enthalten (Tab. 6, Spalte 2, 4, 5). Die negativen y-Werte werden durch Achsenverschiebung um 100,00 m positiv verändert, d. h.: Zu allen y-Werten wird +100 addiert (Spalte 3). So wird z. B. aus y2 = −4,50+100 = +95,50, aus y8 = +10,25+100 = 110,25. Bei gerader Punktzahl wird der 1. Punkt zweimal wiederholt. Die Spalte mit den von links nach rechts steigenden Werten enthält die Werte für das Zählwerk (Z-Werk, hier Spalte 3), die von unten nach oben steigenden Werte die Werte für das Einstellwerk (E-Werk, hier Spalte 2).

Arbeitsweise:
1. Alle Werke löschen.
2. Komma einstellen: Z-Werk und E-Werk 2 Stellen, Resultatwerk 4 Stellen.
3. Stets mit Zählwerk (!) beginnen (hier: 104,80). Der Wert wird durch Kurbeln eingestellt (das erste Mal stets nur vorwärts kurbeln).
4. Entlang der Zickzacklinie weiterarbeiten: 7,25 im E-Werk einstellen.
5. Im Z-Werk durch Vor- oder Zurückkurbeln 104,80 in 97,80 verwandeln (in diesem Fall nur mit Markierung auf die Ziffer 4 gehen und 7 rückwärts kurbeln).
6. 30,30 im E-Werk einstellen.
7. Usw. bis unten x_1, welcher dem Wert oben entspricht.
8. Rechengang im Zickzack durch die noch nicht benutzten Werte (Strichlinie).
9. Letzter Wert muß stets gekurbelt werden, d. h. in der Zählwerkspalte sein.
10. Im Resultatwerk erscheint 2 F = 1053,6100.

Es wird direkt mit den Gaußschen Flächenformelgliedern $x_n (y_{n+1} - y_{n-1})$ gerechnet, z. B. 1. Glied = $x_2 (y_3 - y_2)$ = 7,25 (97,80−104,80) = −50,75 (im Resultatwerk erscheint 999999949,2500, da negativ, zählt die Maschine von 0,00 rückwärts die Differenz zu 0,00, die dekadische Ergänzung ist 50,75). 2. Glied = 30,30 (97,75−97,80) = −1,515 (die Maschine addiert automatisch dieses Zwischenergebnis im Resultatwerk zum vorherigen Ergebnis auf = −50,75−1,515 = −52,265 = 999999947,735). Man vergleiche diese Zwischenergebnisse mit Tab. 5, Spalte 11, sie sind identisch. Diese Zwischenergebnisse werden für die Flächenberechnung jedoch nicht notiert und sind hier nur zur Erläuterung und zur Kontrolle beispielhaft aufgeführt.

Da jeweils über 3 Zeilen gerechnet werden muß, geht das nur bei ungerader Punktzahl auf, weshalb bei gerader Punktzahl der 1. Punkt 2× wiederholt werden muß (siehe Beispiel).

Kontrollrechnung:
Es wird die andere Gaußsche Formel benutzt, d. h.: x wird ins Z-Werk gegeben und y ins E-Werk. Man beginnt im Beispiel also bei x_1 = 7,25 im Z-Werk und folgt beim 1. Durchgang der Strichlinie und im 2. Durchgang der Vollinie. Man erhält dann 2 F als negatives Ergebnis: 999998946,3900 = −1053,61.

2.1.2.3.3.2 Ellingsches Verfahren für Elektronenrechner

Wird $\sum x_n$ bei der Formel 2 F = $\sum x_n (y_{n+1} - y_{n-1})$ einmultipliziert, ergibt sich 2 F = $\sum x_n y_{n+1} - \sum x_n y_{n-1}$ = $(x_1 y_2 + x_2 y_3 + x_3 y_4 + x_4 y_5 + x_5 y_6 + x_6 y_1) - (x_2 y_1 + x_3 y_2 + x_4 y_3 + x_5 y_4 + x_6 y_5 + x_1 y_6)$. Für diese Formel kann die gleiche Tabelle wie für die Kurbelmaschinen benutzt werden (Tab. 6).

28 Flächenbestimmungen

Zur besseren Kontrolle empfiehlt es sich für Ungeübte die Produkte aufzuschreiben (Tab. 7). Geübte geben diese Werte direkt auf einen Speicher des Rechners.

Tabelle 7

1	2	3	4	5	6
Pkt.	x	y + 100	Produkte \⊕	Produkte ⁄⊖	Bemerkung
1	7,25	104,80		759,8000	7,25 · 104,8 = 759,8
2	7,25	95,50	692,3750	2 172,6250	7,25 · 95,5 = 692,375
3	22,75	97,80	709,0500	2 963,3400	
4	30,30	92,00	2 093,0000	5 225,6000	
5	56,80	97,75	2 961,8250	3 372,3750	
6	34,50	115,00	6 532,0000	4 628,7500	
7	40,25	101,50	3 501,7500	1 471,7500	
8	14,50	110,25	4 437,5625	799,3125	
1	7,25	104,80	1 519,6000		

2 F = 22 447,1625 − 21 393,5525 = 1 053,6100; F = 526,81 m²

Spalte 6 verdeutlicht die Rechengänge zwischen den Werten von Punkt 1 und 2. Die Rechnung könnte auch ohne Achsenverschiebung (s. Tab. 5, **Abb. 16**) durchgeführt werden, wenn mit den y-Aufmaßwerten, also auch mit negativen Vorzeichen gerechnet wird. Es ergeben sich aber ein erhöhter Aufwand für die Rechnereingabe, zusätzliche Negativ-Werte für Spalte 4 und 5 und mehr Fehlermöglichkeiten.

Man könnte auch mit nur positiven Aufmaßwerten rechnen, wenn die Flächen links und rechts der Abszisse einzeln berechnet werden, z. B. Fläche 1—7 und A—F der **Abb. 18**.

2.1.2.3.3.3 Ellingsches Verfahren für Kleincomputer

Taschenrechner, mindestens etwa 50 Rechenschritte mit Schleifenrechnung programmierbar, sind besonders für das Ellingsche Verfahren geeignet, weil hier jeder Wert nur einmal einzugeben ist und durch direkte Eingabe der Aufmaßwerte aus der Zeichnung (ggfs. mit negativen Vorzeichen) eine Tabelle entfallen kann.

Es wird so programmiert, daß hintereinander die x- und y-Werte vom 1. Punkt, dann vom 2. Punkt usf. eingegeben werden. Hierbei werden fortschreitend jeweils die Produkte über Kreuz gebildet und automatisch jeweils positiv (Tab. 7, Spalte 4) und negativ (Spalte 5) in den Summenspeicher eingegeben.

Für jeden sich wiederholenden Rechenabschnitt sind so jeweils nur 4 Werte erforderlich, nach Abschluß der kreuzweisen Multiplikation können die Speicher der Werte des 1. Punktes mit den Werten des 3. Punktes neu besetzt werden, usf., so daß nur 5 Speicher insgesamt benötigt werden. Bei Festhalten der Werte des 1. Punktes für die Kreuzweise-Multiplikation am Schluß sind 7 Speicher erforderlich. Mehrere Flächen können, wie **Abb. 19** zeigt, in einem Rechengang berechnet werden.

2.1.2.4 Bestimmung von Vielecken mit Polarkoordinaten

Für Aufmaße im Gelände geeignet (Seite 50, 03). Zur Flächenermittlung auf dem Plan anzuwenden, wenn hiermit gleichzeitig Absteckverfahren (Konstruktionszeichnung gem. ATV, Seite 140, 18) und Abrechnungsverfahren vorbestimmt werden.

Es ergeben sich Einzeldreiecke mit einem Winkel φ zwischen den beiden Schenkeln a und b und $F = \frac{a \cdot b \cdot \sin\varphi}{2}$ **(Abb. 20)**. Es ergeben sich nach den rechtsläufig numerierten Eckpunkten für n Ecken n Dreiecke.
Ist der Winkel im Uhrzeigersinn vorläufig, ist das Einzeldreieck positiv (4 Dreiecke 1—2 bis 4—5), negativ bei Rückläufigkeit (3 Dreiecke 5—6 bis 7—1).

2.1.2.5 Bestimmung mit Polygonzug

Für Aufmaß von großen Flächen im Gelände geeignet (Seite 51, 01).

2.1.2.6 Vielfachflächen

Mehrere Vielecke, die nach einem gemeinsamen System (Koordinaten, Polarkoordinaten) bestimmt (aufgemessen) werden (Seite 53, 30).

2.1.3 Flächenbestimmung kurvig begrenzter, unregelmäßiger Flächen

Falls die Fläche aufgrund von Absteckmaßen ermittelt werden soll, siehe die Verfahren Seite 52, 01.

2.1.3.1 Ausschneiden und Wiegen

Sofern eine Feinwaage zur Verfügung steht, kann man die Fläche ausschneiden und wiegen. Durch Wiegen einer bekannten Kontrollfläche (z. B. 100 cm^2) erhält man das Gewicht von 1 cm^2, das einer dem Maßstab entsprechenden Fläche entspricht (Seite 30, 20, Tab. 8).

2.1.3.2 Umwandeln in Vielecke mit Flächenausgleich

Sowohl für Plan- als auch Geländeaufmaße (Seite 52, 10) geeignet. Die Figur wird so in ein Vieleck verwandelt, daß sich nach Augenmaß die Mehr- und Minderflächen aufheben **(Abb. 21)**. Die Eckpunkte liegen dann meist nicht auf der Begrenzungslinie.
Die Flächenberechnung erfolgt nach den Verfahren Seite 18, 35.

2.1.3.3 Zerlegen in Vielecke und Kappen

Wegen des erhöhten Aufwandes und der Ungenauigkeit der Kappenflächenberechnung

30 Flächenbestimmungen

nur sinnvoll bei Geländeaufmaß (Seite 52, 20), wenn gleichzeitig ein Bestandsplan (Aufmaß der kurvigen Linie) gewünscht wird. Bedingt brauchbar als Absteckplan.

2.1.3.4 Quadrattafel (Zähltafel)

Eine transparente Tafel (Glas, Folie, Papier) mit cm^2- und mm^2-Einteilung oder m^2-Einteilung für einen bestimmten Maßstab wird über die Figur gelegt und die Fläche nach gewünschter Genauigkeit durch Auszählen bestimmt. Ausgezählte Quadrate abhaken. Das Verfahren ist meist das genaueste überhaupt. Große Mittelflächen zur Erleichterung in große Rechtecke zusammenfassen. Dann nur rechtsläufiges Auszählen der Randflächen. Bei mm^2-Auszählung empfiehlt sich wegen der hohen Zahl, Zwischenzählwerte anzuschreiben.
Beachte die maßstäbliche Umrechnung (Tab. 8; siehe auch Seite 38, 03).

Tabelle 8

Maßstab	1 cm^2 Plan $\triangleq$ m^2 in Natur	1 mm^2 Plan $\triangleq$ m^2 in Natur
1 : 50	0,25	0,0025
1 : 100	1,00	0,01
1 : 200	4,00	0,04
(1 : 250)	6,25	0,0625
1 : 500	25,00	0,25
1 : 1 000	100,00	1,00

Die Zählergebnisse sind in eine Tabelle einzutragen mit den Spalten: Flächenbezeichnung, Rechenansatz Innenfläche, cm^2, 1/4 cm^2, mm^2. Die Spalten sind (soweit gleiche Flächenart, z. B. Rasen) zu addieren und jeweils mit dem Umrechnungsfaktor (Tab. 8) zu multiplizieren ($= m^2$).

2.1.3.5 Planimeterharfe (Abb. 22)

Transparentes Papier, Folie oder Glas mit parallelen Linien in gleichmäßigem Abstand (runder Meterwert entsprechend dem Maßstab) wird auf die Figur gelegt; die Mittellinien (m) werden entweder

a) gemessen und die Maße addiert oder

b) mit dem Stechzirkel abgegriffen und auf einer Strecke abgetragen, die dann insgesamt gemessen wird oder

c) durch direktes Aneinandertragen auf einem angelegten Papierstreifen oder

d) mit einem Additionszirkel (Planimeterzirkel), bei dem eine maximale Zirkelöffnung mit einem runden Streckenwert einstellbar ist und bei dem die Öffnungsanschläge durch eine Zählscheibe gezählt werden, abgegriffen.

Die jeweilige Zirkelrestöffnung einer Strecke wird vor die nächste abzugreifende Strecke gesetzt, so daß immer wieder volle Zirkelöffnungen entstehen. Die abgelesene Anzahl der Zirkelöffnungen multipliziert mit der Zirkelöffnung, zuzüglich der letzten Zirkelrestöffnung ergibt die Summe von m.

Es kann auch bei geringerer Genauigkeit zur Bestimmung der Summe von m ein Kurvenmesser verwendet werden (Seite 36, 25).

Die so ermittelte Summe der Mittellinien multipliziert mit der Streifenbreite (Abstand der Parallellinien der Harfe) ergibt den Flächeninhalt. Die Reststücke, meist Kappen, werden gesondert bestimmt und hinzuaddiert oder auch gegebenenfalls abgezogen (z. B. bei Einbuchtungen).

Die zusätzliche Berechnung der „Kappen" erfolgt nach der *Lambertschen Regel*:

$$F \approx g \cdot h \cdot 2/3 \text{, sofern h kleiner ist als } 1/3\, g$$
$$F \approx g \cdot h \cdot 3/4 \text{, sofern h größer ist als } 1/3\, g$$

, wobei g die gerade Grundstrecke der Kappe, h die Höhe der Kappe zu g ist.

Ein anderes Verfahren ist die Verwendung eines 1 cm breiten mm-Papierstreifens, der bei jedem Harfenstreifen so angelegt wird, daß er mit einem vollen cm^2 unter Beachtung des Ausgleichs beginnt. Die cm^2 des Streifens werden ausgezählt, desgleichen die Rest-mm^2 am Ende. Die Zählsummen ergeben am Schluß den Flächeninhalt.

In besonderen Fällen ist die Zerlegung in verschieden breite, der Figur angepaßte Streifen (= Trapeze) vereinfachend.

Wie der Ausschnitt **(Abb. 23)** zeigt, mißt die Planimeterharfe mit der Mittellinie (m) zuviel Fläche. Die Berechnung der Streifen mit s als Trapez ergibt dagegen zuwenig.

Das Mittel beider Methoden ist etwas zu klein.

Der Simpsonschen Regel (1743) liegt die Prismatoidformel zugrunde. Sie dient zur genauen Berechnung unregelmäßiger Körper (Keplersche Faßregel, 1615). Hierbei werden die begrenzenden Trapezseiten (s) einfach, die Mittellinien 4fach gewertet, weil der Fehler bei Berechnung nach m geringer ist als der nach s. Es ergibt sich dann die 6fache Fläche. Da s für die beiden angrenzenden Trapeze jeweils 2mal gerechnet wird, ergibt sich folgende Summenformel **(Abb. 22)**:

$$F = \frac{d}{6}(a + 4 \sum m + 2 \sum s + b) = \frac{d}{3}\left(\frac{a+b}{2} + 2 \sum m + \sum s\right)$$

Die Berechnung kann auch — mit geringerer Genauigkeit — nur mit s durchgeführt werden, wobei jede 2. Strecke als Mittellinie eingesetzt wird.

Die aufgeführten Fehlerüberlegungen treffen nur für überwiegend nach außen gewölbte Figuren zu.

Bei überwiegend nach innen gewölbten Figuren verhält es sich umgekehrt.

2.1.3.6 Schneidenplanimeter (= Zirkelplanimeter) **(Abb. 24)**

Ein auf 200 gon oder mehr geöffneter Zirkel, dessen Enden senkrecht abgewinkelt sind, mit einem Fahrstift und einem beilförmigen Schneideneinsatz (Schneide ca. 8 mm lang, genau auf den Fahrstift zeigend).

Mit Fahrstift locker und senkrecht zwischen Daumen und Zeigefinger wird die Figur von ihrem Schwerpunkt (S) aus über eine Verbindungslinie zum Rand bis wieder zurück nach S umfahren. Hierbei schleppt die Schneide bogig hin und zurück.

32 Flächenbestimmungen

Der Abstand der Schneidenstellungen vor und nach der Umfahrung (a) multipliziert mit der Zirkelöffnung (für e rundes Maß wählen) ergibt F. Der Mittelwert aus Rechts- und Linksumfahrung hebt etwaige Schneidenschiefe auf. Genauigkeit bei optimaler Zirkelöffnung (e = $\sqrt{8 \cdot F}$) beträgt ±0,5 %. Grenzfall der Anwendung: Die Figur ist so groß, daß die Schneide nicht mehr auf einer Seite der Figur bleibt und hinter dem Fahrstift herläuft ohne Hin- und Herbewegungen.

Unter Berücksichtigung der begrenzten Anwendung bezüglich der Größe können mehrere Figuren durch Verbindungslinien verbunden und gemeinsam umfahren werden **(Abb. 25)**. Hierbei werden die Verbindungslinien hin und zurück befahren, die Bewegungen heben sich hierbei auf.

2.1.3.7 Polar- oder Kompensationsplanimeter (Abb. 26)

Mittels dieses mechanischen Integrationsinstrumentes wird durch Umfahren der Figur, Ablesen der Noniuseinheiten und Multiplikation mit einem dem Maßstab entsprechenden Umrechnungsfaktor die Fläche ermittelt.

Das Instrument besteht aus: Dem Fahrarm (F), an dessen einem Ende sich ein Fahrstift (f) mit Abstandshalter (gleitet so über das Papier, daß der Fahrstift sich dicht über dem Papier bewegt, muß bei Benutzung des Kontrolllineals hineingedreht werden) oder eine Fahrlupe befindet. Am anderen Ende ist mit paralleler Achse eine Meßrolle (M = Laufrolle) mit einer 10er Zahleneinteilung, unterteilt in 10 Striche (= 100 Meßrollenteile). Ihre Umdrehungen werden an einer horizontalen Zählscheibe (Z) gemessen. Ein Nonius ermöglicht die Ablesung auf 1/10 der Stricheinteilung von M. Der Fahrarm ist durch ein Gelenk (G) mit dem Polarm (P) verbunden, an dessen anderem Ende sich ein Nadelpol (oder Kugelpol mit Auflagegewicht) befindet.

Spezialplanimeter für besondere Anwendungen sind: Linearplanimeter (Walzenplanimeter), Scheibenplanimeter, Kugelplanimeter und Radialplanimeter.

Neuerdings sind Polarplanimeter mit elektronischer Anzeige auf dem Markt, bei denen sich das umständliche und leicht falsche Ablesen an Zählscheibe, Meßrolle und Nonius erübrigt. Diese Geräte können auch zur Streckenmessung benutzt werden (Seite 36, 25).

2.1.3.7.1 Pol außerhalb der Fläche

Die übliche Benutzung erfolgt mit Pol außerhalb:
Aufstellung etwa so, daß die Meßrolle auf den Pol zeigt und der Fahrstift auf den Schwerpunkt der Figur. Die Figur muß sich noch umfahren lassen **(Abb. 27)**. Dies geschieht stets rechtsläufig! Markierung des Ausgangspunktes auf dem Figurenrand.

Nach Umfahrung ist $F = a \cdot n \cdot u$ oder $F = k \cdot n$. Dabei bedeutet a Fahrarmlänge, u Umfang der Meßrolle, n Anzahl der Umdrehungen, $k = n \cdot u$. In der Praxis wird abgelesen

die Zahl auf Z	(z. B. 4 = 4000)	= n
die Zahl auf M	(z. B. 6 = 600)	} = 630/100 · u
die Striche auf M	(z. B. 3 = 30)	
der Nonius	(z. B. 7 = 7)	= 7/1000 · u
also stets 4 Ziffern	[z. B. 4637 NE	(= Noniuseinheiten)]

Flächenbestimmung auf Plänen 33

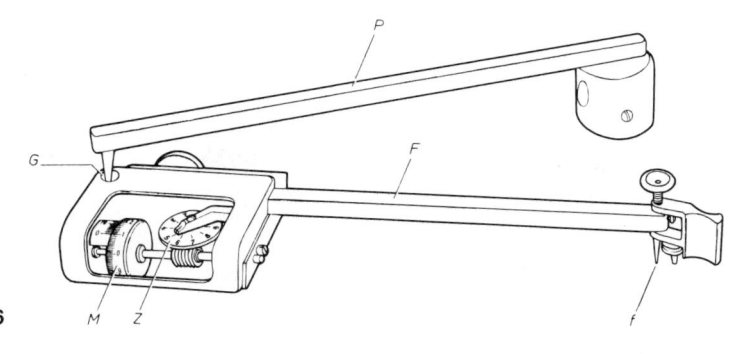

Abb. 26

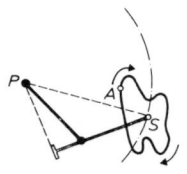

Abb. 27
A = Beginn und Ende

Abb. 28

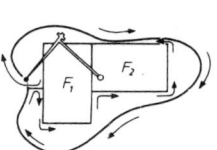

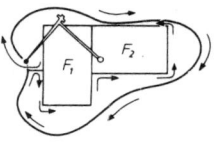

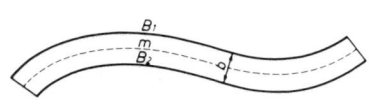

Abb. 29
Links   Rechts

Abb. 30

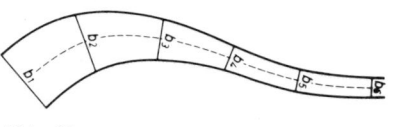

Abb. 31

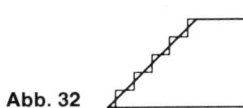

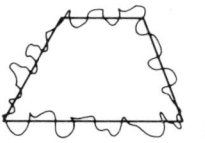

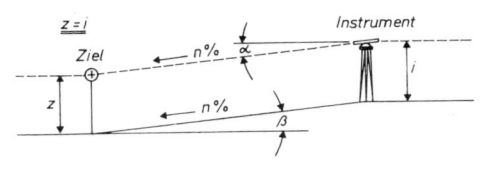

Abb. 32

Abb. 33

Abb. 34

34 Flächenbestimmungen

Bei den Ablesungen muß besonders darauf geachtet werden, daß es immer 4 Ziffern sind. Ablesefehler treten leicht auf, wenn eine Ziffer Null ergibt. Diese Null wird leicht unterschlagen. Ablesefehler treten auch auf, wenn z. B. die Zählscheibe auf 3 steht, die Zahl auf der Meßrolle aber 9 ergibt, also 3 noch nicht voll ist, also statt 3 eine 2 einzusetzen ist. Größere Polarplanimeter können auch Zählscheiben haben, die mehr Umdrehungen als 10 zählen. Wenn die Zählscheibe ihre letzte Zahl überschritten hat, muß diese den weiteren Ablesungen an der Zählscheibe zugerechnet werden, z. B. 12 statt 2.

Das Mittel aus 3 Umfahrungen, also aus den Differenzen von 4 Ablesungen, ergibt die Fläche in NE (Noniuseinheiten). Weicht das Ergebnis einer Umfahrung wesentlich von den anderen ab, wird sicherheitshalber eine weitere Umfahrung durchgeführt und das stark abweichende Ergebnis ausgeschieden.

Bei jeder Umfahrung ist der Beginn mit 0000 NE möglich. Die Einstellung ist jedoch meist umständlich und leicht ungenau. Günstig sind hierfür Geräte mit einer automatischen Nullarettierung.

Wegen der Möglichkeit von sich wiederholenden Ablesefehlern sollte aber nur einmal zu Beginn mit 0000 begonnen werden.

Der Wert der Noniuseinheit wird auf einer dem Gerät beiligenden Tabelle entnommen, entweder in absoluten Werten (mm^2 oder cm^2 auf dem Papier) oder relativ (wirkliche m^2) entsprechend dem Maßstab (meist 1 : 1000). Die Tabelle kann durch Berechnung der Werte für die gebräuchlichen Maßstäbe ergänzt werden. Umrechnung der absoluten Werte siehe Tab. 8.

Tabellarische Schreibweise

Ablesung (NE)	Differenz (NE)
z. B. 0127	
2326	2199
4524	2198
6715	2191
6715−0127	= 6588 = 3 F

Schreibweise bei Beginn mit 0000:

Ablesung (NE)	Differenz (NE)
z. B. 0000	
2199	2199
4397	2198
6588	2191
	6588 = 3 F

Bei Verwendung von Rechnern (insbesondere schreibende Computer) ist eine zeilenförmige Anordnung sehr viel platzsparender:

Z. B.:

1. Abl.	2. Abl.	3. Abl.	4. Abl.	Diff. 1	Diff. 2	Diff. 3	3 × Diff.
0127	2336	4524	6715	2199	2198	2191	6588
0000	2199	4397	6588	2199	2198	2191	6588

Polarplanimeter sind um so genauer, je kleiner der Umfang der Figur im Verhältnis zum Flächeninhalt ist (optimal = Kreis). Deshalb sind sehr langgestreckte Figuren ungünstig. Für die Errechnung von Mittelwerten von unter Umständen sehr langen Diagrammen (z. B. Temperaturkurven von Temperaturschreibern) werden daher Spezialplanimeter (z. B. Walzenplanimeter) verwendet.

Das gemeinsame Umfahren mehrerer kleiner Figuren über Verbindungslinien ist wie beim Schneidenplanimeter möglich **(Abb. 25)**.

Zu große Figuren werden in mehrere kleinere unterteilt, oder es wird eine einfache große Innenfläche (z. B. ein Rechteck) geometrisch berechnet, der Pol in diese Fläche gesetzt und die Randfläche wie **Abb. 28** zeigt umfahren. Die Verbindungslinie zwischen Rechteck und Außenlinie „zerschneidet" die ringförmige Außenfläche und macht ihre Umfahrung durch Hin- und Rückumfahren auf der Verbindungslinie möglich. Sie wird also praktisch mit Pol außerhalb umfahren. Das Umfahrungsergebnis zuzüglich Innenrechteck ergibt die Gesamtfläche.

2.1.3.7.2 Pol innerhalb der Fläche

Dieses Verfahren wird bei sehr großen Flächen angewendet, sofern nicht die bereits beschriebenen Verfahren benutzt werden. Hierbei wird eine Innenkreisfläche (= Grundkreis = Strichpunktlinie bei **Abb. 27**) nicht mitgemessen: Zeigt die Meßrolle zum Pol, ergibt sich vom Pol zum Fahrstift der Radius (r) des Grundkreises, bei dessen Umfahrung sich die Meßrolle nicht dreht. Die Fläche des Grundkreises ist als große Konstante K meist in NE auf der dem Instrument beiliegenden Tabelle angegeben (Seite 34, 17).
Bei Umfahrung einer *größeren* Fläche zählt die Meßrolle normal *vorwärts*; die abgelesenen NE werden als *Mehrfläche* dann *K hinzuaddiert*.
Bei einer *kleineren* Fläche zählt die Meßrolle *rückwärts* (am besten an der Zählscheibe erkennbar), die abgelesenen NE werden dann vom vollen Wert der Zählscheibe (meist 10 000) abgezogen, um die NE der *Minderfläche* zu erhalten, die dann *von K abzuziehen* ist. Im letzteren Fall ist dann eine Linksumfahrung günstiger, da dann die Rolle vorwärts zählt und die Minderfläche direkt (ohne Differenzbildung) ablesbar ist.
Besonders bei der Flächenbestimmung mit Pol innerhalb tritt wegen der großen Flächen manchmal eine mehrfache Umdrehung der Zählscheibe auf, was bei der Ablesung berücksichtigt werden muß. Es gibt ein Universalplanimeter, bei dem K = 0,00 ist und kein Unterschied zwischen der Anwendung von Pol innen oder außen besteht.

2.1.3.7.3 Verstellbarer Fahrarm

Die Fahrarme sind entweder unverstellbar oder nur wenig zum Justieren oder auch mit Skala und Nonius beliebig verstellbar. Im letzten Fall kann die Fahrarmlänge für bestimmte Maßstäbe eingestellt werden, um, wie aus der beigefügten Tabelle dann ersichtlich, runde m^2-Werte für 1 NE zu erhalten. Die Tabelle enthält jedoch meist Maßstäbe, die für die Ermittlung von Flächen zum Zwecke einer Bauabwicklung ungeeignet sind. Außerdem verkürzt sich der Fahrarm, wodurch nur kleinere Flächen noch umfahrbar sind. Man sollte daher immer mit der größten Fahrarmeinstellung (= M 1 : 1000) arbeiten und sich eine eigene Umrechnungstabelle aufstellen.

2.1.3.7.4 Verstellbarer Polarm

Die Polarmlänge ist für die Benutzung mit Pol außerhalb der Figur ohne Einfluß auf das Ergebnis. Anders jedoch bei der Benutzung mit Pol innerhalb der Figur: Anhand einer beigefügten Tabelle kann der Polarm so eingestellt werden, daß sich ein Rundwert für die große Konstante K ergibt, was die Rechnung wesentlich erleichtert.

36 Flächenbestimmungen

2.1.3.7.5 Prüfung des Polarplanimeters, Fehlerermittlung

Fehler entstehen bei rauhem Papier, Überfahren des Blattrandes und Instrumentenfehlern.

Mögliche Instrumentenfehler: Meßrollenachse nicht parallel zum Fahrarm (Rollenschiefe), Fahrarm zu lang oder zu kurz (Fahrarmfehler). Die Prüfung erfolgt mit einer beigefügten Kontrollschiene als Radius eines Kreises mit Nadelspitze als Kreismittelpunkt. Der Flächeninhalt dieses Kreises ist auf der Schiene oder in der Tabelle angegeben. In die Punktvertiefung wird der Fahrstift bei eingedrehtem Abstandsstift eingesetzt, die Ausgangsstellung mit Nadelstich markiert und der Kreis zehnmal umfahren (Pol außerhalb). Der zehnte Teil der Differenz des Ermittlungsergebnisses zum Flächensoll ergibt den *absoluten Gerätefehler* (Gesamtfehler) in der betreffenden Gerätestellung (z. B. Gelenk links, **Abb. 29**). Fehlerangabe in % zweckmäßig.

Zur Ermittlung des Rollenschiefen-Fehlers werden die NE durch zehnmaliges Umfahren mit Gelenk links vom Pol aus festgestellt. Die Polstellung wird belassen und das Gelenk auf die andere Seite (rechts) durchgeschlagen (= Kompensationsplanimeter) und NE nochmals ermittelt. Die Differenz beider Ermittlungen ergibt den doppelten Rollenschiefenfehler (Justieren durch Herstellerfirma).

Die Differenz des Mittels aus den Ergebnissen mit Gelenk links und rechts (Rollenschiefe dann aufgehoben) zur Kontrollfläche ergibt den Fahrarmfehler.

Eine Berücksichtigung durch Korrektur der Ergebnisse ist möglich (Seite 37, 40) *oder* Korrektur am Fahrarm: Zeigt das Planimeter *zu viel* = Fahrarm *verlängern, zu wenig* = *verkürzen!*

2.1.3.8 Meßrad (Kurvenmesser, Kurvenmeter)

Dieses Gerät dient zur direkten Streckenmessung und somit wie der Additionszirkel (Seite 30, 42) nur indirekt der Flächenermittlung. Ein kleiner Kurvenmesser ist für die Messung auf dem Papier im Handel, auch die Benutzung des Laufrades eines Polarplanimeters mit elektronischer Anzeige ist möglich (Seite 32, 29). Große Meßräder sind für Feldmaße anwendbar. Im Rahmen der Flächenermittlung werden die Geräte für kurvige und bandartige Flächen (z. B. Wege) benutzt. Die Mittellinie (m) wird mit dem Meßrad gemessen. Dann ist

$$F = \text{Länge der Mittellinie} \times \text{Streifenbreite.}$$

Die Mittellinie ist gleich dem Mittel aus den Längen der seitlichen Begrenzungsbögen. Also ist

$$F = \frac{b(B_1 + B_2)}{2} \quad \textbf{(Abb. 30)}$$

Bei wechselnder Breite des Streifens **(Abb. 31)** wird die mittlere Breite (mb) folgendermaßen ermittelt:

Messen der Breite in gleichmäßigen Abständen. Die erste und die letzte Breite haben dabei nur die halbe Wertigkeit. Daraus ergibt sich

$$mb = \frac{b_1 + b_n + 2(b_2 + b_3 + \ldots + b_{n-1})}{2_n - 2}$$

Hierbei ist n die Anzahl der Breitenmessungen (im Beispiel der **Abb. 31** = 6).

$$F = m \cdot mb$$

2.1.4 Zweimaßstäbliche Flächen

Flächen, die in einer Dimension (z. B. y) einen anderen Maßstab (LM = Längenmaßstab) haben wie in der anderen Dimension (z. B. z = HM = Höhenmaßstab) kommen häufig bei Profilflächen vor. Soweit hier die wirklichen Maße angegeben sind und mit diesen Werten gerechnet wird (z. B. Elling Seite 26, 10) ergibt sich keine besondere Überlegung bei der Berechnung. Wenn es sich jedoch um graphische, halbgraphische und mechanische Flächenermittlungen handelt (Seite 29, 20 bis 37, 08), insbesondere bei kurvig begrenzten Flächen (z. B. Seite 86, 40, **Abb. 83**), muß wie folgt verfahren werden: Es wird einer der beiden Maßstäbe benutzt und danach gerechnet. Anschließend muß jedoch durch eine Umrechnung die Zweimaßstäblichkeit berücksichtigt werden.

Beispiel:
LM 1 : 200, HM 1 : 50, benutzt wurde M 1 : 200, dann ist das Ergebnis 4mal zu groß (200 : 50 = 4), also 1. Ergebnis durch 4 teilen. Wird M 1 : 50 benutzt, ist das Ergebnis 4mal zu klein, also 1. Ergebnis mal 4.

2.1.5 Flächenkontrolle, Genauigkeit, Fehlerausgleich

Rechenfehler können durch Rechenkontrollen vermieden werden. Bei einfacher Wiederholung des Rechenganges besteht die Gefahr, den gleichen Fehler zu machen. Deshalb ist die Kontrolle durch einen anderen Rechengang sicherer (z. B. durch die andere Gaußsche Flächenformel, Seite 24, 18). Weitere Fehlerquelle: Weiterrechnen mit gerundeten Werten (Seite 15, 10).
Fehler entstehen immer beim Abgreifen der Maße auf dem Plan. Sie sind um so größer je kleiner der Maßstab ist (im Quadrat zum Maßstabsverhältnis).
Hinzu kommen zufällige falsche Ablesungen durch Irrtum (z. B. Ablesen falscher Zahlen am Maßstab oder am Instrument oder Zählfehler). Bei Verwendung von Geräten (z. B. Polarplanimeter, Rechner) können Bedienungsfehler oder Gerätefehler auftreten, die durch Gerätekontrolle vermieden werden.
Festgestellte prozentuale Gerätefehler können am Meßergebnis korrigiert werden (siehe auch z. B. Seite 36, 21).

Beispiel:
Das Gerät zeigt 4 % zu viel (Fehler = +4 %), dann hat das Ergebnis 104 %. Angenommen das Ergebnis ist 1480,54 m², dann sind das korrigiert: 1480,54 : 1,04 = 1423,59 m².

38 Flächenbestimmungen

Bei einem Fehler von —4 % hat das Ergebnis 99,96 %, korrigiert ergibt sich: 1480,53 : 0,9996 = 1481,12 m².

„Gerätefehler" kann bereits das Papier haben, indem z. B. der Plan durch Papierveränderung nicht mehr genau den ausgewiesenen Maßstab hat. Papierveränderungen ergeben sich durch Kopierverfahren und Einwirkungen von Luftfeuchte bzw. -trockenheit oder Temperatur. Die Veränderung kann in Längs- und Querrichtung verschieden sein. Sie ist leicht festzustellen, wenn der Plan einen waagerechten und senkrechten Linienmaßstab **(Abb. 5)** enthält oder wenn bekannte Strecken vorhanden sind.

Beispiel:
Waagerecht (p) auf 200 mm Soll ein Ist von 201 mm, also 201 : 200 = 1,005 = 100,5 %, d. s. +0,5 % Fehler, senkrecht (q) auf 150 mm Soll ein Ist von 148 mm, also 148 : 150 = 0,9867 = 98,67 %, d. s. = —1,33 % Fehler. Dann ist der Gesamtfehler p % + q %. Bei Korrektur eines Ergebnisses von 1480,53 m² ergibt sich: +0,5 % — 1,33 % = —0,83 %, Ergebnis also 99,17 %, 1480,53 : 0,9917 = 1492,92 m².
Bei Benutzung von mm-Papier z. B. als Zähltafel (Seite 30, 15) wirkt sich ein Fehler des mm-Papiers entsprechend aus. Bei Benutzung von mm-Papier z. B. als Planimeterharfe (Seite 30, 31) wirkt sich nur der Senkrechtfehler aus (Abstand).

Bei einzelnen Flächen sollte zur Vermeidung von groben Fehlern (Kommafehler, falscher Umrechnungsfaktor) mindestens eine überschlägige Kontrolle in einem anderen Verfahren erfolgen.

Bei Flächensummen (Vielfachflächensysteme) ist eine Kontrollmöglichkeit dadurch gegeben, daß die Gesamtfläche (Soll) leicht und relativ genau bestimmbar ist. Die Summe aller Einzelflächen (Ist) weicht stets vom Soll ab. Falls keine Einzelfläche vergessen wurde (z. B. Kantensteine, Mauern; Prüfen!) sollte der Fehler ±1 % nicht überschreiten (siehe auch Fehlergrenzen, Seite 41, 20). Einzelheiten siehe 2.1.5.1—4.

2.1.5.1 Flächenplan, zeichnerische Darstellung

Der Flächenplan dient der flächenmäßig-rechnerischen Ermittlung der unterschiedlich zu bearbeitenden Flächen. Daraus ergibt sich die Flächenzusammenstellung (Seite 40, 25), die die Grundlage der Kostenermittlung (Kostenberechnung, Ausschreibungsunterlage), aber auch lt. ATV (Seite 140, 18) der Abrechnung bildet und die Nachprüfung der Flächenzusammenstellung ermöglicht. Zu jedem Flächenplan gehört eine (meist gesonderte) Flächenberechnung (Seite 39, 42), die die gleichen Kennzeichen, Buchstaben, Ziffern, Farben oder Zahlen aufweist, die auf dem Plan angewendet wurden.

Wenn die Flächenberechnungen von anderen Stellen überprüft werden sollen, ist eine klare und eindeutige zeichnerische Darstellung erforderlich. Auch zur Selbstkontrolle ist hier ein etwas erhöhter Arbeitsaufwand im Falle einer Fehlersuche letztlich sehr zeitsparend. Die nachfolgenden Ausführungen sind als Vorschlag zu verstehen, wobei eine Lichtpause des Entwurfs- oder technischen Planes benutzt wird. Da dieser Plan sehr viele Linien und Werte enthält, die nicht für die Flächenberechnung benutzt werden, sind zur besseren Unterscheidung und Übersichtlichkeit alle Eintragungen rot:

1. Kennzeichnung „Flächenplan".
2. Die Grenze des zu bearbeitenden Geländes mit breiter, roter Vollinie (= Gesamtfläche).

3. Die Aufteilung dieser Gesamtfläche in leicht zu berechnende große, geometrische Figuren (Rechtecke, Dreiecke, Trapeze) mit weniger breiten, roten Vollinien, einschließlich des Höhenansatzes bei Dreiecken oder Gesamtflächenberechnung nach Elling u. a.
4. Bezeichnung dieser Gesamtteilflächen mit A, B, C oder I, II, III usw., eventuell auch mit Kreisumrandung der Kennzeichnung.
5. Die Grundmaße werden rot *in* die betreffende Fläche *auf* die betreffende Linie eingetragen.

2.—5. dienen zur Berechnung der Gesamtfläche zur Kontrolle (Seite 38, 21).

6. Aufteilung der Gesamtfläche in Flächen, die nach ihrer Ausführung, Hangneigung (Seite 41, 40) bzw. Bearbeitungsart im Hinblick auf die Kostenberechnung unterschieden werden müssen.
7. Gegebenenfalls Vereinfachung der Grenzlinien dieser Teilflächen durch schmale, rote Vollinien, damit sie einfache Figuren [Ausgleich (**Abb. 32**)] oder vereinfachte Grenzlinien ergeben [Angleichung der durch die Darstellungsart bedingten unklaren Grenzlinien, z. B. bei Gehölzflächen (**Abb. 33**). Siehe auch **Abb. 10** und Seite 20, 11 sowie Seite 29, 35.
8. Unregelmäßige Flächen werden so weit durch gerade, schmale, rote Vollinien unterteilt, daß die entstehenden Teilflächen leicht als geometrische Figuren zu berechnen sind, sofern man nicht besondere graphische oder mechanische Verfahren zur Flächenermittlung benutzt.
9. Alle gleichartigen Teilflächen erhalten die gleiche Kennziffer oder den gleichen Kennbuchstaben (z. B. Rasen: R_1, R_2, R_3 usw.). Statt des Buchstabens kann auch die Position des Leistungsverzeichnisses benutzt werden (z. B. Pos. 12,1; Pos. 12,2; Pos. 12,3 usw.).
10. Die zur Berechnung dienenden Grundmaße (m) sind rot wie bei 5. hineinzuschreiben. Die Flächenmaße können hinter die Kennbuchstaben geschrieben werden (z. B. $R_1 = 47{,}68 \text{ m}^2$).
11. Alle gleichartigen Flächen im Hinblick auf die Kostenberechnung werden mit gleicher Farbe umrandet, schraffiert oder (durchscheinend) flächig angelegt, z. B. Rasenflächen hellgrün, Gehölzflächen dunkelgrün, Staudenflächen gelb, Plattenflächen grau, Kantensteine violetter Strich usw., dies praktischerweise schrittweise dann, wenn die betreffende Fläche in die Berechnungstabelle (Seite 39, 42) übertragen wurde. So sind noch fehlende Flächen sofort zu erkennen. Kontrastreiche Farben sollten bevorzugt werden.
12. Eine Farb- und Zeichenerklärung darf auf dem Plan nicht fehlen. Sie kann gleichzeitig als Zusammenstellung benutzt werden (Seite 40, 25, Tab. 9). Zur Farberläuterung werden die Bezeichnungsfelder der Zusammenstellung entsprechend farbig angelegt.
13. Hilfslinien, die etwas über die Berechnungsart aussagen, werden als schmale rote Strichlinien eingezeichnet.
14. Datum, Name des Bearbeiters usw.

2.1.5.2 Flächentabelle, Teilflächen

Für die Flächenberechnung ergibt sich eine grundsätzliche Tabellenführung, die für die benutzten Methoden abgewandelt werden kann (Tab. 9; siehe auch Seite 15, 32). Erläuterung der Spalten der Tab. 9: Die Bezeichnung muß sich mit der im Plan decken. Die Formel, nach der die Berechnung erfolgt, wird hier symbolisch oder mit einem Kurzzeichen vermerkt (z. B. R = Rechteck, D = Dreieck, T = Trapez, K = Kreis, H = Halbkreis usw.). Bei anderen Methoden wird hier die benutzte angegeben (z. B. P = Polarplanimeter). Gleichzeitig sollte ein durchlaufender Farbstrich am Seitenrand in der gleichen Farbe, mit der diese Gruppe im Flächenplan angelegt ist, am Rand eingezeichnet werden. Bei der Berechnung der Flächen wird nur der Rechenansatz (nicht alle Rechenphasen mit ihrer Ausrechnung und den Teilergebnissen) eingetragen. Das Ergebnis wird in die Spalte „Teilflächeninhalt" eingetragen. Abzuziehende Flächen sind andersgeartete Flächen, die inmitten einer großen Fläche liegen und in der betreffenden Gruppe berechnet werden (z. B. Plattenfläche im Rasen). Gem. DIN 18 320, 1974, 5.1.9 (Seite 141, 01), werden Aussparungen bis 2 m² bei der Abrechnung nicht abgezogen, müßten aber hier wegen der Kontrolle (Seite 38, 21) aufgeführt werden. Der Zuschlag für geneigte Flächen ist nur erforderlich, wenn die tatsächliche (Abwicklungs-)Fläche ermittelt werden soll (Seite 41, 10).

Tabelle 9

Teilfläche Bezeichnung	Figur Formel	Rechenansatz	Teilflächeninhalt	abzuziehende Flächen	Zuschlag für geneigte Flächen	Bemerkung	Farbrandstrich

2.1.5.3 Flächenzusammenstellung und -ausgleich

Die in Tab. 9 berechneten Teilflächen einer Flächenart werden jeweils addiert und zusammengestellt (Tab. 10). Addiert und verglichen mit der Gesamtkontrollrechnung (Seite 38, 21) ergibt sich der Gesamtfehler, der ± 1 % nicht überschreiten sollte (siehe auch Seite 41, 20). Die Tab. 10 enthält die Flächenansätze für die Ausschreibung (Angebotseinholung). Wenn die Abrechnung nach örtlichem Aufmaß erfolgen soll (Seite 45, 20), werden diese sowieso etwas abweichen, bei Pauschalvergabe sind außerdem geringe Abweichungen eingeschlossen. Deshalb sollten zur Vereinfachung und zur Vermeidung von Bruchbeträgen die Flächen auf mindestens volle m², u. U. sogar auf volle 10 m² gerundet werden, wobei gleichzeitig der Gesamtfehler ausgeglichen wird. Sind die Ansätze bereits die Grundlage der Abrechnung (ATV, Seite 140, 22), so ist der Ausgleich am besten prozentual auf alle Flächen zu verteilen, ausgenommen die, die eindeutig genau ermittelt sind (Zusatzspalte für m²-Ausgleich, siehe auch Seite 40, 08). Bei geneigten Flächen ist zu beachten, ob Abrechnung in der Horizontalen oder Neigung (Seite 41, 40) erfolgen soll. Es sei angemerkt, daß diese Flächenzusammenstellung durch die nach m, m³, Gewicht und Stück abzurechnenden Arbeiten ergänzt werden muß. Das ergibt dann die Übersicht, die jedem Leistungsverzeichnis vorangestellt werden sollte.

Tabelle 10

			gemessene m^2	ausgeglichene und gerundete m^2
B_{1-3}	= Baulichkeiten	=	122,64	123
P_{1-6}	= Platten	=	42,20	42
W_{1-2}	= Wasser	=	86,82	87
R_{1-18}	= Rasen	=	476,80	480
G_{1-8}	= Gehölze	=	228,45	230
S_{1-5}	= Stauden	=	37,50	38
	Summe der Teilaufmaße Gesamtaufmaß		994,41 1 000,00	1 000
	Fehler		− 5,59 = 0,56%	

2.1.5.4 Fehlergrenzen

Nach Werkmeister (Lexikon der Vermessungskunde, 1949) ergeben sich Fehlergrenzen (a) für Flächenbestimmungen aus Planmaßen nach der Formel a = 0,0004 M $\sqrt{F}$ + 0,0003 F, wenn der Plan im Maßstab 1 : M gezeichnet ist, wobei normalerweise ⅓ nicht überschritten wird. Damit ergeben sich nachstehende Werte für a z. B. für M 1 : 500 (Tab. 11).

Tabelle 11

Fläche, m^2	100	200	300	400	500	1 000	5 000	10 000
max. zul. Fehler, m^2	2	3	4	4	5	6	16	23

Diese Fehlergrenzen beziehen sich auf Einzelflächen. Bei der Gesamtflächenkontrolle wird diese Fehlergrenze meist überschritten. Der Fehler sollte jedoch 1 % nicht überschreiten.

2.1.6 Geneigte Flächen

Lagepläne bringen die horizontalen Flächen mit horizontalen Maßen (= Projektionsflächen). Die tatsächlichen Flächen (= Abwicklungsflächen) sind dagegen bei geneigtem Gelände um so größer, je steiler die Neigung ist.
Die Abwicklungsfläche ist gleich der (horizontalen) Planfläche geteilt durch cos des Böschungswinkels β **(Abb. 34)**.
Gemäß ATV (Seite 140, 23) werden die Flächen bei der Ermittlung der Leistung nicht in der Horizontalprojektion gemessen, wenn in der Leistungsbeschreibung nicht anderes

vorgeschrieben ist, z. B. „Berechnung nach horizontal gemessener Fläche". Da auf dem Plan nur horizontale Flächen ermittelt werden, müssen diese gegebenenfalls in die Abwicklungsfläche umgerechnet werden: Horizontalfläche mal Zuschlagskoeffizient **(Abb. 35)**.
Die ATV gibt dem Ausschreibenden die Entscheidungsmöglichkeit für Horizontal- oder Abwicklungsaufmaß, wobei die jeweiligen Vor- und Nachteile abgewogen werden müssen (Seite 42, 12). Die Ausschreibungsunterlage muß die Verhältnisse auf der Baustelle zweifelsfrei widerspiegeln, d. h. der Anteil und der Neigungsgrad der geneigten Flächen muß genannt werden oder die Leistungen werden eindeutig nach ebenen und geneigten Flächen getrennt.

2.1.6.1 Horizontalaufmaß

Vorteile:

Planaufmaß identisch mit Abrechnungsaufmaß, daher direkte Kontrollmöglichkeit der Flächen und der Strecken (Seite 38, 22). Absteckplan (Konstruktionsmaße gem. ATV) kann gleich dem Abrechnungsplan und dem Bestandsplan sein (Seite 45, 22).
Aufmaße im Gelände erfolgen unter Benutzung von Vermessungsgeräten (Fluchtstäbe, Prismen, Nivellierinstrumente, Theodolite), die alle in senkrechter Aufstellung, also horizontal arbeiten. Projektionswinkel sind z. B. nicht identisch mit den Winkeln auf der geneigten Fläche. Eine Ausnahme bildet der rechte Winkel (Prisma), wenn 1 Schenkel mit der Horizontalen und der andere mit der Fallinie identisch ist (siehe auch Seite 48, 35). Abgesehen von diesen Sonderfällen könnten insbesondere unregelmäßige Abwicklungsflächen eigentlich nur mit Dreiecksseiten (= Heronsche Formel, Seite 17, 20) aufgemessen werden.

Nachteile:

Die Fläche entspricht nicht der tatsächlichen. Streckenmaße müssen als Staffelmessung durchgeführt werden, sind also aufwendiger. Aufmaßart muß im Leistungsverzeichnis besonders vorgeschrieben werden[1]).
Auch ein Abwicklungsaufmaß entbindet den Ausschreibenden nicht von der konkreten Aussage in der jeweiligen Position über die Neigung (z. B.: Neigung 10—20 %, i. M. 12 %), weil neben dem Flächenzuschlag auch die Arbeitserschwernis und das erhöhte Risiko bei der Gewährleistung kalkulierbar sein müssen und im Preis berücksichtigt werden. Mindestens sollte bei Ausschreibung ein Plan beigefügt werden, aus dem die Neigung der Flächen ersichtlich ist (z. B. Höhenlinien).
DIN 18 320 schreibt möglicherweise ab 1984 für größere Neigungen als 1 : 4 die Abrechnung getrennt nach Flächenneigungen vor.

2.1.6.2 Neigungsaufmaß

Vorteile:

Entspricht der tatsächlichen Fläche. Streckenmessungen direkt am Boden ohne beson-

---

[1]) Ab 1984 ist voraussichtlich mit einer Änderung der ATV zu rechnen, wonach im Horizontalaufmaß abzurechnen ist.

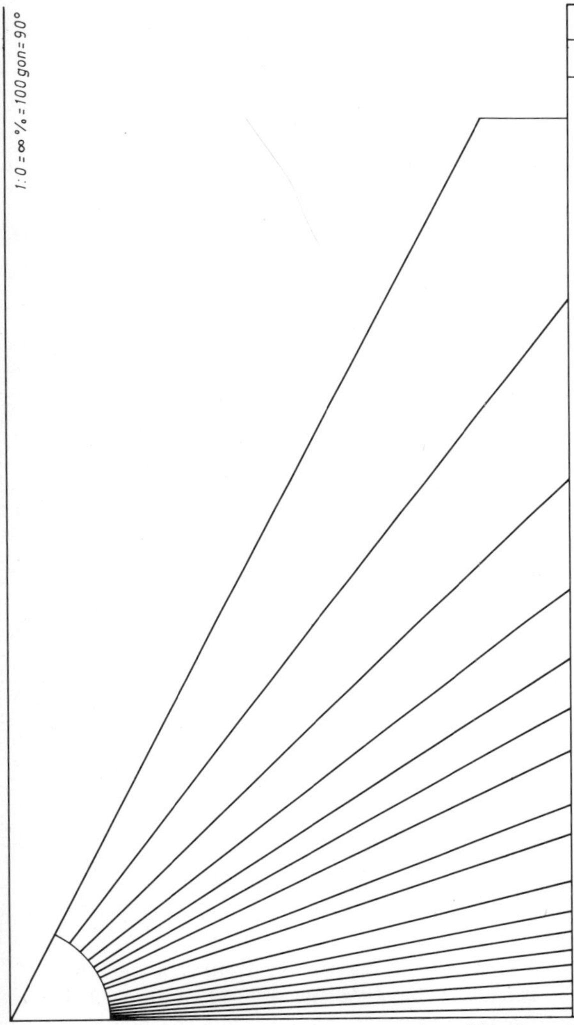

Flächenbestimmung auf Plänen 43

Böschungsneigung in				Zuschlag	
1:n	%	Neu-grad	Alt-grad	%	Koeffizient
1:0,5	200	70,48	63°48'	123,61	2,2361
1:0,75	133,3	59,03	53°08'	66,67	1,6667
1:1	100	50,00	45°00'	41,42	1,4142
1:1,25	80	42,95	38°39'	28,06	1,2806
1:1,5	66,7	37,43	33°41'	20,19	1,2019
1:1,75	57,1	33,05	29°45'	15,18	1,1518
1:2	50	29,52	26°34'	11,80	1,1180
1:2,5	40	24,22	21°48'	7,70	1,0770
1:3	33,3	20,48	18°26'	5,41	1,0541
1:4	25	15,59	14°02'	3,08	1,0308
1:5	20	12,57	11°19'	1,98	1,0198
1:6	16,7	10,52	9°28'	1,38	1,0138
1:8	12,5	7,92	7°08'	0,78	1,0078
1:10	10	6,34	5°42'	0,50	1,0050
1:15	6,7	4,24	3°49'	0,22	1,0022
1:20	5	3,18	2°52'	0,12	1,0012
1:50	2	1,27	1°09'	0,02	1,0002

$1:0 = \infty\% = 100 \text{ gon} = 90°$

$1:\infty = 0\% = 0 \text{ gon} = 0° \triangleq 0\%$ Zuschlag $= 1,0000$ Zuschlagskoeffizient

$n = \cot\beta$

$100 \cdot \tan\beta$

$100 \sqrt{1 + \frac{1}{n^2}} - 100$

$\sqrt{1 + \frac{1}{n^2}}$

$\sqrt{1 + \frac{1}{(\cot\beta)^2}}$

Abb. 35

44 Flächenbestimmungen

deren Aufwand! Aufmaßart entspricht ATV (Seite 140, 23) und braucht auch nicht besonders im Leistungsverzeichnis vorgeschrieben zu werden[1]).

Nachteile:
Planaufmaß nicht identisch mit Abrechnungsaufmaß, also unmaßstäblich, daher keine direkte Kontrollmöglichkeit von Flächen und Strecken. Flächenwerte für die Ausschreibung müssen wegen der Zuschläge zusätzlich errechnet werden (Seite 44, 25). Vermessungsgeräte und -verfahren beim Aufmaß im Gelände oft nicht anwendbar (Seite 42, 29). Angabe der Flächenneigung wegen Erschwernis und erhöhtem Risiko trotzdem im Leistungsverzeichnis erforderlich.

2.1.6.3 Zuschläge für gleichmäßig geneigte Böschungsflächen

Bei geneigten Ebenen z. B. aus Höhenpunkten: Bei zweiseitigem Gefälle werden entweder die Zuschläge für beide Gefälle ermittelt und dann addiert, oder es wird das Hauptgefälle ermittelt (= größtes Gefälle = Fallinie = senkrecht zu den Höhenlinien) und Ermittlung des Zuschlages.
Die Zuschläge sind der **Abb. 35** zu entnehmen bzw. mit den dort aufgeführten Formeln zu berechnen, z. B. ist bei 1 : 3 der Zuschlagskoeffizient 1,0541, also ergibt sich bei 328 m^2 Horizontalaufmaß: 328 · 1,0541 = 345,74 m^2 (bei einer in der Abwicklung und mit Neigung 1 : 3 aufgemessene Fläche von 345,74 m^2 ergäbe sich: 345,74 : 1,0541 = 328 m^2 Horizontalfläche = Planfläche (siehe auch Seite 41, 40).

2.1.6.4 Zuschläge für unregelmäßig geneigte Flächen

Bei Gelände mit unregelmäßigen Neigungen ist dieses meist durch Höhenlinien (Seite 103, 03) dargestellt. Aus dem Höhenunterschied (H) und Horizontalabstand (L) ergibt sich das Böschungsverhältnis 1 : x aus 1 : x = H : L; x = L : H. Der geringste Abstand der Höhenlinien innerhalb einer Fläche zeigt hier das stärkste Gefälle, der größte Abstand das geringste Gefälle des Geländes an. Die Berechnung der Abwicklungsfläche aus dem Mittel dieser beiden Werte ist nur brauchbar, wenn der Grad der Neigung gleichmäßig zunimmt und die Extremwerte sich nicht zu stark unterscheiden. Genauer ist die Einteilung in mehrere Gruppen.
Im Beispiel der **Abb. 36** ist die steilste Neigung 1 : 2, die flachste 1 : 10. In je mehr Neigungsgruppen unterteilt wird, um so genauer ist das Ergebnis. **Abb. 36** und Tab. 12 zeigen ein sehr differenziertes Beispiel. Nach Arbeitserschwernis würde eine Unterteilung in 2 Positionen (z. B. 1 : 2 bis 1 : 3 und 1 : 3 bis 1 : 10) für eine Ausschreibung ausreichen. Siehe hierzu auch Seite 42, 38.
Die Eintragung der ermittelten horizontalen Höhenlinienabstände auf den Fallinien begrenzt mit den Höhenlinien die Flächen der gewählten Neigungsgruppen. Je geringer die Neigungsunterschiede innerhalb jeder Gruppe sind, desto genauer die Zuschlagswerte. Die Flächenbestimmung der Neigungsgruppen erfolgt mit einer der genannten graphischen Methoden (Seite 30, 05 bis 36).

---

[1]) Ab 1984 ist voraussichtlich mit einer Änderung der ATV zu rechnen, wonach im Horizontalaufmaß abzurechnen ist.

Bei der Ermittlung der Abstände der Höhenlinien entsprechend den Neigungsgruppen ist die Verwendung eines Neigungsmaßstabes, wie er z. B. auf allen guten Karten vorhanden ist, zweckmäßig. In die Tab. 9 für die Flächenberechnung ist eine besondere Spalte eingefügt, die addiert die Zuschläge für eine bestimmte Gruppe (z. B. Rasen) ergibt.

Tabelle 12

Neigungsgruppen	ca. % Zuschlag	Abstand der Höhenlinien (horizontal) m	mittl. Zuschlag %
1 : 2 bis 1 : 3	11,8 bis 5,4	2 bis 3	8,6
1 : 3 bis 1 : 5	5,4 bis 2	3 bis 5	3,7
1 : 5 bis 1 : 8	2 bis 0,8	5 bis 8	1,4
1 : 8 bis 1 : 10	0,8 bis 0,5	8 bis 10	0,65

Am sinnvollsten ist es, bei Ausschreibungen im Text die Mindest- und Höchstneigung zu erwähnen, zusätzlich einen Plan mit Höhenlinien beizufügen und im Text auf diesen hinzuweisen.

2.2 Flächenaufmaß im Gelände

Grundsätzlich ist die ATV (Seite 138) zu beachten.
Flächenaufmaße im Gelände (Feldmaße, Urmaße) sind erforderlich zur Flächenermittlung für Ausschreibungen wenn keine genauen Pläne vorliegen oder für Abrechnungen wenn für die Ausführung keine genauen Zeichnungen vorlagen, bzw. die Leistung oder Teile der Leistung nicht nach diesen Zeichnungen ausgeführt wurden. Vereinbarungen über die Art des Aufmaßes (Seite 41, 45) sind zu beachten. Wenn in der Leistungsbeschreibung nichts anderes vorgeschrieben ist bzw. wird, z. B. Berechnung nach horizontal gemessener Fläche (Messung in der Projektion, Seite 42, 12) so müssen die Leistungen nach der ATV in der Abwicklungsfläche[1], d. h. der geneigten Fläche (Seite 42, 40) aufgemessen werden. Vor- und Nachteile siehe unter 2.1.6.1 + 2.
Abrechnungsaufmaße sollen gem. Verdingungsordnung für Bauleistungen (VOB, Teil B, DIN 1961, 11/73) gemeinsam durch Vertreter von Auftraggeber und Auftragnehmer durchgeführt werden, wobei der Auftragnehmer den Leistungsnachweis durch Aufmaßplan und Flächenberechnung zu erbringen hat.

2.2.1 Aufmaßplan und Aufmaßtabelle

Aufmaße von einzelnen Flächen können mittels Feldskizzen mit Maßen festgehalten werden. Bei mehreren Flächen kann die Gesamtsituation als Feldskizze dargestellt werden,

---
[1] Ab 1984 ist voraussichtlich mit einer Änderung der ATV zu rechnen, wonach im Horizontalaufmaß abzurechnen ist.

46 Flächenbestimmungen

die Einzelflächen erhalten nur eine Kennzeichnung (Ziffern, Buchstaben) und die Grundmaße (Rechenansätze) werden in einer Tabelle (Seite 40, 05) festgehalten, wobei eine Zusammenfassung gleicher Rechengänge in gesonderten Tabellen zweckmäßig ist, weil Rechenteile ausgeklammert werden können (Seite 15, 17).
Besonders bei geschlossenen Flächensystemen (Vielflächensysteme, z. B. klar begrenztes, neu angelegtes Gelände bzw. Grundstück, wo alle Teilflächen aufgemessen werden; siehe auch Seite 53, 30) ist folgendes Verfahren empfehlenswert:
Überprüfung des Ausführungsplanes mit der Wirklichkeit, Korrektur etwaiger Änderungen, Herstellen eines Aufmaßplanes (Seite 38, 30) ohne Maßeintragung, Herstellen von 2 Pausen, Eintragen der örtlich ermittelten Urmaße im gemeinsamen Aufmaß. Eine Pause behält der Auftraggeber als Beleg für die spätere Kontrolle, von der anderen Pause überträgt der Auftragnehmer die Maße auf das Original, wovon die gewünschte Anzahl von Aufmaßplänen gefertigt und der Abrechnung beigefügt werden. Zur besseren Übersicht kann eine Pause farbig angelegt werden. Die Flächenzusammenstellung (Seite 40, 25, Tab. 10) enthält dann keine Rundwerte, jedoch den Flächenausgleich (Seite 38, 21), der in einer Zusatzspalte deutlich aufgeführt werden sollte. Eine Ergänzungsspalte für die Positionszahl der Rechnung kann notwendig werden. Hinweis bei der Berechnung: Hierzu Plan Nr. . . . vom . . ., auf dem Plan: Hierzu Berechnung Seite . . . bis. . . vom . . . . Der Aufmaßplan enthält außer den Maßen und Flächenkennzeichnungen nur einfache Flächenbegrenzungslinien. Zusätzliche Maßlinien sind nur dann zu benutzen, wenn nur so die eindeutige Zuordnung einer Streckenmessung deutlich wird. Sonst genügt es, die Meßwerte auf die betr. Linie und in die betr. Fläche zu schreiben, wobei die Lesbarkeit bezogen auf die Lage des Planes von nachgeordneter Wichtigkeit ist.

2.2.2 Horizontalaufmaß

Nur wenn bei Vertragsabschluß vereinbart (Seite 41, 48, Vor- und Nachteile siehe Seite 42, 45), sonst gilt Abwicklungsaufmaß[1]) (Seite 42, 40). Ist eine Fläche (z. B. Rasen) nach verschiedenen Neigungsgraden aufzuteilen, so sind die Trennlinien zwischen den Flächen geringerer und stärkerer Neigung entsprechend dem Ausschreibungstext gemeinsam von Auftraggeber und -nehmer vor Aufmaß im Gelände z. B. unter Benutzung einer Böschungswaage abzustecken (siehe auch Seite 44, 34 und 45, 35).
Bei horizontalen Streckenmessungen wird das Bandmaß horizontal gespannt, wobei an den Streckenenden Fadenlote benutzt werden, wodurch die Messung bequemer (aufrechte Haltung) und genauer ist. Außerdem ist die Messung wegen Bewuchs oft nur in entsprechender Höhe über Gelände möglich. In dichtem Gebüsch und bei starker Hanglage sind Meßlatten oder Teleskop-Meterstäbe besser geeignet. Neuerdings sind Streckenmessungen auch mittels Ultraschallgeräten möglich.
Für Flächen, die aus einer extrem langen und einer extrem kurzen Strecke berechnet werden ist eine Flächenbestimmung aus Plan- und Feldmaßen möglich (Seite 16, 14).

2.2.2.1 Geometrische Einzelflächen

Es werden die zur Berechnung (Rechenansatz) benötigten Strecken gemessen.

---

[1]) Ab 1984 ist voraussichtlich mit einer Änderung der ATV zu rechnen, wonach im Horizontalaufmaß abzurechnen ist.

2.2.2.1.1 Quadrat, Rechteck, Parallelogramm

Länge × Breite = Fläche (siehe auch Seite 17, 01).

2.2.2.1.2 Dreieck

Grundlinie × Höhe × ½ = Fläche (Seite 17, 10) und auch durch die Heronsche Formel (Seite 17, 20) aus den 3 Dreiecksseiten. Bei kleinen Dreiecken genügt es, den rechten Winkel (Lotpunkt der Höhe) nach Augenmaß zu bestimmen, bei größeren Dreiecken Verwendung von Prismen. Hierzu sind bei Verwendung von Doppelprismen mindestens die Eckpunkte des Dreiecks mit Fluchtstäben zu markieren. Bei Verwendung von einfachen Prismen sind mindestens 3 Fluchtstäbe für die Grundlinie erforderlich, bei Dreiecken, bei denen die Höhe außerhalb fällt, ist diese dann vorzuziehen, da nur 2 Fluchtstäbe erforderlich sind.

Bei stark geneigter Fläche ist *die* Grundlinie zu benutzen, die möglichst horizontal liegt, andernfalls sind Steilsichtprismen mit verspiegelten Grund- und Deckflächen zweckmäßig.

Nachteil des Aufmaßes aus Grundlinie und Höhe:
Das Dreieck ist ohne zusätzliches Aufmessen des Höhenabschnittes auf der Grundlinie zeichnerisch nicht darstellbar.

Leicht und mit hoher Genauigkeit kann das Aufmaß von Dreiecken nach der Heronschen Formel erfolgen (Seite 17, 20). Die Heronsche Formel wurde früher zum Aufmaß nicht verwendet, da sie aufwendig berechnet werden mußte. Heute kann die Berechnung bereits mit einfachen Taschenrechnern durchgeführt werden, besonders geeignet sind hierfür programmierbare Rechner (nur Eingabe der 3 Seitenlängen).

Vorteile des Aufmaßes nach Heronscher Formel:
Die Benutzung von Prismen und deren Mängel (Seite 42, 20) entfällt, da nur Strecken gemessen werden; das Dreieck ist zeichnerisch darstellbar. Bei sehr großen Dreiecken ist das Aufmaß mit Reduktions-Tachymetern nach der im Polarkoordinatenverfahren (Seite 50, 05) benutzten Formel mit einer Streckengenauigkeit von etwa ± 10 cm/100 m sehr zeitsparend (Aufmaßart vorher vereinbaren!). Hierbei wird das Gerät lediglich einmal auf einer Ecke des Dreiecks aufgestellt. Sehr genaue Messungen (etwa ± 10 mm/km) können nach diesem Verfahren mit Theodoliten mit elektronischem Entfernungsmesser bzw. elektrooptischem Distanzmesser) durchgeführt werden.

2.2.2.1.3 Trapez

Bei kleinen Trapezen aus Abstand × mittlerer Länge, bei größeren aus Grundlinie × Summe beider Höhen × ½ (Seite 17, 30). Bei Koordinatenaufmaß (Seite 48, 30) ergeben sich ebenfalls Trapeze.

48   Flächenbestimmungen

2.2.2.1.4 Kreis, Ellipse

Da der Kreismittelpunkt meist fehlt, Berechnung nach (halber Durchmesser)$^2 \times \pi$ = Kreisfläche und großer × kleiner Durchmesser × π = Ellipsenfläche. Kreisteilflächen siehe Seite 145.

2.2.2.2 Vieleck

Die Vielecksform tritt sehr häufig auf, insbesondere auch beim Aufmaß von kurvig begrenzten unregelmäßigen Flächen (Seite 52, 01). Einzelne Flächen sind aufmeßbar durch Zerlegen in einfache geometrische Flächen (Seite 48, 20), Koordinatenaufmaß (Seite 48, 30) und Polarkoordinatenaufmaß (Seite 50, 05).
Sehr große Vielecke, insbesondere wenn sie nicht überschaubar sind, sind u. U. einfacher durch Polygon- (Seite 51, 01) oder Bussolenzug (Seite 51, 40), große überschaubare Vielecke in Polarkoordinatenaufmaß mit optischer Entfernungsmessung (Seite 47, 30) aufmeßbar.

2.2.2.2.1 Zerlegen von Vielecken in geometrische Flächen

Üblichstes Verfahren ist die Aufteilung in Dreiecke (Seite 18, 40). Bei Flächen mit sehr vielen Ecken, insbesondere wenn die Strecken größer als Bandmaßlänge sind, wird dieses Verfahren leicht unübersichtlich (viele Fluchten mit Fluchtstäben), dann ist — neben anderen Vorteilen — das Aufmaß im Koordinatenverfahren günstiger (Seite 48, 30).
Die Übersichtlichkeit kann auch durch Verwendung verschiedenfarbiger Fluchtstäbe erleichtert werden, z. B. schwarz-weißen und schwarz-gelben neben den üblichen rot-weißen.

2.2.2.2.2 Koordinatenaufmaß von Vielecken

Verfahren siehe Seite 20, 25. Die Hauptflucht (Abszisse) ist an Festpunkte anzubinden (Skizze fertigen), damit das Koordinatensystem rekonstruierbar ist und die Ordinaten (y) möglichst kurz (innerhalb einer Bandmaßlänge) sind. Bei stark geneigtem Gelände ist die Hauptflucht möglichst horizontal zu legen (Seite 42, 20).
Bei Einzelflächen kann die Flächenberechnung direkt aus dem Feldbuch ohne Fertigung einer Zeichnung erfolgen, wenn die Eckpunkte vor Aufmaß im Gelände rechtsläufig durchnumeriert und die Werte in dieser Reihenfolge ins Feldbuch eingetragen werden, bei Achse außerhalb nach Tab. 3 oder Tab. 6 (ohne Spalte 4 und 5) bei Achse innerhalb der Fläche nach Tab. 4 (mit +y und —y), 5 oder Tab. 6 (wobei Spalte 3 zunächst frei bleibt).
Bei großen Flächen kann ein Aufmaß nach mehreren Achsen (z. B. **Abb. 37**) oder mit einer Hauptflucht als Rechteck zur Vermeidung von langen Ordinaten-Messungen günstiger sein. Das Feldbuch muß dann entsprechende Spalten haben. Zur Berechnung werden die Aufmaßwerte dann auf ein gemeinsames Koordinatensystem wie Tab. 6 umgerechnet. Für das Beispiel **Abb. 37** müssen die y-Werte der rechten Flucht um

Flächenaufmaß im Gelände 49

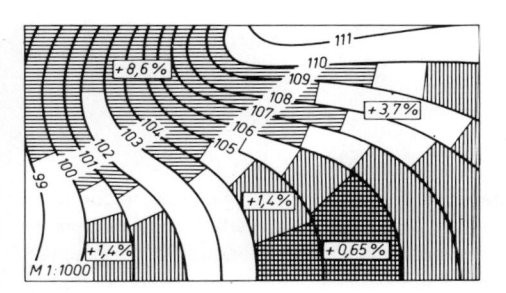

Abb. 36

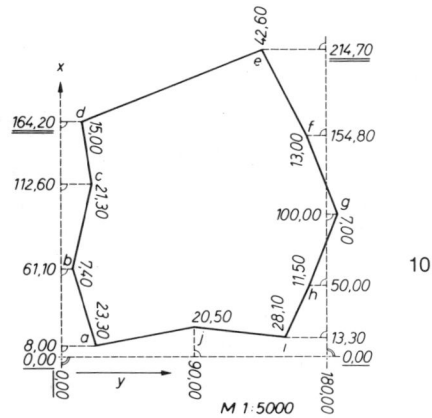

Abb. 37

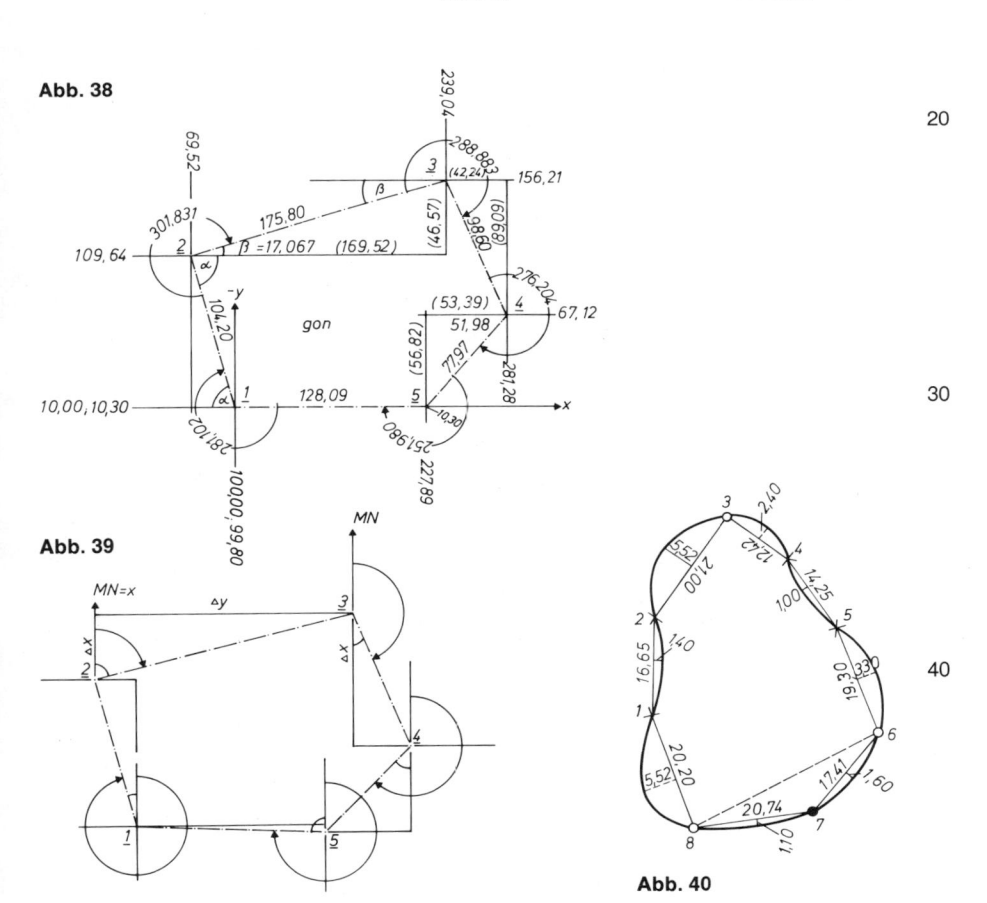

Abb. 38

Abb. 39

Abb. 40

50   Flächenbestimmungen

+ 180 verändert werden. Aufmaß von vielen Flächen im Koordinatenverfahren siehe Seite 54, 01.

2.2.2.2.3 Polarkoordinatenaufmaß

Aufmaß mit einem Winkelmeßgerät (Theodolit, bei geringen Höhenunterschieden auch mit Nivellierinstrument mit Teilkreis) bei einer Aufstellung innerhalb oder außerhalb (**Abb. 20**) der Fläche. Bei Entfernungen innerhalb Bandmaßlänge recht einfaches, schnelles und genaues Verfahren. Bei größeren Flächen nur empfehlenswert bei Benutzung von Reduktions-Tachymetern (Seite 47, 30) oder elektrooptischen Distanzmessern (Seite 47, 34).
Die Fläche wird in der Reihenfolge der rechtsläufig durchnumerierten Eckpunkte aufgemessen (Tab. 13).

Tabelle 13 zu **Abb. 20**

Pkt. Nr.	Winkelablesung gon	Einzelwinkel φ gon*** +	Einzelwinkel φ gon*** −	Entfernung m	doppelte Fläche * m^2 +	doppelte Fläche * m^2 −
1	337,463			40,10		
		19,556			705,69	
2	357,019			58,20		
		35,994			1 559,02	
3	393,013			50,00		
		27,228			1 416,46	
4	420,241**			68,30		
		39,111			3 224,42	
5	459,352			81,90		
			14,222			831,02
6	445,130			45,80		
			69,002			1 457,18
7	376,128			36,00		
			38,665			823,85
(1)	337,463			40,10		
Summen:		121,889 =	121,889		6 905,59 − 3 112,05	3 112,05
					2 F = 3 793,54, F = 1 896,77 m²	

  *   nach der Formel $F = \dfrac{a \cdot b \cdot \sin \varphi}{2}$, Division (: 2) ausgeklammert und am Schluß der Tabelle

 **   Da 400 gon (Vollkreis) überschritten, wurde weitergezählt, d. h. zur Ablesung jeweils 400 gon dazugerechnet, z. B. Abl. 020,241 + 400 = 420,241

***   aus der Differenz der beiden Winkelablesungen, soweit die folgende Ablesung größer = +, soweit kleiner = −.

Die beiden Summen der Einzelwinkel sind nur bei Standort außerhalb der Fläche gleich.

Flächenaufmaß im Gelände 51

2.2.2.2.4 Polygonzug

Sehr große Vielecke, insbesondere nicht überschaubare bzw. nicht betretbare (z. B. Wasserflächen) sind durch Messen der Brechungswinkel und der Zugseiten aufmeßbar **(Abb. 38)**. Durch Berechnen der x- und y-Werte der Punkte eines vorhandenen bzw. angenommenen Koordinatensystems kann eine Kontrolle und ein einfacher Fehlerausgleich durchgeführt werden. Die Flächenberechnung erfolgt dann im Ellingschen Verfahren (Seite 26, 10).
Die **Abb. 38** geht aus von den bereits rechnerisch ausgeglichenen Winkeln des Feldbuches nach der Formel: Summe der Brechungswinkel eines Vielecks mit n Ecken = $(n + 2)$ 200 gon, Fehlergrenze = $\pm 0{,}02$ gon $\sqrt{n}$.
Der Winkelfehler wurde durch n geteilt und bei den Einzelwinkeln bereits ausgeglichen. Als x-Achse wurde die Zugseite $\underline{1}$—$\underline{5}$ angenommen, für $x_1 = 100{,}00$ und $y_1 = 10{,}00$ eingesetzt. Dann errechnet sich der x-Wert für $\underline{2}$ aus $100 - (104{,}20 \cdot \cos 81{,}102 \text{ gon} = 30{,}48) = 69{,}52$, der y-Wert für $\underline{2}$ aus $y = 10 + (104{,}20 \cdot \sin 81{,}102 \text{ gon}) = 109{,}64$; $\beta = 400 - 81{,}102 - 301{,}831 = 17{,}067$ gon; $175{,}80 \cdot \cos 17{,}067$ gon $= 169{,}52 = \Delta x$; x für Punkt $\underline{2} = 69{,}52 + 169{,}52 = 239{,}04$. So werden alle x- und y-Werte der Punkte rechtsläufig bis zum Ausgangspunkt errechnet. Man erhält dann für $x_1 = 99{,}80$ (Soll = 100,00), $y_1 = 10{,}30$ (Soll = 10,00), x-Fehler = $-0{,}20$, also 0,04 je Punkt, y-Fehler = $+0{,}30$, also 0,06 je Punkt.
Es ergibt sich folgender Fehlerausgleich (Tab. 14):

Tabelle 14

Pkt.		1	2	3	4	5	1
x	gemessen	100,00	69,52	239,04	281,28	227,89	99,80
	Fehler	+ 0,00	+ 0,04	+ 0,08	+ 0,12	+ 0,16	+ 0,20
	ausgegl.	100,00	69,56	239,12	281,40	228,05	100,00
y	gemessen	10,00	109,64	156,21	67,12	10,30	10,30
	Fehler	- 0,00	- 0,06	- 0,12	- 0,18	- 0,24	- 0,30
	ausgegl.	10,00	109,58	156,09	66,94	10,06	10,00

Aus den so ermittelten x- und y-Werten kann nach dem Ellingschen Verfahren (Seite 26, 10) wie Tab. 6 bzw. 7 oder nach Trapezsummen (Seite 20, 39) wie Tab. 4 oder nach Gauß (Seite 23, 40) wie Tab. 5 die Fläche errechnet werden.

2.2.2.2.5 Bussolenzug

Unter Verwendung eines Bussolentheodoliten kann ein Bussolenzug **(Abb. 39)** durchgeführt werden. Ein Winkel-Meßfehler überträgt sich hierbei nicht. Winkelkontrolle und -ausgleich erfolgen durch die beiden Streichwinkel einer Zugseite (der Streichwinkel für den Rückblick ist in **Abb. 39** nicht dargestellt). Die Berechnung der x- und y-Werte erfolgt einfacher als beim Polygonzug (Seite 51, 10), weil die Zwischenwinkelrechnung (Wechselwinkel) entfällt, da in jedem Punkt die Winkel bereits von der x-Achse (= Magnetische Nordrichtung) ausgehend gemessen werden. Zur Berechnung von Δx und Δy kann der Streichwinkel direkt benutzt werden.

52 Flächenbestimmungen

2.2.2.3 Kurvig begrenzte, unregelmäßige Flächen

Die Fläche wird in ein Vieleck mit Flächenausgleich (Seite 52, 10) umgewandelt oder in ein Vieleck und Kappen zerlegt (Seite 52, 20) oder nach der Simpson'schen Regel aufgemessen (Seite 53, 15).

2.2.2.3.1 Umwandeln in ein Vieleck mit Flächenausgleich

Verfahren siehe Seite 29, 35 durch Aufstellen von Fluchtstäben mit Flächenausgleich nach Augenmaß. Aufmaß des sich ergebenden Vielecks nach verschiedenen Verfahren möglich (Seite 18,35 bis 29,15).
Nachteil:
Man erhält die Flächen in m², aber keinen Bestandsplan, d. h. kein Aufmaß der gekrümmten Begrenzungslinien.

2.2.2.3.2 Zerlegen in ein Vieleck und Kappen

Auch als Absteckverfahren bedingt geeignet. Hierbei werden die wichtigsten Punkte auf der kurvigen Begrenzungslinie abgesteckt **(Abb. 40)**.
1. Punkte des Wechsels von einer Links- in eine Rechtskurve (x).
2. Punkte des Wechsels des Krümmungsgrades (o).

Die Punkte werden durch Gerade verbunden, wobei positive (nach außen gehende) und negative (nach innen gehende) Kappen entstehen. Ergeben sich hierbei zu große Kappen (z. B. 6—8, **Abb. 40**), so sind
3. weitere Punkte der Linie einzumessen (●, z. B. Punkt 7, **Abb. 40**).

Es ergibt sich ein Vieleck, daß rechtsläufig durchnumeriert wird und nach den Aufmaßverfahren für Vielecke (Seite 18, 35) aufgemessen werden kann. Die Kappen werden durch Messen der Vieleckseiten und der Kappenhöhen zweckmäßig nach Tab. 15 aufgemessen. Kennzeichnung der Kappen durch die Nummern der Eckpunkte.

Tabelle 15

Kappe	Grundlinie (m)	Höhe (m)	g · h			
			⊕		⊖	
			2/3	3/4	2/3	3/4
1-2	16,65	1,40			23,31	
2-3	21,00	5,52	115,92			
3-4	12,42	2,40	29,81			
4-5	14,25	1,00			14,25	
5-6	19,30	3,30	63,69			
6-7	17,41	1,60	27,86			
7-8	20,74	1,10	22,81			
8-1	20,20	5,52	111,50			
			371,59		37,56	
			- 37,56			

334,03 · 2/3 = 222,69 m² = Σ Kappen

Die Produkte aus Grundlinie × Höhe werden nach folgenden Annäherungsformeln geordnet:
F ≈ g · h · ⅔, wenn die Höhe kleiner ist als ⅓ der Grundlinie
F ≈ g · h · ¾, wenn die Höhe größer ist als ⅓ der Grundlinie
und jeweils in die positiven oder negativen Spalten geschrieben, die Differenzen der Summen gebildet und die Ergebnisse mit ⅔ bzw. ¾ multipliziert und der Vielecksfläche zugeschlagen bzw. von ihr abgezogen. Kappen nach der ¾-Formel sind selten.
Da es sich um Annäherungsformeln handelt, wird das Ergebnis um so ungenauer, je größer der Flächenanteil der Kappen ist.
Vorteil des Verfahrens:
Das Meßergebnis ist zeichnerisch darstellbar und ergibt einen Bestandsplan der wirklichen Situation, sofern das Vieleck nicht durch Dreiecksaufteilung mit g · h · ½ aufgemessen wird.

2.2.2.3.3 Aufmaß nach Simpsonscher Regel

Verwendet wird das Verfahren von Seite 30, 35:
Auf der x-Achse werden in gleichmäßigem, genügend engem Abstand (Δx) Lote errichtet und die sich ergebenden Punkte der Linie eingemessen. Man erhält eine Harfe mit Streckenmaßen, wobei die erste und letzte Strecke 1fach, jede 2., 4., ... Strecke 4fach und jede 3., 5., ... 2fach gewichtet wird.

$$F = \frac{\Delta x}{3}\left[y_1 + y_n + 4(y_2 + y_4 \ldots) + 2(y_3 + y_5 \ldots)\right]$$; geteilt durch 3, weil Δx der halbe Abstand gem. Prismatoidformel ist zuzüglich der Restkappen. Das Verfahren ist um so genauer, je enger die Abstände, ist genau darstellbar, aber sehr aufwendig.

2.2.2.4 Vielflächensysteme

Hierunter soll eine Fläche verstanden werden, die sich aus verschiedenartigen Flächen zusammensetzt, z. B. ein Grünflächenobjekt. Häufig angewendet wird das geometrische Einzelaufmaß (Seite 53, 40), oft sind jedoch Koordinatenaufmaß (Seite 54, 01) und Polarkoordinatenaufmaß (Seite 54, 25) zweckmäßiger und einfacher, weil letztere zeichnerisch darstellbar (Bestandsplan) sind und das Aufmaß im Gelände rekonstruierbar ist. Vielflächensysteme ermöglichen eine Flächenkontrolle (Seite 38, 22 und 56, 35) und einen Flächenausgleich (Seite 40, 35).

2.2.2.4.1 Geometrische Einzelaufmaße

Nachteil:
schwierig oder nicht rekonstruierbar.
Aufmaß mittels vorbereitetem Aufmaßplan (Seite 46, 05) oder mit beim Aufmaß zu fertigenden Feldskizzen. Verfahren wie beim Zerlegen von Vielecken in geometrische Flächen (Seite 18, 38)

54 Flächenbestimmungen

2.2.2.4.2 Koordinatenaufmaß

Vorteile:
Mit dem Meßergebnis ist das Aufmaß konstruierbar (Bestandsplan) und das Aufmaß ist im Gelände rekonstruierbar.
Die Hauptflucht (Abszisse) sollte möglichst horizontal (Seite 42, 23) angeordnet werden und an Festpunkte angebunden werden, wobei lange Ordinaten (y) zu vermeiden sind (Bandmaßlänge). Bei großen Neigungen sind auch viele Staffelmessungen ungünstig. Deshalb sind mehrere parallele Hauptfluchten mit gleichem Nullpunktbezug oft günstiger (Seite 48, 43). Die gemessenen y-Werte werden dann, entsprechend der Lage der jeweiligen Flucht, durch Achsenverschiebung (Seite 27, 01) auf *ein* Bezugssystem umgerechnet. Das Aufmaß erfolgt entweder durch Eintragen der Maße in den Plan **(Abb. 16,** das Meßsystem ist bereits eingezeichnet oder muß örtlich erst eingetragen werden) oder durch Eintragen der Maße in ein Feldbuch mit fortlaufender Nummernfolge. Bei mehreren Abszissen sind diese im Plan und Feldbuch übereinstimmend zu kennzeichnen. Das Feldbuch enthält zusätzliche y-Spalten zum Umrechnen auf das Gesamtsystem. Im Aufmaßplan werden lediglich die Nummern eingetragen **(Abb. 3)**.
Die Flächenberechnung der Einzelflächen erfolgt dann später nach Elling (Seite 26, 10) oder nach der Gaußschen Flächenformel (Seite 23, 40) oder nach Trapezsummen (Seite 20, 40). Soweit Feldbuch vorhanden, werden die Nummern dabei benutzt, andernfalls kann auf die Numerierung der Eckpunkte verzichtet werden, weil Reihenfolge und Werte direkt aus dem Plan ersichtlich.

2.2.2.4.3 Polarkoordinatenaufmaß

Vorteile wie beim Koordinatenaufmaß (Seite 54, 01).
Gutes Winkelmeßgerät (Theodolit) erforderlich. Aufmaß von einem Standort aus wie Seite 28, 42 mit Feldbuchtabelle (Tab. 13). Die fortlaufenden Nummern des Feldbuches werden an den betr. Punkt des Aufmaßplanes geschrieben. Standort- und Winkeleintragung in den Plan während des Aufmaßes sind nicht erforderlich.

2.2.3 Abwicklungsaufmaß

Erforderlich, wenn in der Leistungsbeschreibung nicht anders vorgeschrieben (z. B. Horizontalaufmaß[1]), Seite 46, 25).
Vor- und Nachteile siehe Seite 42.
Grundsätzlich ist ein Aufmaß direkt, d. h. durch Messen direkt auf der geneigten Fläche möglich (Seite 55, 01) oder indirekt durch Horizontalaufmaß und Umrechnen unter Berücksichtigung der Neigung (Seite 55, 10).

---

[1] Ab 1984 ist voraussichtlich mit einer Änderung der ATV zu rechnen, wonach im Horizontalaufmaß abzurechnen ist.

2.2.3.1 Direktes Neigungsaufmaß

Soll die Abwicklungsfläche, d. h. die tatsächliche Oberfläche gem. ATV (Seite140, 23) direkt aufgemessen werden, so ist dies bei größeren Neigungen *genau* nur im Streckenverfahren (Seite 55, 10) möglich, d. h. mit Verfahren, die keine anderen, insbesondere Winkelgeräte erfordern, da diese stets nur in der Horizontalen arbeiten. Sind lt. Ausschreibung gleichartige Flächen nach verschiedenen Neigungen zu unterscheiden, so sind die Trennlinien im Gelände festzulegen (Seite 44, 25).

2.2.3.1.1 Direkte Aufmaße im Streckenverfahren

Bei einfachen geometrischen Einzelflächen (Länge × Breite, Seite 17, 01), oder Dreiecksaufmaße nach Heronischer Formel (Seite 17, 20), bei kleineren Dreiecken auch mit Grundlinie × Höhe : 2 (Seite 17, 10), wobei für den rechten Winkel (Höhe) das Augenmaß ausreicht. Bei Flächen geringer Neigung können so auch große Dreiecke unter Benutzung eines Prismas aufgemessen werden, insbesondere wenn die Grundlinie (bzw. die Höhe) horizontal im Gelände liegt.

2.2.3.1.2 Direkte Koordinatenaufmaße

Sind genau nur bei horizontaler Anordnung der Hauptflucht und gleichmäßiger Geländeneigung möglich (Seite 42, 22), weil nur so der rechtwinklige Projektionswinkel (Prisma) mit dem Winkel auf der geneigten Fläche identisch ist.

2.2.3.2 Indirektes Neigungsaufmaß

Hier wird grundsätzlich horizontal aufgemessen (Seite 46, 25), jedoch zusätzlich die Neigung der Fläche (Böschungswinkel, %) mit einem geeigneten Gerät gemessen und im Aufmaßplan oder im Feldbuch (Sonderspalte) notiert, bei Flächen mit unterschiedlicher Neigung die durchschnittliche Neigung. Bei sehr unterschiedlicher Neigung ist u. U. die Fläche in Flächen etwa gleicher Neigung aufzuteilen und diese einzeln aufzumessen (siehe auch Seite 44, 25). Oder Aufteilen des Geländes in ein Quadratnetz, Bestimmung der Neigung an den Netzpunkten, Ermittlung der prozentualen Neigungsanteile unter Berücksichtigung der Wertigkeit der Netzpunkte, wie auf Seite 70, 17 angegeben. Die Wertigkeit kann unberücksichtigt bleiben, wenn die Neigung in der Mitte eines jeden Netzquadrates gemessen wird.
Die Umrechnung auf die (größere) Abwicklungsfläche siehe Seite 44, 10 und **Abb. 35**.

2.2.4 Aufmaßkontrolle, Genauigkeit, Flächenausgleich

Im Einzelfall können Streckenkontrollen (Seite 56, 05), insgesamt Flächenkontrollen (Seite 56, 25) und entsprechende Ausgleiche durchgeführt werden. Diese Kontrollen sind jedoch nur bei Horizontalaufmaßen (Seite 46, 25) genau. Eine grobe Kontrolle ist durch Vergleich mit den Flächen der Ausschreibung möglich.

2.2.4.1 Streckenkontrollen

Abgesehen von der Kontrollmöglichkeit durch zweimaliges Aufmessen jeder Strecke (z. B. Vor- und Rückmessung) ist eine indirekte Kontrolle möglich. Muß die Summe von Teilstrecken gleich einer parallel gemessenen Gesamtstrecke sein, so wird ein Meßfehler sichtbar (siehe Fehlergrenzen Seite 56, 40). Ein Ausgleich ist aber einfacher über Flächenausgleich (Seite 40, 30).
Werden z. B. bei Aufmaß eines Vielecks im Koordinatenverfahren auch die Vieleckseiten eingemessen (oder sind diese z. B. bei Grundstücken durch Katastermaße bekannt), so kann am Trapez eine Kontrolle mittels Pythagoras erfolgen.
Beispiel **Abb. 13**:
Die Strecke 3—4 wurde zusätzlich mit 9,58 m gemessen, dann ist
$\sqrt{(23,00-17,20)^2 + (30,30-22,75)^2}$ = 9,52, d. h. eine Differenz von 0,06 (Fehlergrenze = ±0,09, Tab. 16).
Fehlerausgleich wäre in diesem Falle schwierig, dennoch kann so der Grad der Meßgenauigkeit geprüft werden. Beim Aufmaß von Dreiecken nach Heronischer Formel (Seite 17, 20) kann zusätzlich ein Winkel (Seite 50, 05) gemessen werden (oder umgekehrt zusätzlich die 3. Seite) und so über die beiden in Frage kommenden Flächenformeln die Messungen verglichen werden.

2.2.4.2 Flächenkontrollen

Einfacher als die Streckenkontrolle ist die Kontrolle der durch die Messung erhaltenen Flächen. Bei Vielflächensystemen (Seite 53, 30) ist die Kontrolle möglich, wenn die Gesamtfläche bekannt ist oder zusätzlich eingemesen wurde, dann müßte die Summe der Teilflächen gleich der Gesamtfläche sein. Es tritt immer eine Differenz auf, die entweder prozentual mit 2 Stellen Genauigkeit hinter dem Komma auf alle Flächenarten verteilt wird oder nur auf die am unsichersten aufgemessenen (z. B. kurvig begrenzten) oder auf die Flächenarten mit dem größten Flächenanteil. Ein solcher Flächenausgleich sollte deutlich zur Abrechnung der Flächenberechnung angefügt werden. Die in Tab. 17 aufgeführten Fehlergrenzen sind nicht unmittelbar auf dieses Kontrollverfahren anzuwenden, weil sie sich auf Einzelflächen beziehen, geben aber dennoch einen Anhalt.

2.2.4.3 Fehlergrenzen bei Flächenberechnungen nach Aufmaß im Gelände

Nach Werkmeister (Lexikon der Vermessungskunde, 1949) ergeben sich aus Erfahrungen folgende zulässige Abweichungen für gewöhnliche Längenmessungen, wobei normalerweise ⅓ nicht überschritten wird:

Bei günstigen Verhältnissen $a = 0{,}008 \sqrt{L} + 0{,}0003\,L + 0{,}05\,m$,
bei mittleren Verhältnissen $a = 0{,}010 \sqrt{L} + 0{,}0004\,L + 0{,}05\,m$,
bei ungünstigen Verhältnissen $a = 0{,}012 \sqrt{L} + 0{,}0005\,L + 0{,}05\,m$.
Damit ergeben sich die in Tab. 16 angegebenen Werte.

Tabelle 16

Länge L (m)	a (m)		
	günstig	mittel	ungünstig
10	0,08	0,09	0,09
50	0,12	0,14	0,16
100	0,16	0,19	0,22
200	0,22	0,27	0,32
300	0,28	0,34	0,41
400	0,33	0,41	0,49
500	0,38	0,47	0,57

Für Flächenbestimmungen aus Feldmaßen
bei günstigen Verhältnissen $a = 0{,}2 \ \sqrt{F} + 0{,}0003\,F$,
bei mittleren Verhältnissen $a = 0{,}25 \sqrt{F} + 0{,}00045\,F$,
bei ungünstigen Verhältnissen $a = 0{,}3 \ \sqrt{F} + 0{,}0006\,F$.
Damit ergeben sich die Werte der Tab. 17.

Tabelle 17

Fläche F (m^2)	a (m^2)		
	günstig	mittel	ungünstig
100	2	2	3
200	3	4	4
300	4	4	5
400	4	5	6
500	5	6	7
1 000	6	8	10
5 000	16	20	24
10 000	23	30	36

3 ERDMASSENBERECHNUNG

3.1 Grundlagen

Einfache geometrische Körper sind genau mathematisch zu berechnen (Stereometrie).

3.1.1 Grundfläche mal Höhe

Die für die Erdmassenberechnung wichtigste Gruppe von Körpern läßt sich in der Raumformel

| $V = $ Grundfläche $\times$ Höhe | **(Abb. 41—48)** |

zusammenfassen. Es sind dies Körper mit einer beliebig geformten, ebenen, horizontalen Grundfläche (x-y-Dimension), die mit ihrer Höhenausdehnung (z-Dimension) säulen- oder pfeilerartige Formen bilden. Die Berechnung der Grundfläche ist nach den im Abschnitt Flächenbestimmungen erläuterten Verfahren durchzuführen. Zu dieser Gruppe gehören u. a. Würfel **(Abb. 41)**, Quader **(Abb. 42)**, regelmäßige und unregelmäßige Drei- **(Abb. 43)**, Vier- **(Abb. 44)** und Vielseitprismen **(Abb. 45)**, Zylinder **(Abb. 46)**, auch Säulen mit unregelmäßiger, bogig geformter Grundfläche **(Abb. 47)**. Die Körperformel bleibt auch dann dieselbe, wenn diese Körper schief sind **(Abb. 48)**. Diese Form ist in der Erdmassenberechnung jedoch selten (z. B. bei der direkten Erdmassenberechnung aus Höhenlinien).

3.1.2 Grundfläche mal mittlere Höhe

Recht häufig sind in der Praxis jedoch vorgenannte Körper, die oben oder unten oder oben und unten durch nicht horizontale und nicht parallele Ebenen begrenzt sind **(Abb. 49)**. Für sie gilt die Formel

| $V = $ Grundfläche $\times$ mittlere Höhe | **(Abb. 49)** |

Als Grundfläche (G) gilt hier die Draufsicht bzw. die Projektionsfläche, also die horizontal gemessene Grundfläche in der x-y-Dimension (siehe auch **Abb. 9**). Als mittlere Höhe (mh) gilt die Höhe im Flächenschwerpunkt (S). Die mittlere Höhe bei solchen Körpern, sofern sie ein Dreieck, Quadrat, Rechteck oder regelmäßiges Vieleck als Grundfläche haben, ist gleich der mittleren Höhe aus den Eckhöhen. Bei einem Körper mit dreieckiger Grundfläche ist z. B. $V = G \cdot \dfrac{h_1 + h_2 + h_3}{3}$.

Grundlagen 59

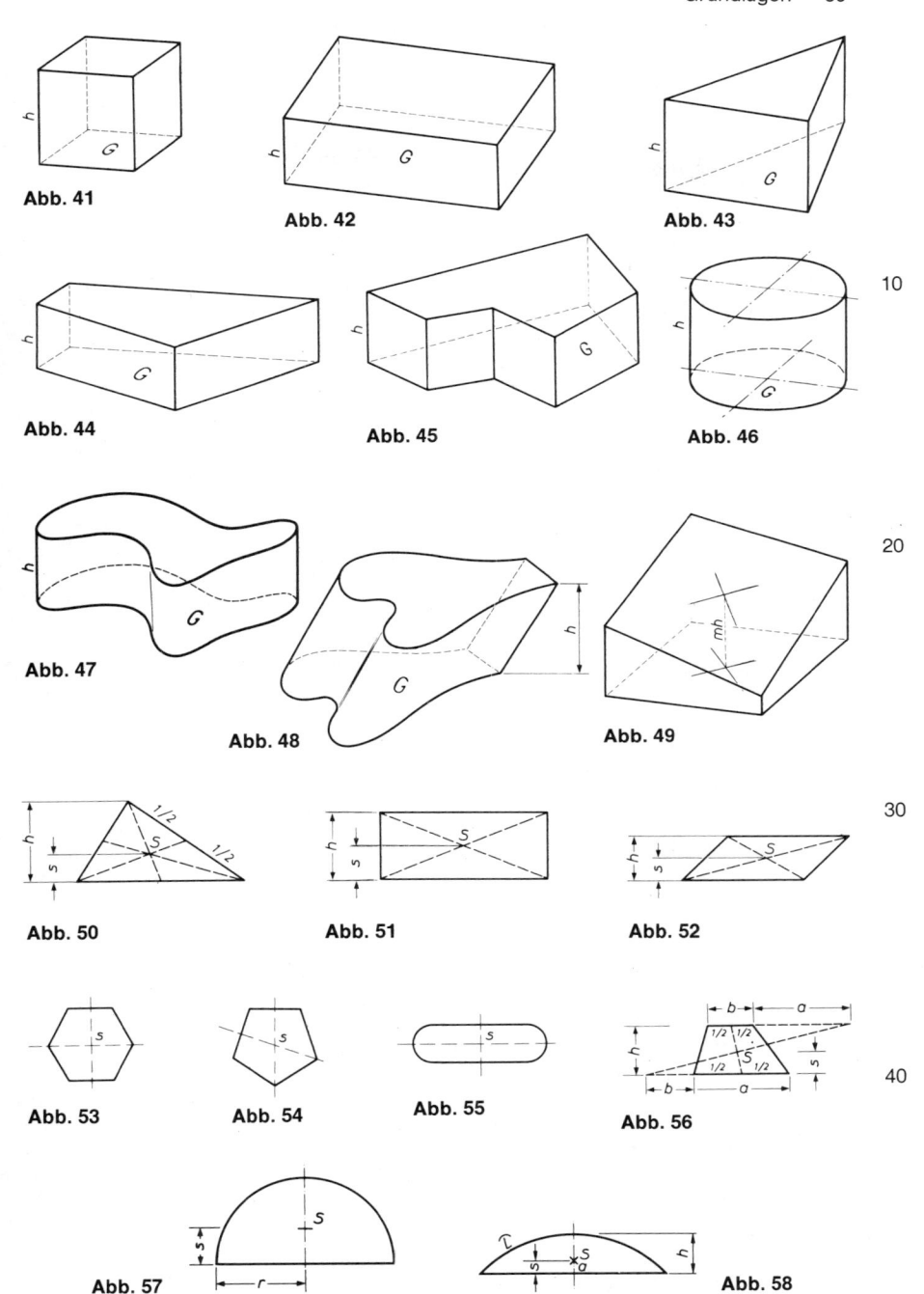

Abb. 41 **Abb. 42** **Abb. 43**
Abb. 44 **Abb. 45** **Abb. 46**
Abb. 47 **Abb. 48** **Abb. 49**
Abb. 50 **Abb. 51** **Abb. 52**
Abb. 53 **Abb. 54** **Abb. 55** **Abb. 56**
Abb. 57 **Abb. 58**

60 Erdmassenberechnung

3.1.2.1 Flächenschwerpunktermittlung

Bei Körpern mit unregelmäßigen Grundflächen muß die Höhe im Schwerpunkt (S) der Grundfläche gemessen werden. Die Lage des Schwerpunktes muß also vorher bestimmt werden. Dies ist nur leicht möglich bei *den* Grundflächen, bei denen sich mh bereits aus dem arithmetischen Mittel der Eckhöhen ergibt, die Ermittlung von S im allgemeinen also überflüssig ist:

Dreieck (**Abb. 50**):   S = Schnittpunkt der Seitenhalbierenden
$s = \frac{1}{3} h$

Rechteck (**Abb. 51**) und Parallelogramm (**Abb. 52**):
S = Schnittpunkt der Diagonalen
$s = \frac{1}{2} h$

Regelmäßige Vielecke (**Abb. 53** und **Abb. 54**):
S liegt im Mittelpunkt bzw. im Schnittpunkt der Symmetrieachsen (Mittellinien)

Auch bei regelmäßigen, kurvig begrenzten Flächen ist der Schwerpunkt leicht zu bestimmen:

Kreis, Ellipse, regelmäßige, kurvig begrenzte Flächen (**Abb. 55**):
S liegt im Mittelpunkt bzw. im Schnittpunkt der Symmetrieachsen

Bei anderen einfachen Flächen ist der Schwerpunkt schon recht schwierig und zum Teil nur über die Integralrechnung zu bestimmen:

Trapez (**Abb. 56**):   S liegt auf der Halbierenden der Parallelen
$$s = \frac{h}{3} \cdot \frac{a + 2b}{a + b}$$

Halbkreis (**Abb. 57**):   S liegt auf dem Mittelradius
$$s = \frac{4\,r}{3\,\pi} \approx r \cdot 0{,}424$$

Kreisabschnitt (**Abb. 58**): $s = \dfrac{r^2 a - \frac{1}{12} \cdot a^3 + h\,r\,L - r^2 L}{a h - a r + r L}$

$$r = \frac{h}{2} + \frac{a^2}{8\,h}$$

Beim Kreisabschnitt zeigt sich für die Praxis die Grenze einer mathematischen Schwerpunktermittlung. Da es sich in der Praxis oft um recht unregelmäßige Flächen handelt, ist bei überschläglichen Rechnungen die Schwerpunktbestimmung durch Augenmaß ausreichend, oder man schneidet die Figur aus steifem Papier aus, hängt sie frei pendelnd nacheinander getrennt an mindestens 2 verschiedenen Randpunkten (z. B. oben und rechts) auf und fällt von dort jeweils ein frei pendelndes Fadenlot, das man als Strich auf der Fläche markiert. Der Schnittpunkt der Fadenlote ergibt S.

Bei unregelmäßigen Vielecken können diese in leicht schwerpunktbestimmbare Teilflächen (Dreiecke, Rechtecke) zerlegt werden. Die Bestimmung des Gesamtschwerpunktes ist kaum erforderlich, da es einfacher ist, die Teilmassen aus den mittleren Höhen der Teildreiecke zu errechnen.

Die Schwerpunktermittlung von Vielecken ist jedoch bei der Erdmassenberechnung aus nicht parallelen (gedrehten) Profilen notwendig (Seite 98, 20). Hierbei ist das Vieleck mit

Grundlagen

dem zu suchenden Schwerpunkt die senkrechte Profilfläche (siehe auch Seite 127, 18).
Bei dieser Erdmassenberechnungsmethode ist nur die Kenntnis des y-Wertes des Schwerpunktes (y_s) erforderlich **(Abb. 59)**.
y_s wird errechnet nach der Formel:

$$y_s = \frac{\sum (y_n \cdot F_n)}{\sum F_0}$$

wobei F_0 die Profilfläche ist und F_1-F_n die Teilflächen sind.
Natürlich können statt der y-Werte auch die z-Werte (Höhen) in die Formel eingesetzt werden und so z_s errechnet werden.
Es ist zweckmäßig, die Profilfläche so aufzuteilen, daß sich F_0 aus Trapezsummen berechnen läßt (Seite 20, 38).
Die Trapeze werden jeweils in ein Rechteck und ein rechtwinkliges Dreieck aufgeteilt.
Die jeweiligen Schwerpunkte dieser Teilflächen liegen dann bei den Rechtecken auf ½ der Grundlinie, bei rechtwinkligen Dreiecken auf ⅓ der Kathetenseite (Seite 60, 08).
Das Beispiel der **Abb. 59** zeigt, daß sich y_s nach der Formel unter Berücksichtigung der y- und z-Werte der Profilpunkte in einer Tabellenform errechnen läßt (Tab. 18). Jedes Trapez muß hier in ein Dreieck und ein Rechteck aufgeteilt werden.

Tabelle 18

1	2	3	4	5
Nr. der Teilfläche	Flächenberechnung m	Fläche F_n in m^2	Schwerpunkt- abstände y_n	Produkte $F_n \cdot y_n$
1	+ 5,5 · 1,6 · 0,5	+ 4,40	− 4,33	− 19,05
2	+ 5,5 · 2,8	+ 15,40	− 5,25	− 80,85
3	+ 6,9 · 1,8 · 0,5	+ 6,21	− 0,20	− 1,24
4	+ 6,9 · 2,6	+ 17,94	+ 0,95	+ 17,04
5	+ 2,2 · 1,8 · 0,5	+ 1,98	+ 5,13	+ 10,16
6	+ 2,2 · 0,8	+ 1,76	+ 5,50	+ 9,68
7	− 14,6 · 2,0 · 0,5	− 14,60	− 3,13	+ 45,70
8	− 14,6 · 0,8	− 11,68	− 0,70	+ 8,18
$y_s = \frac{-10,38}{+21,41} \approx -0,49$ m		+ 47,69 − 26,28 F = + 21,41		− 101,14 + 90,76 − 10,38

Die Vorzeichen in Spalte 2 und 3 weisen darauf hin, ob die Flächen bei der Profilflächenberechnung zu- oder abzuziehen sind; die Vorzeichen der Spalte 4, ob y nach links oder nach rechts abzutragen ist. Die Werte z. B. von F_1 ergeben sich aus folgenden Rechnungen:
8,00−2,50 = 5,50; 4,40−2,80 = 1,60; F = 5,50 · 1,60 · 0,5 ≐ 4,40; y_{s1} = 5,50 : 3 + 2,50 = 4,33.

3.1.3 Pyramiden- und Kegelförmige

Eine weitere Gruppe umfaßt Körper, die von einer beliebig geformten Grundfläche und einem darüberliegenden Punkt begrenzt sind [Pyramiden **(Abb. 60)** und Kegel **(Abb. 61)**].

$$V = \tfrac{1}{3} \text{ Grundfläche} \times \text{Höhe}$$

3.1.4 Prismatoide

Die meisten Körper in der Erdmassenberechnung aus Profilen und aus Höhenlinien sowie bei der Berechnung von Baugruben und Erdhaufen sind Prismatoide (prismaähnliche Körper). Das sind Körper, die durch zwei unterschiedliche parallele, ebene Flächen (F_1 und F_2) von beliebiger Form und Größe im Abstand h begrenzt werden.

3.1.4.1 Prismatoidformel[1])

Für Prismatoide gilt die Prismatoidformel:

$$V = \frac{h}{6}(F_1 + 4M + F_2)$$

Der mathematische Text, der jedoch irreführend ist, lautet: Der Rauminhalt ist gleich der Summe dreier Pyramiden von gleicher Höhe (h), von denen eine das arithmetische Mittel aus den beiden Flächen, die beiden anderen die Mittelfläche (M) zur Grundfläche haben:

$$V = \frac{h}{3}\left(\frac{F_1 + F_2}{2} + 2M\right).$$

M = parallele Mittelfläche auf ½ h. M ist nicht das arithmetische Mittel aus F_1 und F_2! M muß durch Mitteln der Strecken von F_1 und F_2 ermittelt werden.
Diese Formel ist auch anwendbar auf alle vorgenannten Körper (schiefabgeschnittene Prismen, nur bei anderer Lage des Körpers), Pyramiden- und Kegelstumpf, „Erdmieten", Kugel und faßartige Körper.
Das Beispiel der **Abb. 62** zeigt in der Draufsicht die Ermittlung von M einer Bodenmiete. Der Körper ist hier seitlich durch Dreiecke und Vierecke (ebene und verdrehte) begrenzt. Viele einfache Körper sind auch „Prismatoide" (Kegelstumpf, Pyramidenstumpf, Rechteckprismatoide).
Ihre speziellen Raumformeln lassen sich alle von der Prismatoidformel ableiten. Bei vorhandenen Koordinatenwerten der Punkte lassen sich die Werte für die Eckpunkte von M leicht durch Mitteln der korrespondierenden Werte der Punkte von F_1 und F_2 errechnen (Seiten 65, 15 und 92, 01).

---

[1]) Auch Simpsonsche Formel oder -Regel genannt. Diese Bezeichnung ist jedoch irreführend, da nach Simpson auch noch andere Formeln benannt sind (vgl. auch Seite 31, 25).

Grundlagen

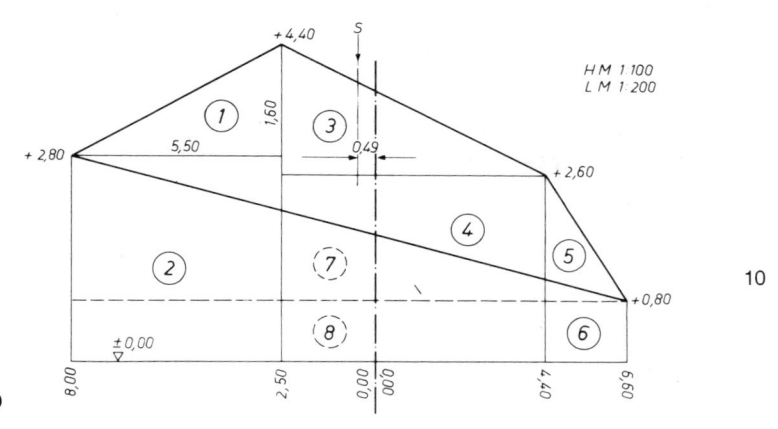

Abb. 59

Abb. 60

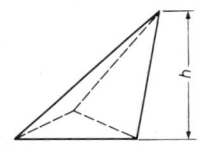

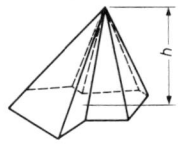

Abb. 61

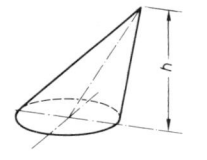

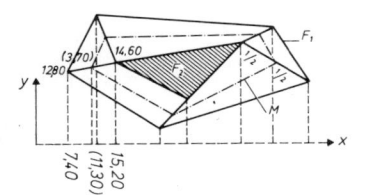

Abb. 62

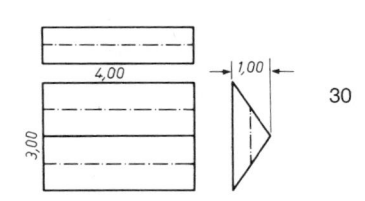

Abb. 63

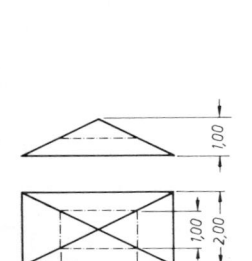

Abb. 64

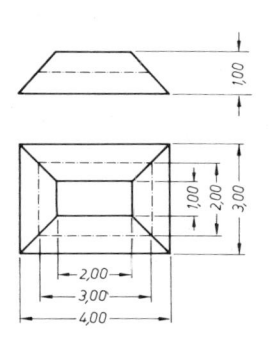

Abb. 65

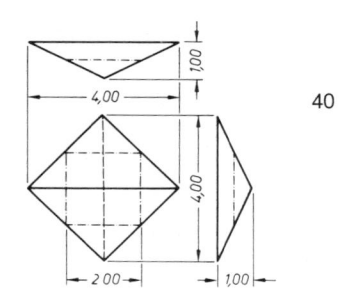

Abb. 66

3.1.4.2 Durchschnittsformel

In der Praxis werden Körper von prismatoider Form jedoch meist nach der Durchschnittsformel gerechnet (auch Trapezformel genannt):

$$V \approx \frac{h}{2}(F_1 + F_2)$$

Bei einfachen Körpern ist das Ergebnis meist zu groß. Der Fehler wird meist um so größer, je größer der Unterschied der Längenausdehnung der Begrenzungsflächen F_1 und F_2 in derselben Richtung ist (**Abb. 63** bis **65**). Jedoch kann das Ergebnis auch zu klein sein, wenn sich die Ausdehnungen der beiden Begrenzungen in der anderen Richtung umgekehrt proportional verhalten (**Abb. 66** und **67**). Die nachfolgenden z. T. extremen 4 Beispiele sollen die verschiedene Fehlerhaftigkeit der Durchschnittsformel und die gleichbleibende Genauigkeit der Prismatoidformel zeigen, wobei h = 1,00 als 3. Dimension entfällt:

Ein liegendes Prisma [Satteldach (**Abb. 63**)]:
Grundfläche F_1 = 3,00 · 4,00 = 12,00 m², Deckfläche = Strecke = 0,00 m²
    V (Durchschnittsformel)   = ½ (12,00 + 0,00)   = 6,00 m³
    V (Prismatoidformel)   = ⅙ (12,00 + 4 · 6,00 + 0,00)   = 6,00 m³
               M ist hierbei 1,50 · 4,00 m

Da F_1 und F_2 gleich lang und auch regelmäßig geformt sind, tritt hier kein Fehler bei der Berechnung nach der Durchschnittsformel auf.

Eine Rechteckpyramide (**Abb. 64**):
Grundfläche F_1 = 2,00 · 4,00 m = 8,00 m², F_2 = Pyramidenspitze = 0,00 m².
    V (Durchschnittsformel)   = ½ (8,00 + 0,00)   = 4,00 m³
    V (Prismatoidformel)   = ⅙ (8,00 + 4 · 2,00 + 0,00)   = 2,67 m³
    V (Pyramidenformel)   = ⅓ (2,00 · 4,00)   = 2,67 m³

Ein Erdhaufen (**Abb. 65**):
Grundfläche F_1 = 3,00 · 4,00 = 12,00 m², Deckfläche F_2 = 1,00 · 2,00 = 2,00 m², Länge von F_2 (= 2,00) = ½ der Länge in gleicher Richtung von F_1 (= 4,00). Dieser Körper ist kein Pyramidenstumpf, weil F_1 und F_2 nicht ähnlich sind, also kann die Pyramidenstumpfformel (Seite 148, 05) nicht angewendet werden.
    V (Durchschnittsformel)   = ½ (12,00 + 2,00)   = 7,00 m³
    V (Prismatoidformel)   = ⅙ (12,00 + 4 · 6,00 + 2,00)   = 6,33 m³
               M ist hierbei 2,00 · 3,00 m

Ein Tetraeder [die früher übliche Milchtüte (**Abb. 66**)]:
F_1 und F_2 sind auf F = 0,00 geschrumpfte, um 90° gedrehte Strecken (hier z. B. 4,00 m lang). F_2 hat dann gegenüber F_1 eine Längenausdehnung in derselben Richtung von 0,00 (gegenüber 4,00).
    V (Durchschnittsformel)   = ½ (0,00 + 0,00)   = 0,00 m³
    V (Prismatoidformel)   = ⅙ (0,00 + 4 · 4,00 + 0,00)   = 2,67 m³
               M ist hierbei 2,00 · 2,00 m
    V (aus 2 Pyramiden)   = $2 \cdot \dfrac{4{,}00 \cdot 1{,}00}{2} \cdot \dfrac{2}{3}$ = 2,67 m³

Die Formel:

$$V = M \cdot h$$

ist nicht identisch mit der vorgenannten Durchschnittsformel, da hierbei M nicht das Flächenmittel aus F_1 und F_2 ist, sondern gesondert wie bei der Prismatoidformel ermittelt werden muß (Seite 62, 32).
Das Ergebnis ist genauer als das mit der Durchschnittsformel, aber meist etwas zu klein.
Die Formel wird oft beim Aufmaß von Baugruben (Seite 133, 15) benutzt.

3.1.5 Unregelmäßige Erdkörper

Sofern diese Körper von zwei ebenen, parallelen Flächen begrenzt sind, also Prismatoide sind, können sie nach der Durchschnittsformel (Seite 64, 01) annähernd, und nach der Prismatoidformel genau berechnet werden (Seite 62, 20).
Sind die begrenzenden Flächen Vielecke ergibt sich M aus den Punkten auf den Mitten der Verbindungslinien (z. B. **Abb. 62**). M kann dann durch Abgreifen nach den Methoden von Seite 18, 35 berechnet werden. Bei vorhandenen Koordinatenwerten für die Eckpunkte der Begrenzungsflächen können die Koordinatenwerte für M durch Mitteln der Koordinatenwerte der Eckpunkte der Begrenzungswerte errechnet und M nach Seite 20, 25 bestimmt werden.
In der **Abb. 62** ist die Berechnung der Koordinatenwerte für M an einem Punkt als Beispiel dargestellt.
Auch die Teilkörper der Erdmassenberechnung aus Profilen (Seite 86, 35) sind Prismatoide mit zwei senkrechten Begrenzungsflächen, die meist nur annähernd nach der Durchschnittsformel berechnet werden.
Sind die begrenzenden Flächen amorph, also durch kurvige Linien begrenzt (z. B. durch Höhenlinien, Seite 106, 30), ergeben sich ebenfalls Prismatoide, die meist nur annähernd nach der Durchschnittsformel (Seite 64, 01) berechnet werden, wobei die Flächen nach den Methoden von Seite 29, 20 ermittelt werden. Zur genauen Berechnung nach der Prismatoidformel (Seite 62, 20) läßt sich M auf der Mitte der Fallinien (= steilstes Gefälle) konstruieren **(Abb. 67)**.
Sind die Erdkörper unregelmäßig und keine Prismatoide, so können sie nur überschläglich nach einer der annähernden Körperform entsprechenden Formel (Seite 58, 01) berechnet werden oder sie müssen in genauer berechenbare Teilkörper zerlegt werden.

3.1.6 Methoden der Erdmassenberechnung

Die bei der Erdmassenberechnung (Kubizierung) zu berechnenden Teilkörper haben selten eine Form, auf die eine genaue mathematische Formel zutrifft. Die Geländeoberfläche ist oft sehr unregelmäßig geformt und meist auch nicht genau vermessen. Aufmaße und Berechnungen größtmöglicher Genauigkeit sind zu aufwendig. Fehler, die sich aus dem Aufmaß ergeben, sind oft größer als Fehler, die sich aus der zur Berechnung benutzten Methode ergeben. Durch die Geländeform und das Aufmaß bedingte Fehler gleichen sich bei einer genügenden Anzahl von Teilkörpern meist aus. Je kleiner die Teilkörper sind, desto genauer sind die Gesamtergebnisse, desto aufwendiger ist jedoch das Aufmaß und die Abrechnung. Die kleinere Dimension eines Körpers sollte immer genauer ermittelt werden, weil ein hier vorhandener kleiner Fehler durch die Multiplikation mit den anderen Dimensionen stark vervielfältigt wird. Eine Erdmassenberechnung ergibt also meist nur Annäherungsergebnisse mit mehr oder weniger großer Genauigkeit.

Summarische Berechnungen sind schneller und oft genauer (weniger Rundungsfehler), sind aber nur bei gleichen Flächen (Netznivellement) oder gleichen Abständen (Berechnung aus Profilen oder Höhenschichten) möglich.

Die Übersichtlichkeit der Rechnungen wird erleichtert, wenn Abtragsrechnungen einen gelben Randstrich erhalten, Auftragsrechnungen einen roten.

3.1.6.1 Direkte Erdmassenberechnung

Bei der direkten Erdmassenberechnung wird der Ab- bzw. Auftragskörper direkt ermittelt.

3.1.6.2 Indirekte Erdmassenberechnung

Bei der indirekten Erdmassenberechnung wird innerhalb eines zusammenhängenden Ab- (bzw. Auf-)tragsgebietes die alte Masse aus den alten Höhen, bezogen auf eine horizontale Basis, die mindestens so tief wie der tiefste Geländepunkt zu legen ist und ein runder Wert sein sollte, ermittelt. Getrennt hiervon wird die neue Masse aus den neuen Höhen, bezogen auf dieselbe Basis, berechnet. Die Differenz der beiden Massen ergibt den Ab- bzw. Auftrag (Massendifferenz). Diese Methode ermöglicht die Anwendung völlig verschiedener und unabhängiger Aufmaßsysteme und Berechnungsmethoden zur Ermittlung der alten und der neuen Masse.

Wird die indirekte Massenberechnung nicht im Ab- und Auftragsgebiet getrennt durchgeführt, ergibt sich das Fehl- oder Überschußvolumen (Massenbilanz, Seiten 24, 07 und 124, 41).

Die Basis kann auch *über* den höchsten Geländepunkt gelegt werden: Hierbei werden praktisch die Lufträume über dem alten und dem neuen Gelände berechnet. Diese Methode hat nur eine Bedeutung für das Aufmaß im Gelände, wobei die Basis der Nivellierhorizont ist (Seite 136, 09). Auch der Wasserspiegel kann so zur Berechnung des Volumens z. B. eines Sees benutzt werden.

3.1.6.3 Zerlegen in einfache Körper

Zu berechnen nach Methoden der Seite 58, 01.

3.1.6.4 Berechnung aus der Fläche

Hierbei fallen die Punkte der alten und neuen Höhen lagemäßig zusammen, so daß sich für jeden Punkt ein Ab- bzw. Auftragswert ergibt. Auch geeignet für Aufmaß im Gelände (Seite 135, 15). Es ergeben sich regelmäßige oder unregelmäßige Netze aus:
a) Quadraten für gleichmäßig geformtes Gelände (Seite 69, 35),
b) Rechtecken (z. B. für gleichmäßige Hanglagen, Netzabstand meist in der Hangneigung geringer) (Seite 69, 38),
c) Dreiecken und Vierecken für unregelmäßig geformtes Gelände durch Einmessen der Geländeknickpunkte, Kuppen und Mulden (Seite 78, 35 und 81, 40).

3.1.6.5 Berechnung aus Profilen

Hierbei liegen alte und neue Höhenpunkte auf (meist geraden und parallelen) gemeinsamen Linien (Profile mit gemeinsamen x-Wert), sie müssen jedoch nicht dieselbe Lage, also gleiche y-Werte haben, sondern die Lage der Punkte richtet sich nach den Höhenknicken des alten bzw. des neuen Geländes (Seite 83, 30). Liegen für alle Profilpunkte jeweils alte *und* neue Höhen vor, so könnte die Berechnung auch aus der Fläche (Seite 69, 25) erfolgen. Es ergeben sich dann Trapeze (Vierecke, Seite 81, 40) und Dreiecke (Seite 78,35). Anwendung der Berechnung aus Profilen bei stark wechselndem hängigem Gelände. Für Restkörper kann Sonderberechnung erforderlich werden (Seite 99, 30). Bei gleichen Profilabständen ist eine summarische Berechnung zweckmäßig (Seite 89, 25), bei größerer Profilanzahl und ungleichen Profilabständen Berechnung nach Elling möglich (Seite 89, 08). Auch geeignet für Aufmaß im Gelände (Seite 136, 40).

3.1.6.6 Berechnung aus Höhenlinien

Geeignet für Berechnung nach Plänen (Seite 102, 40), wenn gleiche alte [in allen Abb. in ()] und neue Höhenlinien vorliegen. Berechnung grundsätzlich gleich der aus Profilen, jedoch ergeben sich statt senkrechter Flächen horizontale, unregelmäßig begrenzte Höhenschichten.
Eine besondere Form ist die Berechnung aus Ab- und Auftragslinien (Seite 116, 30). Bei ungleichen Höhenlinienabständen ist eine Berechnung nach Elling möglich (Seite 118, 01).

3.1.6.7 Kombinationen

Liegen alte und neue Höhen in unterschiedlicher Form vor, muß entweder die eine Form durch Interpolieren in die andere verwandelt werden, was oft zu großen Ungenauigkeiten führt, wenn von einer differenzierten, also genaueren Form (z. B. Profilaufmaß) in eine nicht differenzierte, ungenauere (z. B. aus Netzfläche) umgewandelt wird.
Wenn die Nullinie (Seiten 76, 42; 94, 22; 112, 22) ermittelt werden kann, was bei unter-

schiedlichen Systemen schwierig ist (Umwandlung in ein System nur im Nullinienbereich erforderlich), ist eine indirekte Erdmassenberechnung durchzuführen (Seite 66, 20).

3.1.6.8 Sandkasten-Methode

Hierbei wird das Gelände maßstäblich als Sandkastenmodell hergestellt. Durch Meßgefäße kann das Volumen des Sandes bestimmt werden. Volumen geteilt durch Fläche ergibt die mittlere Planiehöhe (Seite 70, 05). Wird mit gleicher Sandmasse eine neue Geländeform aufgebaut, ergibt sich keine Differenz in der Massenbilanz (mit Einschränkungen, Seite 71, 15).

3.2 Erdmassenberechnung nach Plänen

Sie ist durchführbar, wenn die alte und neue Geländeform (alte und neue Höhen) auf Plänen vorliegt.
Die Erdmassenberechnung nach Plänen erhält nach der ATV (Seite 140, 20) eine erhöhte Bedeutung, da dort ausdrücklich das Abrechnen nach Ausführungszeichnungen vorangestellt wurde, um ein örtliches Aufmaß (Seite 134, 15) zu sparen. Nicht nur bei einem notwendigen örtlichen Aufmaß kann es sinnvoll sein, die Aufmaßart und -genauigkeit bei Ausschreibungen vertraglich festzulegen, da es sonst zu Unstimmigkeiten hinsichtlich der Anforderung an die Genauigkeit kommen kann (z. B. Netzdichte, vereinfachte Berechnung von Mischfeldern, Anzahl bzw. Abstände von Profilen, genauere Abrechnung nach Prismatoidformel).

3.2.1 Plandarstellung

Die Höhenlinien sollten wie Seite 103, 10 beschrieben dargestellt werden, wobei die Höhenlinienzahl in eine Linienlücke so eingesetzt wird, daß sie mit dem Zahlenfuß hangabwärts gerichtet ist. Alte und neue Höhenlinien sind deutlich unterschiedlich darzustellen und zu kennzeichnen. Bei Höhenpunkten sind die Höhenzahlen horizontal zu schreiben. Alte und neue Höhenzahlen sind unterschiedlich darzustellen (z. B. alte = ()) und einheitlich anzuordnen, insbesondere, wenn alte und neue Höhenzahlen an einem Punkt liegen. In diesem Fall ist der Ab- (−) bzw. Auftragswert (+) neben die alte Höhenzahl zu setzen z. B.:

für Dreiecksnetze: $\times \dfrac{(53{,}06) \ + \ 0{,}12}{53{,}18}$

für Quadrat- und Rechtecknetze (u. U. auch bei Profilen):

$\dfrac{(53\ |\ 06)\ +\ 0{,}12}{53\ |\ 18}$ oder $\dfrac{(53{,}06)\ +\ 0{,}12}{53{,}18}$

Es sollte nur eine Maßeinheit (m) verwendet werden.
Die Bezugshöhe der auf dem Plan eingetragenen Höhenwerte (z) muß deutlich angege-

ben sein (z. B. m über NN oder *„Alle Höhenangaben beziehen sich auf + 100,00 m über NN = 0,00"* oder *„Oberkante Treppenpodest = 0,00 m"*). Weiter muß angegeben werden, wie sich alte und neue Höhen darstellungsmäßig unterscheiden und ob z. B. die angegebenen Höhen sich auf das Rohplanum oder die Fertighöhe beziehen usw.

Vor jeder Erdmassenberechnung müssen die Ab- und Auftragsgebiete unterschieden werden, meist muß die Trennlinie (Null-Linie, Auskeilungslinie) zwischen Ab- und Auftrag ermittelt werden (Seiten 76, 42; 94, 22; 112, 22). Auf den Originalplänen werden die Abtragsflächen mit einem deutlichen ⊖, die Auftragsflächen mit einem ⊕ versehen. Auf den Pausen der Pläne und Zeichnungen werden die Abtragsflächen gelb, die Auftragsflächen rot angelegt.

Die in den Berechnungstabellen benutzten Kennzeichnungen (z. B. System zur Kennzeichnung von Netzpunkten) müssen eingetragen sein. Das Hineinschreiben der errechneten Ab- bzw. Auftragsmassen (m^3) in die Teilflächen (Teilkörper) kann sinnvoll sein und ist übersichtlicher, besonders im Hinblick auf die Ausarbeitung von Bodenbewegungsplänen (Seite 127, 10).

Bei Erdmassenberechnung aus Profilen (Seite 83, 31) sind die Profile mit Strichpunktlinie einzuzeichnen und zu kennzeichnen (meist durch die x-Werte der Hauptachse).

Die Nullinie sollte nach den sich aus der Profildarstellung ergebenden Nullpunkten (Seite 94, 22) eingezeichnet werden. Das Anschreiben der ermittelten Ab- und Auftrags-m^2 (Seite 95, 10) an den betr. Profilabschnitt erleichtert das Verständnis (die Überprüfung) der Erdmassenberechnung (Seite 86, 35).

3.2.2 Erdmassenberechnung aus der Fläche

Allgemeine Grundlagen Seite 67, 30, allgemeine Darstellung Seite 68, 35.

Grundsätzlich sollten Ab- und Auftrag getrennt durchgeführt werden. Die Fläche wird in verschieden große Quadrate, Rechtecke (auch Dreiecke) oder in gleichmäßige Netze eingeteilt. Bei objektbedingten Flächen (z. B. Terrassen oder Plätze), insbesondere, wenn diese verschiedene Höhenlagen haben, bestimmen diese die Größe der Flächen (Unterteilung bei größeren Flächen). Es ergeben sich dann u. U. verschieden große Teilflächen.

3.2.2.1 Regelmäßige Höhennetze

Die Maße ergeben sich aus der Geländeform: Je weniger gleichmäßig das Gelände, um so enger. Bei Hanglagen, wo in einer Richtung (hangabwärts) stärkere Geländemodellierung auftritt, ist ein Rechtecknetz günstiger (geringerer Abstand hangabwärts). Bei kleinen Planmaßstäben größere Abstände. Allgemein werden 4,00—10,00 m Abstände verwendet.

Es empfiehlt sich, die Netzlinien am Rande mit Großbuchstaben (z. B. die horizontalen mit A, B, C . . .) und Kleinbuchstaben (z. B. die senkrechten mit a, b, c . . .) zu kennzeichnen. Jeder Punkt wird so durch 2 Buchstaben bestimmt (z. B. Ce). Die linke obere Teilflächenecke kann gleichzeitig als Flächenbezeichnung verwendet werden (vermerken!).

Es hat auf das Ergebnis keinen Einfluß, ob z. B. bei einem Quadratnetz mit vollen Ab- bzw. Auftragsflächen und gleichen Ausgangswerten die Masse als Summe der Teilmas-

70   Erdmassenberechnung

sen oder summarisch ermittelt wird (letzteres oft genauer durch weniger Rundungsfehler) oder aus quer- oder längsgerichteten Netzprofilen.

3.2.2.1.1 Mittlere Höhe aus Netzhöhen

Die theoretische mittlere Geländehöhe ist die, die sich aus dem theoretischen Einebnen eines Geländes bis an die Geländegrenzen ergibt (siehe auch Sandkasten-Methode Seite 68, 05). Bleibende Lockerungen (Seite 71, 25), einzubauende Materialien (Seite 71, 31) und Angleichung (Böschungen) an das umliegende Gelände (Seite 71, 20) bleiben unberücksichtigt.

Die theoretische mittlere Geländehöhe ergibt sich aus der Geländemasse bezogen auf eine tiefer liegende Basisebene (Seite 66, 20) geteilt durch die Gesamtfläche. Die Methode der Erdmassenberechnung (Seite 67) ergibt sich aus der Planunterlage.

Bei einem vorliegenden Quadratnetz **(Abb. 68)** oder Rechtecknetz ergibt sich die theoretische mittlere alte Geländehöhe aus dem arithmetischen Mittel der mittleren alten Höhen jedes Feldes. Die mittlere Höhe jedes Feldes ist gleich der Summe der 4 Eckhöhen geteilt durch 4. Daraus ergibt sich durch Ausklammern des Divisors eine Wichtung der einzelnen Höhen entsprechend der Zahl der an den Punkt grenzenden Quadrate.

Im Beispiel der **Abb. 68** ergeben sich Höhen mit ein-, zwei- und vierfacher Wichtung. Entsprechend dem Schema der Tab. 19, bzw. vereinfacht Tab. 20, werden die Höhen der Punkte gleicher Wichtung addiert, jeweils mit der betreffenden Wichtung multipliziert, insgesamt addiert, und durch die Gesamtanzahl der Wichtungen dividiert. Es ergibt sich eine theoretische mittlere Geländehöhe von 4,81 m.

Tabelle 19

Pkt.	Höhen, geordnet nach Wichtung				Bemerkungen
	1	2	3	4	
Aa	5,32				Anzahl und Wichtung der Punkte:
Ab		5,65			
Ac		6,28			4 · 1 = 4
Ad		6,87			20 · 2 = 40
Ae		7,86			0 · 3 = 0
Af	9,00				24 · 4 = 96
Ba		4,80			
Bb				5,33	16 140
Bc				6,12	
usw. (fehlende Tabellenwerte sind aus Abb. 68 zu entnehmen)					
35 Quadrate je 36 m² = 1 260 m²	18,34 · 1 185,34 0,00 470,28	92,67 · 2 = 185,34	0,0 · 3 = 0,00	117,57 · 4 = 470,28	
	673,96 : 140 = 4,814 ≈ 4,81				

Tabelle 20

Anzahl der Punkte	Wichtung	Produkt	Summe der Höhen m	Summe mal Wichtung m
4	1	4	18,34	18,34
20	2	40	92,67	185,34
24	4	96	117,57	470,28
Summen		140		673,96 : 140 = 4,814 ≈ 4,81

Eine Ebene, deren Schwerpunkt (Seite 60) diese Höhe hat, kann beliebig um diesen Punkt geneigt werden, ohne daß sich ein Überschuß- oder Fehlvolumen ergibt. Aus der Differenz zwischen alter und neuer mittl. Geländehöhe ergibt sich das theoretische Fehl- bzw. Überschußvolumen (An- bzw. Abfuhr). Siehe hierzu auch die Bilanz aus Ab- und Auftragswerten von Seite 74, 07. Für die Praxis (z. B. Planung eines Platzes) müssen jedoch noch weitere Überlegungen in die Berechnung eingehen, um die mittlere *Planie*höhe, d. h. die mittl. Höhe des Planums (z. B. eines Platzes) zu errechnen, auf das dann die Befestigung des Platzes u. a. m. aufgebaut wird, bzw. um die Fertighöhen (= Oberkante fertige Fläche) zu erhalten:

a) Der Rand eines Geländes kann nicht beliebig angehoben oder abgesenkt werden (Geländestufe), sondern erfordert einen durch Höhenunterschied und gewünschte Böschungsneigung (Seite 121, 40) in seiner Breite bedingten Geländestreifen zum Angleichen. Folglich wird die der vorgenannten Berechnung zugrundezulegenden Fläche durch eine in der Mitte dieses Streifens verlaufende Linie begrenzt **(Abb. 68a)**.

b) Bodenmassen lassen sich meist nicht wieder auf ihre ursprüngliche Dichte einbauen. Das Volumen des Abtrags vergrößert sich im Einbau um die bleibende Lockerung (Seite 121, 05). Im Beispiel Tab. 21 bei 4 % bleibender Lockerung ergibt sich ein Anheben um +0,012 m.

c) Oberboden (Seite 131, 40) darf nicht überschüttet oder überbaut werden.

d) Neue Höhen beziehen sich meist auf die Fertighöhen, d. h. daß beim Bau *unter* diesen Fertighöhen noch Massen mit u. U. beträchtlichem Volumen eingebaut werden müssen (z. B. Bodenverbesserungen, Wege- und Platzbefestigungen, Fundamente u. a. m.). Sofern diese Massen im Abtragsbereich liegen, müssen sie dem Abtrag zugeschlagen werden, während sie im Auftragsbereich abgezogen werden müßten. Die mittlere zusätzliche Materialhöhe ist gleich dem Volumen des Materials geteilt durch die Fläche.

Näheres zu a)—d) Seite 124, 41 bis 134.
Im Beispiel der **Abb. 68** soll davon ausgegangen werden, daß der Streifen der äußeren Quadrate als Ausgleichsböschung für die übrige als Platz mit 4 % Längs- und 3 % Quergefälle auszubildende Fläche geplant werden soll (d) soll im Beispiel unberücksichtigt bleiben). Für die Berechnung der mittleren Planiehöhe ist dann gem. a) die mit einer Strichlinie begrenzte Fläche zugrundezulegen. Dann liegen die betroffenen 24 Höhenpunkte jeweils in der Mitte eines gedachten Quadrates von $6 \cdot 6 = 36$ m^2, d. h. sie sind alle gleich zu wichten. Somit ergibt sich die mittlere Planiehöhe für den Platz aus dem arithmetischen Mittel der 24 Höhen (also ohne Randhöhen), geteilt durch die Anzahl = 117,57 : 24 = 4, 898 ≈ 4,90 m = Höhe im Platzschwerpunkt S (siehe Summe

72 Erdmassenberechnung

der 4-fach zu wichtenden Punkte, Tab. 20). Aus dem o. a. Gefälle errechnen sich die neuen Höhen in (). Aus den Differenzen der jeweiligen alten und neuen Höhen ergeben sich die Ab- und Auftragswerte, die der weiteren Berechnung zugrunde liegen.

3.2.2.1.2 Summarische Berechnung von reinen Abtrags- und Auftragsfeldern

Diese Berechnung ist der Berechnung aus Einzelkörpern vorzuziehen, wenn es sich um regelmäßige Netze oder viele gleich große Teilfelder handelt. Sie geht schneller, hat weniger Rechnungen und ergibt keine Rundungsfehler (Seite 15, 10):
Durch Umranden wird das Gesamtfeld aller reinen Abtragsfelder (gelb) und aller reinen Auftragsfelder (rot) deutlich gemacht. Nach dem Schema (Seite 70, 20) der Tab. 20 (bzw. Tab. 19) ergibt sich Tab. 21:

Tabelle 21

	Punkt-anzahl	Wichtung	Summe m	Summe x Wichtung m	
Abtrag ⊖ volle Felder	5 12 1 10	1 2 3 4	0,64 0,35 0,39 7,14	0,64 0,70 1,17 28,56	$F = 18 \cdot 6 \cdot 6 = 648$ m^2
	28	72		31,07 · 648 : 72 = $\underline{-279,63}$ m^3	
Auftrag ⊕ volle Felder	5 10 1 4	1 2 3 4	0,27 1,87 0,66 5,75	0,27 3,74 1,98 23,00	$F = 11 \cdot 6 \cdot 6 = 396$ m^2
	20	44		28,99 · 396 : 44 = $\underline{+260,91}$ m^3	
Abtrag ⊖ Mischfelder	3 3 1	1 2 3	0,39 0,35 0,64	0,39 0,70 1,92	$F = \dfrac{6 \cdot 36 \cdot 3,01}{3,01 + 5,21} = 79,09$ m^2
	7	12		3,01 · 79,09 : 12 : 2 = $\underline{-9,92}$ m^3	
Auftrag ⊕ Mischfelder	3 3 1	1 2 3	0,66 1,87 0,27	0,66 3,74 0,81	$F = \dfrac{6 \cdot 36 \cdot 5,21}{5,21 + 3,01} = 136,91$ m^2 (oder $F = 6 \cdot 36 - 79,09$)
	7	12		5,21 · 136,91 : 12 : 2 = $\underline{+29,72}$ m^3	

Gesamtabtrag   = 289,55 m^3 · 1,04 = 301,13 m^3 (einschließlich 4% bleibender Lockerung)
Gesamtauftrag = 290,53 m^3 = 290,53 m^3
Fehlvolumen   =   1,08 m^3 10,60 m^3

10,60 m^3 : 864 m^2 = +0,012 m Anheben der neuen Platzhöhen

Für den Abtrag ergeben sich : 28 = Anzahl der Punkte zur Kontrolle; 72 = Summe der Wichtungen = 5 · 1 + 12 · 2 + 1 · 3 + 10 · 4; 0,64 = Summe der 1-wichtigen Abtragswerte = 0,0 + 0,0 + 0,0 + 0,0 + 0,64; 0,35 = Summe der 2-wichtigen Werte 9 × 0,0 + 0,12 + 0,21 + 0,02; 0,39 = einziger 3-wichtiger Wert; 7,14 = Summe der 4-wichtigen Werte = 0,10 + 0,71 + 1,11 + 1,65 + 0,09 + 0,61 + 0,83 + 1,02 + 0,51 + 0,51; 0,70 = 2 · 0,35; 1,17 = 3 · 0,39; 28,56 = 4 · 7,14. Auch Punkte mit dem Wert 0,00 müssen bei der Anzahl der Punkte mitgezählt werden!

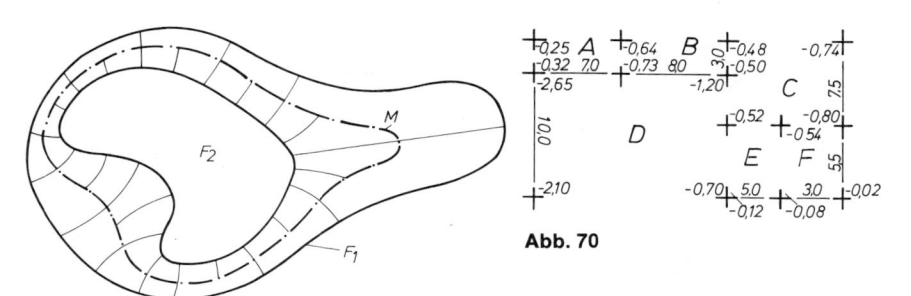

Erdmassenberechnung nach Plänen

Abb. 67

Abb. 70

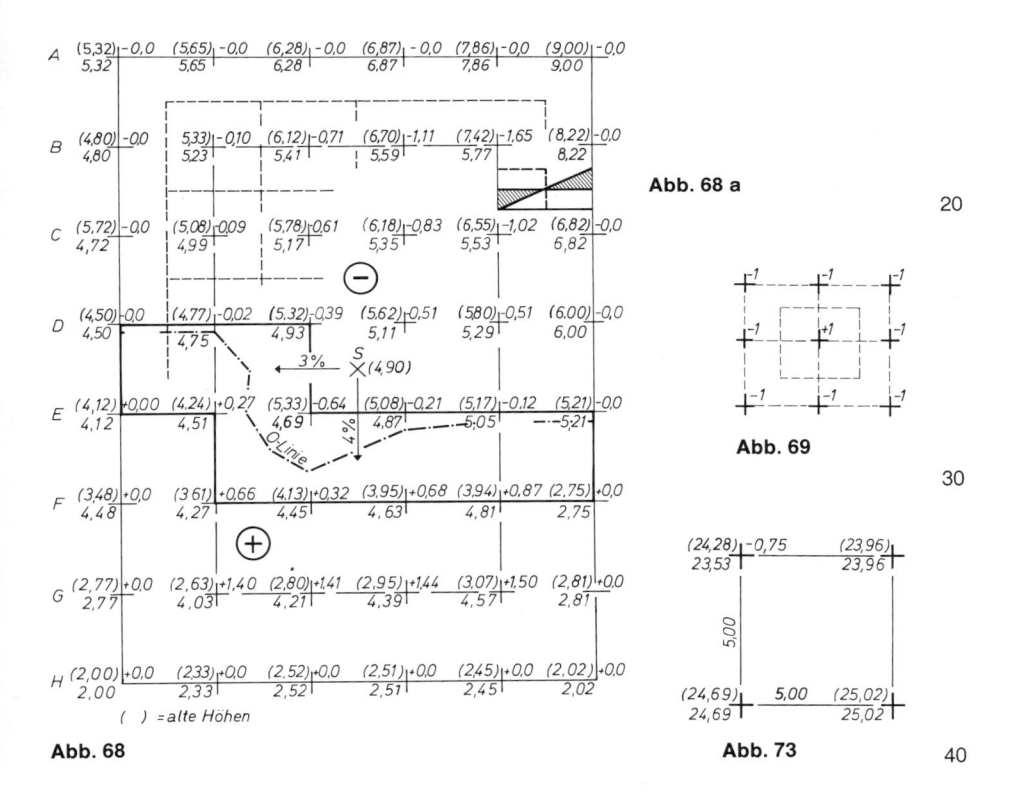

Abb. 68 a

Abb. 69

Abb. 68 ( ) = alte Höhen

Abb. 73

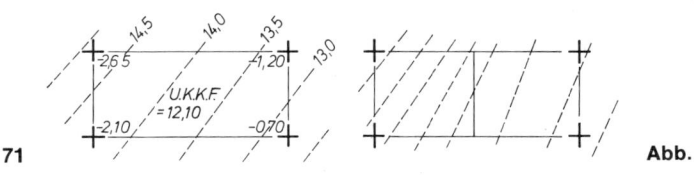

Abb. 71   U.K.K.F. = 12,10

Abb. 72

74 Erdmassenberechnung

Entsprechend erfolgt die Berechnung für den Auftrag. Das Ergebnis der Berechnung ist gleich dem der Summe der Teilkörperberechnung (Seite 75, 20).
Zum Vergleich:
Ohne Berücksichtigung der Wichtung ergeben sich für den Abtrag nur 197,18 m³, das sind 29 % weniger! Dies ist dadurch bedingt, daß die Randhöhen (geringe Wichtung) 0,0 Abtrag haben, meist nehmen aber auch sonst Ab- und Auftragswerte zum Rand hin stets stark ab.
Gehen bei Netzen mit Ab- *und* Auftrag die Werte nach der vorgezeigten Methode mit dem entsprechenden Vorzeichen in die Rechnung ein, so erhält man eine Bilanz des Ab- und Auftragsvolumens, d. h. das Fehl- bzw. das Überschußvolumen. Für das Beispiel der **Abb. 68** ergibt sich gem. Tab. 22 ein Fehlvolumen von 0,74 m³, bezogen auf die Fläche praktisch = 0,00, was wegen der Berechnung einer mittleren Planiehöhe beabsichtigt war.

Tabelle 22

Punktzahl	Wichtung	Summe	Summe x Wichtung
4	1	0,0	0,0
20	2	0,0	0,0
24	4	8,55 - 8,52	0,12
	140		0,12 · 864 : 140 = 0,74 m³
			0,12 : 140 ≈ 0,00

3.2.2.1.3 Summarische Berechnung der Mischfelder im Nullinienbereich

Dieses Annäherungs-Verfahren ist in der Praxis nicht bekannt, sollte aber wegen der aufwendigen und dennoch mit beträchtlichen Fehlern behafteten Teilkörperberechnung (Seite 76, 41 bis 81, 35) vorgezogen werden, zumal im Bereich der Nullinie (Seite 76, 41) es sich um relativ geringe Massen handelt. Lt. ATV (Seite 138, 32) sind übliche Annäherungsverfahren zulässig.
Dem Verfahren liegt die Überlegung zugrunde, daß sich (entsprechend der Teilstreckenberechnung bei der Nullpunktermittlung, Seite 78, 01) die Abtragsfläche der Mischfelder zur Auftragsfläche der Mischfelder verhält wie die Summe der gewichteten Abtragswerte zu der der Auftragswerte:

$$\frac{F-}{F+} = \frac{\sum \text{gew. h}\ominus}{\sum \text{gew. h}\oplus} \cdot \text{ Dann ist F}- = \frac{F \cdot \sum \text{gew. h}\ominus}{\sum \text{gew. h}\ominus + \text{gew. h}\oplus}$$

Es ergeben sich für die Mischfelder der **Abb. 68** die in Tab. 21 aufgeführten Werte.
Das Volumen errechnet sich wie bei den vollen Ab- bzw. Auftragsfeldern, jedoch muß das Ergebnis noch durch 2 geteilt werden, da z. B. die mittlere Abtragshöhe aus gew. h$\ominus$ nur die mittlere Höhe des einen Randes des Abtragsstreifens ist. Die andere Seite bildet die Nullinie mit 0,00 Abtrag, so daß die mittlere Höhe der Abtragsfläche ($\sum$ gew. h$\ominus$: $\sum$ der Wichtungen + 0,0) : 2 = (3,01 : 12 + 0,0) : 2 = 0,13 ist. V = F · mh (Seite 58, 35).
Im Beispiel der **Abb. 68** ist die Summe der Wichtungen von Ab- und Auftrag gleich, weshalb die Flächenaufteilung auch im Verhältnis der mittleren Abtrags- zur mittleren Auftragshöhe dasselbe Ergebnis bringt (0,13 : 0,22 = 70,09 : 136,91).

Das extreme, aber einfache Beispiel der **Abb. 69** zeigt jedoch, daß *diese* Aufteilung der Fläche in Ab- und Auftragsfläche falsch ist: Offensichtlich ergibt sich hier ein gleicher mittlerer Ab- und Auftragswert. Die Abtragsfläche verhält sich jedoch zur Auftragsfläche wie 3 : 1.
Die Aufteilung im Verhältnis der *Summen* der gewichteten Ab- und Auftragshöhen ergibt 12 : 4, also 3 : 1, ist also richtig.

3.2.2.2 Einzelkörper

Einzelkörper ergeben sich bei der Erdmassenberechnung aus der Fläche an den Rändern von regelmäßigen Netzen, wenn die Gesamtgrenze sich nicht mit der Netzgrenze deckt, oder bei objekt- oder geländebedingten verschieden großen Quadraten oder Rechtecken (**Abb. 70**) oder bei Rechtecken bzw. Quadraten mit Ab- und Auftrag (Mischfelder, Seite 74, 25), wo die Nullinie (Seite 76, 42) das Feld in Ab- und Auftragskörper teilt.

3.2.2.2.1 Quadrat, Rechteck

Es handelt sich um Körper gem. Seite 58, 35, bei denen das Volumen sich aus der Fläche mal mittlerer Höhe aus den 4 Eckhöhen ergibt.
Bei der Masse des Einzelquadrats (bzw. -rechtecks) ergeben sich, abgesehen von evtl. unwesentlichen Differenzen durch Rundungsfehler und den geländebedingten Fehlern (Seite 76, 20), auch gleiche Werte aus folgenden Berechnungsarten:
V = F × Differenz aus den arithmetischen Mitteln der alten und neuen Höhen (z. B. m über NN),
V = Arithmetisches Mittel der Ab- (bzw. Auf-)tragsprofilflächen quer (bzw. längs) mal Abstand (= Durchschnittsformel),
V nach der Prismatoidformel (2 Profilflächen und 4faches mittleres Profil mal Abstand geteilt durch 6).
Da der Körper, bedingt durch die Geländeform, oben bzw. unten oft nicht durch Ebenen begrenzt wird, ist das Ergebnis fehlerhaft (Diagonalprobe, Seite 76, 20). Bei der Festlegung der Einzelflächen ist deshalb darauf zu achten. Erforderlichenfalls muß eine Fläche unterteilt werden: Der Rechteckkörper (Hauskelleraushub, **Abb. 71**), wird z. B. unten durch eine horizontale (Kellerfußboden), oben durch eine schräge Ebene (gleichmäßiger Höhenlinienabstand) begrenzt, so daß sich eine Unterteilung erübrigt. Dagegen zeigt das Beispiel der **Abb. 72** eine deutlich nichtebene Deckfläche, weshalb eine Aufteilung in mindestens 2 Rechtecke erfolgen muß.
Für die Berechnung verschieden großer Rechtecke empfiehlt sich getrennt nach Ab- und Auftrag (Tab. 23. als Beispiel für **Abb. 70**):

76 Erdmassenberechnung

Tabelle 23

Bez.	Flächen m · m	Abtragshöhen m				4-facher Abtrag m^3
A	7,0 · 3,0	0,25	0,64	0,73	0,32	40,74
B	8,0 · 3,0	0,64	0,48	0,50	0,73	56,40
C	8,0 · 7,5	0,48	0,74	0,80	0,52	152,40
D	15,0 · 10,0	2,65	1,20	0,70	2,10	997,50
E	5,0 · 5,5	0,52	0,54	0,08	0,12	34,65
F	3,0 · 5,5	0,54	0,80	0,02	0,08	23,76

1 305,45 : 4 = <u>326,36 m^3</u>

Hinter Spalte 2 könnte eine Spalte mit m^2 (= Zwischenergebnis), hinter Spalte 6 eine Spalte mit m (Summe der Abtragswerte) eingefügt werden. Da mit einem guten Rechner normalerweise durchgerechnet werden kann (Vermeidung von Rundungsfehlern), ist dies jedoch nicht erforderlich.

3.2.2.2.2 Diagonalprobe

Die für Rechtecke angewandte Formel ist nur genau, wenn der Körper unten und oben durch Ebenen begrenzt ist. Dies ist im Gelände meist nicht der Fall und nicht immer auf dem Plan erkennbar (z. B. durch Höhenlinien). Ein Hilfsmittel ist die Diagonalprobe: Bei Ebenen müssen die Mittel über den beiden Diagonalen denselben Wert ergeben. Die Diagonalproben der Flächen A—E der **Abb. 70** ergeben nur unbedeutende Differenzen (cm) : 1 — 3,5 — 1 — 2,5 — 3. Die Fläche F jedoch 16 cm. Bei der üblichen Berechnung aus dem Mittel der 4 Eckhöhen bedeutet dies eine mögliche Abweichung von ± 8 cm je nachdem, welcher Diagonalen der Vorzug gegeben wird bzw. welche Diagonale der Wirklichkeit entspricht. Wahrscheinlich ist jedoch der Mittelwert, jedoch sind Abweichungen möglich.

Berechnet man die Abweichungen wie sehr flache Pyramiden, ergibt sich für F ein mögliches Fehlervolumen von ± 0,08 × 3,0 × 5,5 : 3 = ± 0,44 m^3 bzw. mögliches Fehlervolumen = ⅙ der Differenz der beiden Diagonalsummen mal Fläche. Sehr deutlich zeigt dieses Problem die **Abb. 73**, wo nach der normalen Rechenmethode (Seite 75, 20) sich ein Volumen von 4,69 m^3 ergibt, eine Pyramidenform mit der Höhe 0,75 aber richtiger wäre (= 6,25 m^3, Seite 62, 01). Bei Wölbungen kann dieser Fehler sich verdoppeln, zusätzliche Kuppen oder Mulden nicht eingeschlossen.

Für Kalkulation und Ausschreibung könnte die Hälfte des Fehlervolumens zugeschlagen werden, doch ist dies nur bei wenigen und großen Körpern von Bedeutung, da sich bei vielen Körpern mögliche Fehler ausgleichen. Treten große Diagonalprobenfehler auf, sollte man die Felder vierteln.

3.2.2.2.3 Nullinienermittlung

Der genaue Verlauf der Nullinie muß ermittelt werden, wenn die sich ergebenden Teilkörper genau berechnet werden sollen oder wenn die Ab- und Auftragsflächen genau begrenzt dargestellt werden sollen. Normalerweise und insbesondere bei vielflächigen

Erdmassenberechnung nach Plänen   77

Abb. 74

Abb. 75

Abb. 76

Abb. 77

Abb. 78

Abb. 79

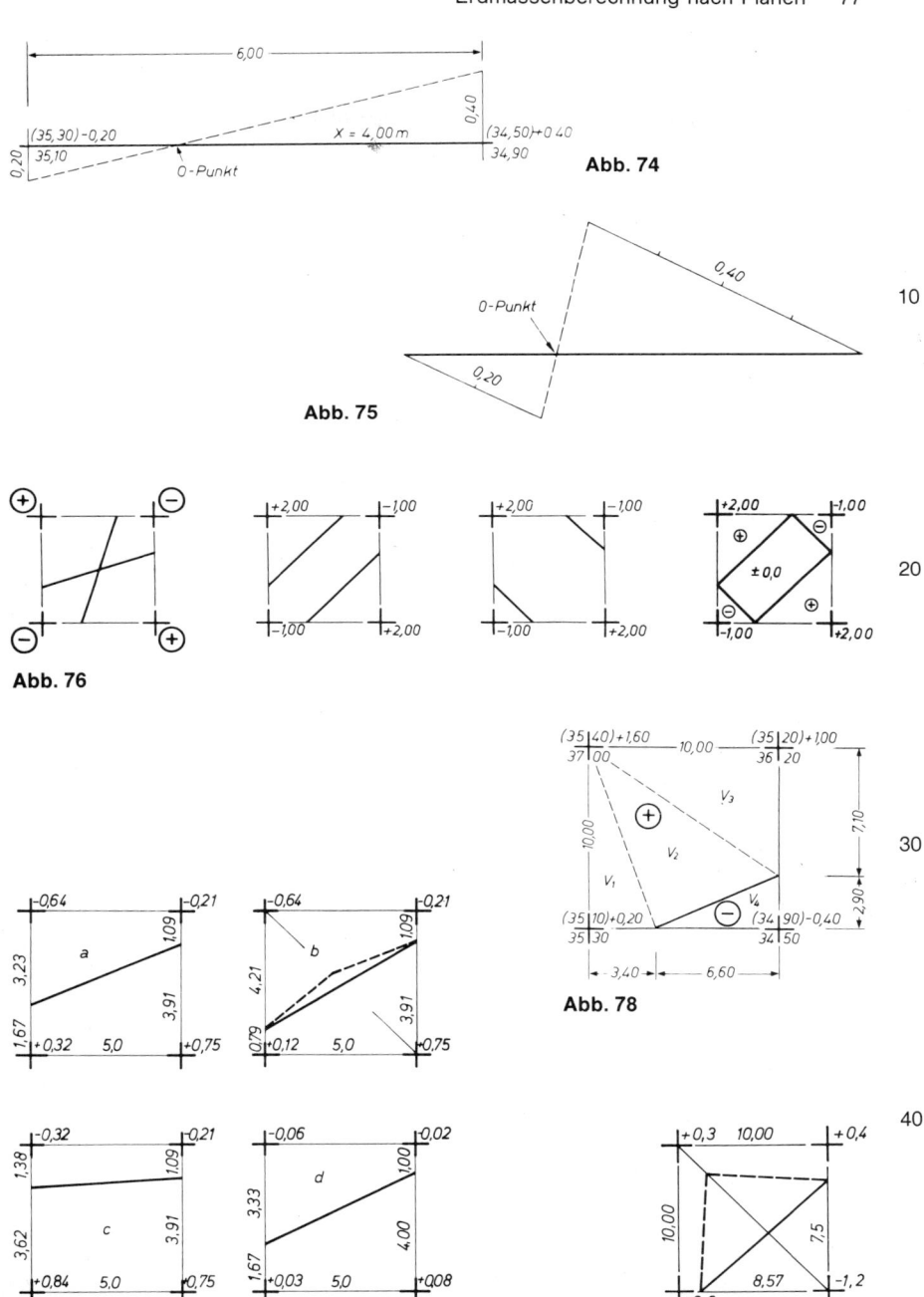

Netzen genügt zur Erdmassenberechnung die summarische Methode (Seite 74, 25). Zur Ermittlung der Nullpunkte der Nullinie geht man von geradlinigen, auch diagonalen Verbindungen zwischen den Punkten aus. Die Ermittlung ist zeichnerisch und rechnerisch möglich, wobei der rechnerischen der Vorzug zu geben ist, da man hierbei die zum Weiterrechnen erforderlichen Werte genauer erhält.

Die zeichnerische Ermittlung erfolgt durch Schnittdarstellung (z-Verfahren), wobei die Verbindungslinie der Punkte horizontal gedacht wird. Eine genaue Darstellung in der tatsächlichen Geländeneigung ist schwieriger und gibt kein anderes Ergebnis. Entgegengesetztes Antragen der Ab- und Auftragswerte nach unten und oben in einem beliebigen, doch genügend großem Maßstab **(Abb. 74)**.

Die Tiefen und Höhen können auch in beliebigem Winkel angetragen werden, jedoch müssen die Werte an parallelen, entgegengerichteten Schenkeln abgetragen werden **(Abb. 75)**. Dieses Verfahren bietet sich bei Dreiecksnetzen oder bei Benutzung der Diagonalen im Rechtecknetz zur Ermittlung der Null- bzw. Höhenlinien an (Seite 103, 25).

Die rechnerische Ermittlung erfolgt durch Verhältnisgleichung (Strahlensatz, ähnl. Dreiecke, **Abb. 74**):

Teilstrecke : Gesamtstrecke = Teilhöhe : Gesamthöhendifferenz;
$x : 6{,}00 = 0{,}40 : (0{,}40 + 0{,}20); x = 4{,}00$.

Die Verbindungslinie der 0-Punkte ergibt die 0-Linie, die in Wirklichkeit meist kurvig verläuft, aber in den Teilstrecken entsprechend dem Rechengang gerade dargestellt wird. Es gibt Sonderfälle, wo der Verlauf der Nullinie nicht bestimmbar ist, da vier Möglichkeiten für den Verlauf der 0-Linien sich ergeben **(Abb. 76)**. Unter Umständen kann der wahrscheinliche Verlauf der 0-Linie im Vergleich zum Verlauf der 0-Linie in den benachbarten Flächen bestimmt und der Berechnung zugrunde gelegt werden.

Sehr unsicher ist oft die Nullinie, die den Ab- bzw. Auftrag zur unveränderten Fläche hin begrenzt (Rand). Das Beispiel **Abb. 73** zeigt einen Randfall eines Netzes: Die Nullinie kann direkt entlang des Quadrates laufen (V wäre dann $5 \cdot 5 \cdot 0{,}75 : 3 = 6{,}25 \text{ m}^3$), sie kann aber auch diagonal das Quadrat halbieren (V wäre dann $5 \cdot 5 \cdot 0{,}75 : 3 : 2 = 3{,}13 \text{ m}^3$), sie könnte aber auch in unmittelbarer Nähe des Abtragswertes verlaufen, ohne daß andere Meßergebnisse für die Eckpunkte auftreten (V wäre z. B. bei 1 m Abstand der Nullinie $= 1 \cdot 1 \cdot 0{,}75 : 3 : 2 = 0{,}13 \text{ m}^3$).

In diesen Fällen ist auch die Diagonalprobe (Seite 76, 20) extrem falsch.

3.2.2.2.4 Dreiecke

Ergeben sich Körper mit dreieckiger Grundfläche und 3 Eckhöhen, so ist V = F mal Summe der 3 Eckhöhen geteilt durch 3. Hierbei ist ein möglicher Fehler wie bei den Rechtecken (Diagonalprobe, Seite 76, 20) nicht erkennbar.

Es ist jedoch falsch, bei nicht stimmender Diagonalprobe ein Rechteck in 2 Dreiecke aufzuteilen und diese einzeln zu berechnen. Je nach Aufteilung ergeben sich dann 2 verschiedene Ergebnisse, deren Mittel etwa gleich der Berechnung als Rechteck entspricht. Das Rechteck F der **Abb. 70** ergibt z. B.:

$$V_1 = \frac{3{,}0 \cdot 5{,}5}{2} \cdot \frac{0{,}02 + 0{,}08 + 0{,}54}{3} = 1{,}76$$

$$V_2 = \frac{3{,}0 \cdot 5{,}5}{2} \cdot \frac{0{,}02 + 0{,}54 + 0{,}80}{3} = 3{,}74$$

$$V_1 + V_2 = 5{,}50 \text{ m}^3$$

Erdmassenberechnung nach Plänen 79

und bei anderer Dreiecksaufteilung:

$$V_1 = \frac{3{,}0 \cdot 5{,}5}{2} \cdot \frac{0{,}08 + 0{,}54 + 0{,}80}{3} = 3{,}905$$

$$V_2 = \frac{3{,}0 \cdot 5{,}5}{2} \cdot \frac{0{,}08 + 0{,}80 + 0{,}02}{3} = 2{,}475$$

$$V_1 + V_2 = 6{,}38 \text{ m}^3$$

Das Mittel ist 5,94 m³, als Rechteck berechnet (Tab. 23) = 23,76 : 4 = 5,94 m³
Bei richtiger Diagonalprobe (z. B. Rechteck A der Tab. 70) ergibt die Aufteilung in 2 Dreiecke gleiche Ergebnisse. Die Rechnung ist jedoch unnötigerweise aufwendiger.

3.2.2.2.5 Trapeze

Oft teilt die Nullinie das Quadrat (bzw. Rechteck) in 2 Trapeze **(Abb. 77)**. Für die Berechnung des Volumens einer Trapezfläche gibt es mehrere Methoden mit unterschiedlicher Genauigkeit. Die Anwendung der günstigsten Methode hinsichtlich Genauigkeit und Schnelligkeit ist von der besonderen Situation abhängig (Seite 80, 01). Möglichkeiten (Rechenbeispiele zu Abb. 77 a Abtrag, Diagonalprobe stimmt):

1. Aufteilung der Quadrat- (bzw. Rechteck-)fläche und Berechnung des Volumens wie Seite 74, 25 im Verhältnis der Ab- und Auftragssummen (die Ab- und Auftragswerte sind hier gleichwertig):

$$F \text{ (Abtrag)} = \frac{25 \text{ m}^2 \cdot (0{,}64 + 0{,}21)}{(0{,}64 + 0{,}21) + (0{,}32 + 0{,}75)} = 11{,}07 \text{ m}^2$$

$$V \text{ (Abtrag)} = \frac{11{,}07 \cdot (0{,}64 + 0{,}21)}{2 \cdot 2} = 2{,}35 \text{ m}^3$$

2. Trapezfläche mal mittl. Höhe der Eckwerte:

$$5 \cdot \frac{(3{,}23 + 1{,}09)}{2} \cdot \frac{0{,}64 + 0{,}21 + 0{,}0 + 0{,}0}{4} = 2{,}30 \text{ m}^3$$

3. Aufteilen in Dreiecke (bei nicht stimmender Diagonalprobe: Mittel aus beiden Möglichkeiten, entfällt hier, da Diagonalprobe stimmt):

$$V_1 = \frac{3{,}23 \cdot 5{,}0}{2} \cdot \frac{0{,}0 + 0{,}64 + 0{,}21}{3} = 2{,}29 \text{ m}^3$$

$$V_2 = \frac{5{,}0 \cdot 1{,}09}{2} \cdot \frac{0{,}00 + 0{,}21 + 0{,}0}{3} = 0{,}19 \text{ m}^3$$

$V_1 + V_2 = 2{,}48 \text{ m}^3$ (bei anderer Dreiecksaufteilung = 2,49 m³)

4. Prismatoidformel (der Abtragskörper wird von 2 parallelen Ebenen — hier senkrecht stehende, rechtwinklige Dreiecke — begrenzt):

$$F_1 = \frac{3{,}23 \cdot 0{,}64}{2} = 1{,}03 \text{ m}^2; \quad F_2 = \frac{1{,}09 \cdot 0{,}21}{2} = 0{,}11 \text{ m}^2$$

$$M \text{ (Strecken mitteln!)} = \frac{3{,}23 + 1{,}09}{2} \cdot \frac{0{,}64 + 0{,}21}{2} : 2 = 0{,}46 \text{ m}^2$$

$$V = \frac{5{,}0}{6} (1{,}03 + 4 \cdot 0{,}46 + 0{,}11) = 2{,}48 \text{ m}^3$$

(Rechnung mit ungerundeten Werten = 2,49)

80   Erdmassenberechnung

Die 2. Methode ist am einfachsten, aber am ungenauesten. Sie empfiehlt sich bei Situationen, wo die Nullinie das Quadrat annähernd rechtwinklig aufteilt **(Abb. c)** oder die Massen gering sind (geringe Ab- bzw. Auftragswerte, **Abb. d**) oder die beiden Ab-(bzw. Auftrags-)Werte sich nur wenig unterscheiden. Die Methoden 3. und 4. ergeben ein gleiches und genaues Ergebnis, sofern die Diagonalprobe stimmt, d. h. die Nullinie dann auch geradlinig verläuft. Bei nicht stimmender Diagonalprobe **(Abb. b)** ist der geradlinige Verlauf der Nullinie unwahrscheinlich und gibt der gleichgerichteten Diagonale den Vorzug. Die rechtwinklig zur Nullinie laufende Diagonale ergibt einen Nullpunkt (Seite 76, 42), durch den die Nullinie einen anderen Verlauf erhielte (Strichlinie, siehe auch **Abb. 79**, Seite 81, 30). *Wahrscheinlich* wäre der Verlauf aus dem Mittel beider extremen Linien. Die sich so ergebenden Flächen müßten der Berechnung zugrunde gelegt werden, was wegen der geringen Massen im Bereich der Nullinie aber zu aufwendig wäre. Normalerweise wird daher der geradlinige Verlauf der Nullinie der Berechnung zugrunde gelegt. Die vorangegangenen Überlegungen lassen die vereinfachte summarische Berechnung der Mischfelder (Seite 74, 25) zweckmäßiger erscheinen.

3.2.2.2.6 Rechtecke (Quadrate) mit einem Ab- bzw. Auftragswert

Die Nullinie teilt eine Eckpyramide ab. Bei stimmender Diagonalprobe ergibt sich eine gerade Nullinie, die das Quadrat in ein Fünf- und Dreieck aufteilt **(Abb. 78)**. Für das Fünfeck ergeben sich folgende 3 Berechnungsmöglichkeiten:

1. Ermittlung der Fläche und des Volumens wie Seite 74, 25 im Verhältnis der Ab- (bzw. Auf-)tragssumme zum Auf- (bzw. Ab-)tragswert (Annäherungsformel):

$$F \text{ (Auftrag)} = \frac{100 \text{ m}^2 \cdot (0{,}20 + 1{,}60 + 1{,}00)}{0{,}20 + 1{,}60 + 1{,}0 + 0{,}40} = 87{,}50 \text{ m}^2$$

$$V \text{ (Auftrag)} = \frac{87{,}50 \cdot (0{,}2 + 1{,}6 + 1)}{3 \cdot 2} = 40{,}83 \text{ m}^3$$

Die Berechnung der Fläche ist recht genau, die Volumenberechnung sehr ungenau.

2. Aufteilen des 5-Ecks in Dreiecke, deren Volumina gem. Seite 78, 35 einzeln berechnet werden (nur genau bei stimmender Diagonalprobe; andernfalls wäre nur das Mittel aus allen 5 Aufteilungsmöglichkeiten genau, was zu aufwendig wäre):

$$V_1 = \frac{3{,}40 \cdot 10{,}00}{2} \cdot \frac{0{,}20 + 1{,}60 + 0{,}00}{3} = 10{,}20$$

$$V_2 = 37{,}93 \quad\quad \cdot \frac{1{,}60 + 0{,}00 + 0{,}00}{3} = 20{,}23$$

$$V_3 = \frac{7{,}10 \cdot 10{,}00}{2} \cdot \frac{1{,}60 + 1{,}00 + 0{,}00}{3} = \underline{30{,}77}$$

$$\text{Auftrag} = 61{,}20 \text{ m}^3$$

$$V_4 = \frac{6{,}60 \cdot 2{,}90}{2} \quad \cdot \frac{0{,}00 + 0{,}00 + 0{,}40}{3}$$

$$\text{Abtrag} = 1{,}28 \text{ m}^3$$

F von V_2 errechnet sich aus $F-F_1-F_3-F_4$.

3. Fläche des 5-Ecks mal Mittel aus den 5 Eckhöhen (falsche Methode, da die Höhen verschiedene Wichtungen haben):

$$V = \frac{0{,}20 + 1{,}60 + 1{,}0 + 0{,}0 + 0{,}0}{5} \cdot (100{,}00 - F_4) = 50{,}64 \text{ m}^3$$

4. Spezialformel (einfach und recht genau, daher allen anderen Methoden vorzuziehen):

$$V \text{ (Auftrag)} = \frac{\text{Summe der 4 Auf- und Abtragswerte} \times F}{4} + V_4$$

$$V = \frac{0{,}20 + 1{,}60 + 1{,}00 - 0{,}40}{4} \cdot 100{,}00 + 1{,}28 = 61{,}28 \text{ m}^3$$

Die Masse der Fünfeckfläche ist das arithmetische Mittel der 4 Ab- und Auftragswerte der 4 Quadrat- bzw. Rechteckecken, multipliziert mit dem Flächeninhalt des *gesamten* Quadrats (bzw. Rechtecks), *addiert* mit der Masse der abgeschnittenen Pyramide. Wäre das 5-Eck Abtrag und die Eckpyramiden Auftrag würde sich die gleiche Rechnung ergeben, d. h. die Vorzeichen im Zähler sind stets positiv mit Ausnahme des einen Eckwertes, der stets negativ ist. Die Eckpyramide wird stets hinzuaddiert, gleichgültig ob sie Ab- oder Auftrag hat (Ausnahme siehe Seite 81, 22).

Begründung der Richtigkeit dieser Formel:
Wie auf Seite 74, 07 ausgeführt, ergibt die gleichzeitige Einbeziehung von Ab- und Auftragswerten einer Fläche eine Bilanz (Differenz von Ab- und Auftragsvolumen), d. h. das Fehl- bzw. Überschußvolumen. Im Beispiel der **Abb. 78** also das Fehlvolumen, d. h. *das* Volumen, das *außer* dem Volumen der Abtragspyramide noch fehlt. Also muß das Volumen der Eckpyramide stets zum Ergebnis des ersten Summanden hinzuaddiert werden. Ausnahme: Wenn die Summe der 3 Werte des 5-Ecks kleiner ist als der eine Eckwert muß die Differenz gebildet werden. Z. B. **Abb. 79**:

$$V \text{ (Auftrag)} = \frac{0{,}9 - 1{,}2}{4} \cdot 100 - V \text{ (Pyramide)} \left(= \frac{8{,}75 \cdot 7{,}5}{2} \cdot \frac{1{,}2}{3} \right)$$

$$= 7{,}50 - 12{,}86 = 5{,}36 \text{ m}^3 \text{ Auftrag im 5-Eck}$$

(Aus dem Fehlvolumen wurde ein Überschußvolumen).

Bei diesem Beispiel blieb die hier nicht stimmende Diagonalprobe unberücksichtigt. Die Nullinie verliefe über Berechnung der Diagonale +0,3 −1,2 gem. Strichlinie, so daß sich aus der Mittelung beider Nullinien eine größere Grundfläche der Pyramide ergäbe, sich also das Volumen der Abtragspyramide noch vergrößern würde.
Auch diese Berechnung zeigt die Schwierigkeit und Unsicherheit bei der Berechnung von durch Nullinien gebildeter Teilkörper, weshalb die summarische Annäherungsberechnung für Mischfelder vorgezogen werden sollte (Seite 74, 25).

3.2.2.2.7 Unregelmäßige Vierecke

Sofern sich annähernd die Form eines Rechtecks ergibt oder die Ab- bzw. Auftragswerte der Eckhöhen sich nur geringfügig unterscheiden oder das Volumen gering ist, sollte die Rechnung wie beim Rechteck bzw. Quadrat (Seite 75, 20) erfolgen.
Andernfalls zur genaueren Berechnung: Aufteilen in 2 Dreiecke, berechnen der Teilinhalte, und Mitteln der beiden Werte nach den beiden Aufteilungsmöglichkeiten (Seite 79, 30).

3.2.2.3 Überschlägliche Massenberechnung aus der Fläche

Gewisse Anregungen geben die Ausführungen zur mittleren Planiehöhe (Seite 70, 05, insbesondere Seite 71, 40).

Bei sehr vielen und sehr unterschiedlichen Ab- und Auftragskörpern empfiehlt sich zuerst die überschlägliche Berechnung des größten Körpers, um einen Maßstab für die Größenordnung zu erhalten. Zum Vergleich kann ein mittlerer und kleiner Körper herangezogen werden, woraus sich oft wegen relativer Geringfügigkeit die Vernachlässigung der kleinen Körper ergibt und ihre Berechnung sich erübrigt.

Vereinfachte Berechnungen aus regelmäßigen Netzen ohne Berücksichtigung der Wichtung:

Abtrag = Summe aller Abtragswerte mal Netzquadratfläche bzw. Rechteckquadratfläche.

Auftrag = Summe aller Auftragswerte mal Netzquadratfläche.

Am Beispiel der **Abb. 68**, Tab. 21, ergibt sich: $-8,52 \cdot 36 = 306,72$ m^3 und $+8,55 \cdot 36 = +307,80$ m^3, das sind 6 % Abweichung gegenüber der genaueren Berechnung.

Bei nicht vorhandenen Netzwerten können an geeigneten Stellen Ab- und Auftragswerte ermittelt werden, wobei eine etwa gleichmäßige Verteilung über die Fläche angestrebt werden sollte. Ergeben sich zwangsweise Punkthäufungen (unregelmäßige Verteilung), wird die Rechnung mit geschätzter Wichtung entsprechend Seite 70, 20 durchgeführt, wobei auch höhere Wichtungen als 4 auftreten können.

Zunächst wird die Gesamtfläche überschlägig berechnet (hierbei ist als Grenze eine Linie zwischen den 0-Werten des Randes und den nächsten Ab- bzw. Auftragswerten zu wählen, Seite 71, 20). Einfaches, getrenntes Addieren aller Ab- und Auftragswerte, Aufteilen der Fläche in Ab- und Auftragsflächen im Verhältnis der *Anzahl* der Abtrags- zur *Anzahl* der Auftragspunkte (ohne 0-Werte), Multiplizieren der Ab- (bzw. Auf-)tragssummen mit der so ermittelten Ab- (bzw. Auf-)tragsfläche, geteilt durch die Anzahl der Punkte (bzw. Wichtungen). Im Beispiel der **Abb. 68**, Tab. 21 ergibt sich:

$$F \text{ (Abtrag)} = \frac{15 \cdot 864 \text{ m}^2}{15 + 9} = 540 \text{ m}^2$$

$$V \text{ (Abtrag)} = \frac{540 \cdot 8,52}{15} = -307 \text{ m}^3; \ 15 = \text{Anzahl der Abtragspunkte}$$

$$V \text{ (Auftrag)} = \frac{(864-540) \cdot 8,55}{9} = +308 \text{ m}^3$$

Bei Terrassierung bzw. sich aus der Planung ergebende verschieden große Flächen (Haus, Platz, Terrasse) können die Ab- bzw. Auftragswerte im jeweiligen Schwerpunkt ermittelt werden und ergeben multipliziert mit der jeweiligen Fläche das Ab- und Auftragsvolumen. Nur Teilflächen mit nur reinem Ab- bzw. Auftrag rechnen.

Auch bei überschläglichen Rechnungen sollten die unter den Fertighöhen einzubauenden Materialmassen (Seite 71, 30) und die bleibende Lockerung, sofern hohe Werte (Seite 71, 26), berücksichtigt werden.

3.2.2.4 Fehler bei Massenberechnungen aus der Fläche

Alle Rechnungen gehen davon aus, daß das Gelände zwischen den gemessenen Höhenpunkten geradlinig verläuft. Dies ist bei bewegtem Gelände meist nicht der Fall, d. h. das Gelände kann ein- oder hochgewölbt sein (Seite 76, 20). Je wechselhafter die Geländeoberfläche geformt ist, um so kleiner sollten die Einzelflächen sein, jedoch liegt die unterste Größe bei 2 · 2 m. Der größeren Genauigkeit von kleinen Flächen steht der hohe Meß- und Rechenaufwand entgegen. U. U. sind der Geländeform angepaßte, verschieden große Flächen einem regelmäßigen Netz vorzuziehen (Seite 75, 32).
Werden Höhenwerte durch Interpolation (z. B. aus Höhenlinien) ermittelt, ergeben sich zusätzliche Fehler (das Prinzip der geradlinigen Verbindung wird dann 2× angewendet, d. h. die Ungenauigkeit kann sich verdoppeln). Anhalt für mögliche Fehler gibt die Diagonalprobe (Seite 76, 20).
Spezielle Fehler bzw. Hinweise zur Fehlerreduzierung:
Auswahl von Höhennetzen (Seite 69, 35), Summarische Rechengänge (Seite 72, 05) verringern Rundungs- und Rechenfehler, Geländestreifen zum Angleichen des Geländes berücksichtigen (Seite 71, 20), Bodenlockerungen berücksichtigen (Seiten 71, 26 und 120, 40), einzubauende Materialien berücksichtigen (Seite 71, 31), wobei bei genauer Rechnung die unter der Abtragsfläche vorgesehenen Materialien dem Abtragsvolumen zugeschlagen werden müßten, während die im Auftragskörper vorgesehenen Materialien von diesem abgezogen werden müßten, Seite 124, 42 (u. U. wird dann eine Auftragsfläche zum Abtrag, wenn z. B. die Auskofferung größer ist als die Auftragshöhe), der genaue Verlauf der Nullinie ist unsicher (Seiten 76, 42; 94, 22; 112, 22), insbesondere im Randbereich zum unveränderten Gelände (Seite 78, 25), unsichere Teilkörperberechnung, insbesondere bei nicht stimmender Diagonalprobe (Seite 75, 32; 76, 20; 78, 20; 78, 49).
Geringe Fehler entstehen durch Weiterrechnen mit gerundeten Werten (Seite 15, 10).
Bei Erdmassenberechnungen nach den verschiedenen Methoden (Seite 67) treten Fehler bis max. 10 % auf, ohne daß generell eine Methode als genauere angesehen werden kann.

3.2.3 Erdmassenberechnung aus Profilen

Die Anwendung empfiehlt sich bei einem Gelände mit deutlichen Geländeknicken bzw. -kanten, Hanglagen und Tälern, insbesondere bei Straßen- und Wegetrassen.
Profilen kann, sowohl durch die alte als auch durch die neue (geplante) Geländeform bedingt, der Vorzug gegeben werden (Seite 67, 15). Der Vorteil gegenüber der Erdmassenberechnung aus der Fläche besteht bei geeigneten Gegebenheiten in der präziseren Geländeerfassung (bei Netzen, Seite 69, 35, richtet sich die Lage der Punkte z. B. nicht nach der Geländeform). Ist das Gelände auf längeren Strecken gleichmäßig geneigt, kann man ohne Beeinträchtigung der Genauigkeit mit einer weit geringeren Anzahl von Punkten auskommen. Nachteilig ist, daß die geländebedingte Lage der Punkte auf den Profilen zusätzlich eingemessen werden muß (y-Werte).

3.2.3.1 Lage und Bezeichnung der Profile

Anordnung von parallelen Querprofilen möglichst senkrecht zu den Höhenlinien und senkrecht zu den Nullinien, rechtwinklig ausgehend von einer oder mehreren Hauptachsen (x). Die Hauptachse muß nicht immer sichtbar vorhanden sein, die Werte ergeben sich dann durch die Profilabstände.

Gelände- bzw. objektbedingt kann die Hauptachse auch geknickt (Polygonzug, **Abb. 80**) oder gebogen sein (z. B. Straßenachse), dann ergeben sich nichtparallele Profile (Seite 98, 20). Die Abstände der Profile sind um so enger, je wechselhafter das Gelände ist. Sind keine markanten Geländesprünge vorhanden, werden gleiche Abstände gewählt, was eine einfachere, summarische Massenberechnung ermöglicht (Seite 89, 25). Bei deutlicher Änderung des Geländes ist die Anordnung eines Profiles erforderlich. Vor- und Rücksprünge im Gelände sollten erfaßt werden.

Darstellung im Lageplan als Strichpunktlinie (Seite 69, 15). Die Profile werden durch ihren jeweiligen x-Wert (Abstand in m vom 0-Punkt der Hauptachse) bezeichnet, im Straßenbau auch von den vollen Straßen- bzw. Baustellen-km, ausgehend, z. B. 0+15,00 oder 120+42,00). Im Straßenbau werden Profile auch als Stationen bezeichnet.

Bei Querprofilen auf verschiedenen Hauptachsen oder bei nicht parallelen Profilen ist eine zusätzliche oder besondere Profilbezeichnung (z. B. A, B, C, ... oder I, II, III, ... u. a. m.) auf dem Lageplan und in der Profilzeichnung erforderlich.

3.2.3.2 Lage der Profilpunkte

Höchste und tiefste Punkte und solche, wo sich das Geländegefälle ändert (Allgemeines Seite 67, 15). Hierbei soll mit den geradlinigen Verbindungslinien der benachbarten Punkte das Gelände möglichst genau erfaßt werden. Sind auf dem Plan nur Höhenlinien vorhanden, empfiehlt es sich u. U. das Profil überhöht mit natürlichen Profilkurven zu zeichnen und die Punkte danach festzulegen, sofern nicht diese gekrümmte Linie direkt benutzt werden soll (Seite 86, 40). Die Kennzeichnung der Profilpunkte erfolgt durch ihren jeweiligen y-Wert (Abstand von der x-Achse oder einem speziellen Nullpunkt).

3.2.3.3 Darstellung von Profilen

Die Bezeichnung der einzelnen Profilzeichnung erfolgt durch doppeltes Unterstreichen des x-Wertes mit dem Zusatzwort „Profil" **(Abb. 88)**. Ausgegangen wird von der Profilbasis, die z. B. bei Höhen in müNN möglichst hoch, aber auf einen vollen Meterwert gewählt werden sollte. Sie sollte *unter* dem tiefsten Profilpunkt liegen. Die Höhe der Basis (müNN) wird an einem auf die Spitze gestellten kleinen Dreieck angegeben **(Abb. 102)**. Sofern nicht eine indirekte Erdmassenberechnung vorgenommen werden soll (Seite 66, 20), müssen auf gleicher Profilbasis mindestens 2 Profile (altes und neues) gezeichnet werden, bei mehreren in der Art zu unterscheidende Bodenschichten entsprechend viele Profile (Seite 98, 08). Die Anordnung von Koordinatenwerten (Seite 13, 35) kann verschieden erfolgen. Bei **Abb. 81** sind die y-Werte nach 0,00 ausgerichtet an die Lotpunkte geschrieben und die z-Werte an die Geländepunkte. Bei **Abb. 82** sind y- und z-Werte tabellarisch angeordnet.

Erdmassenberechnung nach Plänen

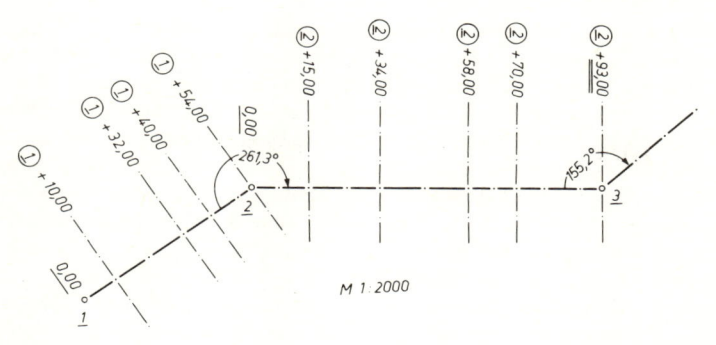

Abb. 80

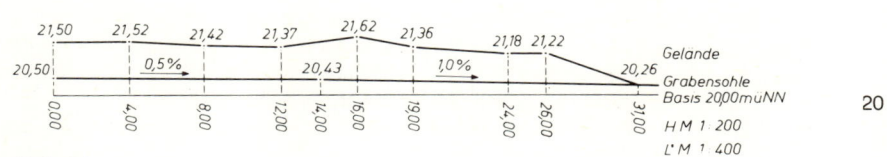

Abb. 81

Abb. 82

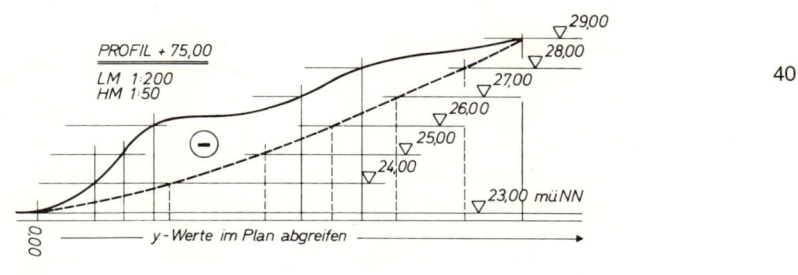

Abb. 83

86   Erdmassenberechnung

Die Profile (Schnitte) können direkt in den Lageplan durch „Umklappen" in die Zeichenebene gezeichnet werden (Profillinie = Profilbasis). Jedoch ist dies oft unübersichtlich, weil die Linien des Planes stören und die Profile sich überschneiden können. Übersichtlicher ist das Zeichnen der Profile auf einem gesonderten Blatt. Bei vielen Profilen wird die Zeichnung zu groß und unhandlich, dann ist es sinnvoll jedes Profil auf *ein* Blatt zu zeichnen, wobei DIN A 4-Höhe möglichst eingehalten werden sollte und die Länge des Profils beliebig sein könnte (Zickzackfaltung). Rechts sollte genügend Platz für die Flächenberechnungen des Profils (z. B. Tabellen für Elling, Seite 26, 10) gelassen werden.
Bei Planungen liegen möglicherweise nur alte und neue Höhenlinien vor. In diesen Fällen ist es sinnvoll, die Lage (y) der Höhenlinien auf die Profilbasis zu übertragen und die Höhen (z) entsprechend den Höhenlinienzahlen hochzuloten, wobei als jeweilige Höhe die Differenz der Basishöhe zur Höhenlinie im gleichen Maßstab wie y (bei steilen Hängen) oder überhöht (bei flacherem Gelände) in einem größeren Maßstab abgetragen wird **(Abb. 83)**.
Liegen für *ein* Profil (z. B. das neue) Höhenpunkte vor, so kann dieses Profil nach reinen y- und z-Werten gezeichnet werden, ggf. sind die y-Werte abzugreifen. Die Punkte können, sofern dies der Wirklichkeit entspricht, mit kurviger Linie verbunden werden.
Ist die geradlinige Verbindung sinnvoller (z. B. zur Flächenberechnung nach Koordinatenwerten), so kann das andere, kurvig gezeichnete Profil in ein geradliniges verwandelt werden, wobei auf Flächenausgleich geachtet werden sollte **(Abb. 84)**.
Die errechneten m²-Werte sollten in die jeweilige Fläche geschrieben werden, Abtrag als „—"- und Auftrag als „+"-Wert.
Auf Lichtpausen Abtragsflächen gelb, Auftragsflächen rot anlegen oder umranden.

3.2.3.4 Massenberechnung aus Längsprofilen

Sie wird angewendet z. B. zur Berechnung eines Grabenaushubs, sofern die Grabenbreite überall gleichmäßig ist und die Wände senkrecht sind (andernfalls sind Querprofile erforderlich) (Seite 86, 35). Aus den x-(Längen-) und z-(Höhen-)werten des Geländes und der Grabensohle wird das Profil gezeichnet (**Abb. 81** oder **Abb. 82**). Die Aushubmasse ist dann F × Grabenbreite, wobei F durch Trapezsummen (Seite 20, 38), Elling (Seite 26, 10) u. a. m., berechnet wird.

3.2.3.5 Massenberechnung aus Querprofilen

Voraussetzung ist die getrennte Flächenberechnung der Ab- und Auftragsflächen der Profile. Bei der Wirklichkeit entsprechenden gekrümmten Profilen **(Abb. 83)** erfolgt diese nach den Methoden von Seite 29, 20, meistens jedoch mit Polarplanimeter (Seite 32, 12). Da es sich oft um überhöhte (= zweimaßstäbliche) Flächen handelt, muß zusätzlich umgerechnet werden (Seite 37, 10).
Bei mehreren Ab- bzw. Auftragsflächen eines Profils (**Abb. 85** und **98**) können diese Flächen entweder einzeln oder auch in einem Gang, jedoch nur innerhalb der Ab- bzw. Auftragsflächen umfahren werden (**Abb. 19** und **25**, Seiten 28, 38 und 34, 44).
Die m²-Werte werden mit entsprechendem Vorzeichen in die jeweiligen Flächen geschrieben **(Abb. 89)**. Kubikberechnung siehe Seite 88, 18 bis 96. Bei geradlinig ver-

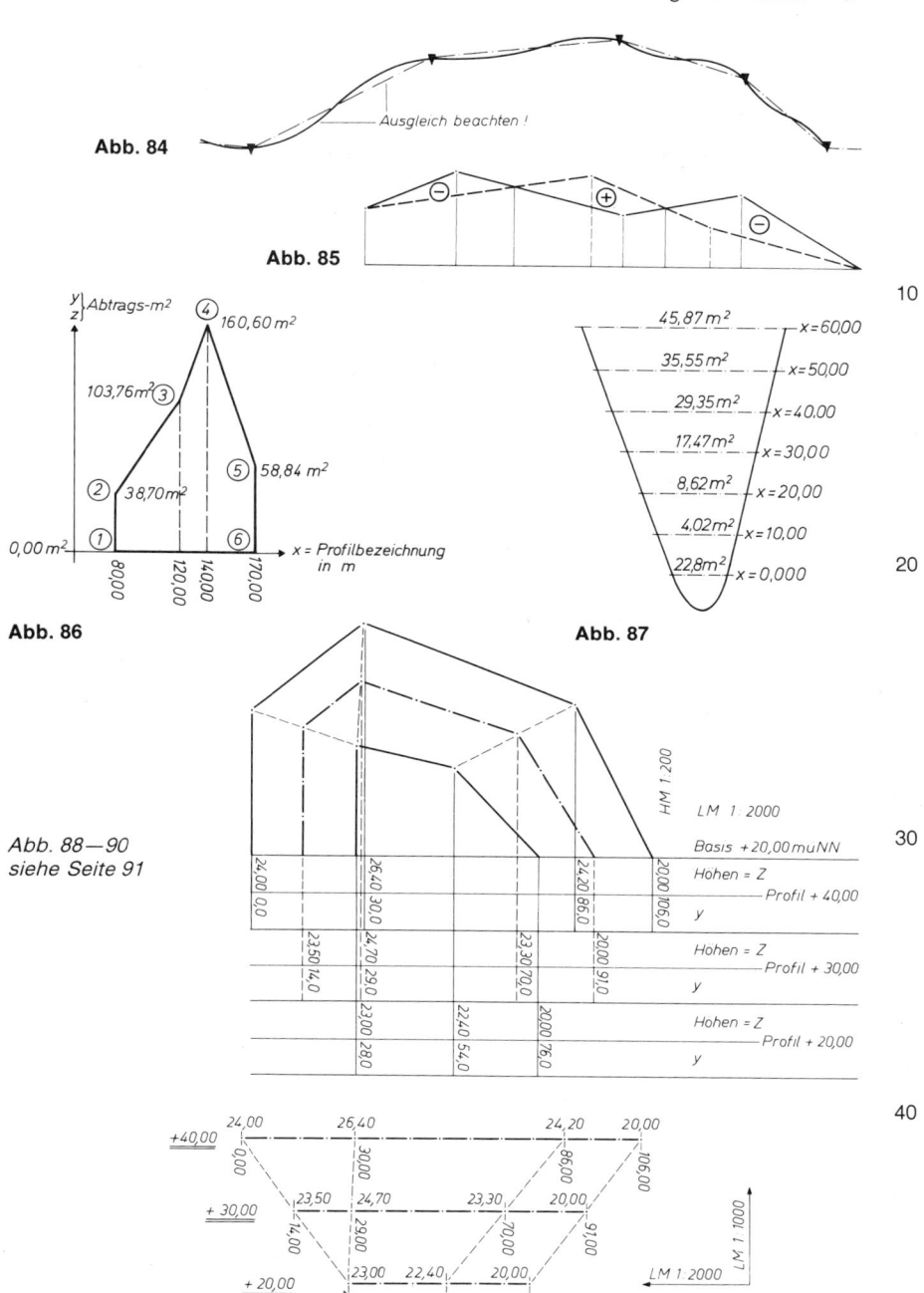

Erdmassenberechnung nach Plänen 87

Abb. 84 — Ausgleich beachten!

Abb. 85

Abb. 86
- y, z | Abtrags-m²
- ④ 160,60 m²
- ③ 103,76 m²
- ② 38,70 m²
- ⑤ 58,84 m²
- ① 0,00 m²
- ⑥
- x = Profilbezeichnung in m
- 80,00 / 120,00 / 140,00 / 170,00

Abb. 87
- 45,87 m² — $x = 60,00$
- 35,55 m² — $x = 50,00$
- 29,35 m² — $x = 40,00$
- 17,47 m² — $x = 30,00$
- 8,62 m² — $x = 20,00$
- 4,02 m² — $x = 10,00$
- 22,8 m² — $x = 0,000$

Abb. 88—90 siehe Seite 91

HM 1:200
LM 1:2000
Basis +20,00 müNN
Höhen = Z — Profil +40,00
Höhen = Z — Profil +30,00
Höhen = Z — Profil +20,00

Abb. 91
+40,00 : 24,00 / 26,40 / 24,20 / 20,00
0,0 / 30,00 / 86,00 / 106,00
+30,00 : 23,50 / 24,70 / 23,30 / 20,00
14,0 / 29,00 / 70,00 / 91,00
+20,00 : 23,00 / 22,40 / 20,00
28,00 / 54,00 / 76,00

LM 1:1000
LM 1:2000

88 Erdmassenberechnung

bundenen Profilpunkten **(Abb. 89)** werden die Ab- und Auftragsflächen der Profile aus den y- und z-Werten nach den Methoden von Seite 20, 25 errechnet, normalerweise nach Elling (Seite 26, 10). Hierbei können alle sich bei allen z-Werten vorn in der 1000er, 100er bzw. 10er Stelle wiederholenden gleichen Ziffern weggelassen werden (die Rechnung geht dann also von einer rechnerischen Nullbasis aus, die mit der Zeichenbasis nicht identisch sein muß). Bei Aufmaßen im Gelände (Seite 136, 40) kommt es vor, daß die ersten und letzten Punkte des alten und neuen Profils sich nicht decken. Benutzt wird dann der Schnittpunkt der Verlängerungen der letzten Profil-Teillinien. Berechnung der y- und z-Werte des Schnittpunktes siehe Seite 94, 25. Sofern es sich um reinen Ab- bzw. Auftrag handelt, begrenzen je 2 benachbarte Ab- bzw. Auftragsprofile einen Ab- bzw. Auftragskörper. Da diese begrenzenden Flächen parallele Ebenen sind, handelt es sich um Prismatoide (Seite 62, 10).
Hierbei ist es für die Kubik-Berechnung ohne Einfluß auf das Ergebnis, ob die Profile seitlich verschoben sind, soweit ihre x-Lage (also ihr Abstand und ihre Parallelität) erhalten bleibt **(Abb. 100)**.

3.2.3.5.1 Annähernd gleichlange Profile

Die Teilkörper-Prismatoide werden (getrennt nach Ab- und Auftrag) überwiegend nach der Durchschnittsformel berechnet (Seite 64). Die Genauigkeit ist um so größer, je weniger unterschiedlich die Längen (y) der beiden Nachbarprofile sind. Jedoch haben auch die Höhen (z) einen recht schwer zu verallgemeinernden Einfluß auf die Genauigkeit (Seite 64, 10). Wegen der vielen Ungenauigkeitsfaktoren der Erdmassenberechnung werden die Erdmassen daher überwiegend nach der Durchschnittsformel berechnet.

Tabelle 24

Abtrag (gelber Randstrich!)

Profilbez. x m	m^2	Summe der Nachbarprofile m^2	Profilabstand m	doppelte Masse m^3
+ 80	38,70			
		142,46	40	5 698,40
+ 120	103,76			
		264,36	20	5 287,20
+ 140	160,60			
		219,44	30	6 583,20
+ 170	58,84			
			doppelter Abtrag =	17 568,80

Auftrag (roter Randstrich!)

+ 80	132,16			
		225,22	40	9 008,80
+ 120	93,06			
		167,72	20	3 354,40
+ 140	74,66			
		94,86	30	2 845,80
+ 170	20,20			
			doppelter Auftrag =	15 209,00

Erdmassenberechnung nach Plänen 89

Andere, genauere Methoden sind nur sinnvoll, wenn es sich um sehr unterschiedliche Profillängen (weniger als ½ Länge) und relativ große Massen handelt (Seite 90).
Handelt es sich um reinen Ab- bzw. Auftrag, ergibt sich eine einfache tabellarische Kubikberechnung gem. Tab. 24. Wegen der Übersichtlichkeit empfiehlt sich bei Abtragsberechnung ein gelber, bei Auftrag ein roter Randstrich. Diese Tabelle ist im Rechengang identisch mit Tab. 3 zur Flächenberechnung aus Trapezsummen, nur werden dort die 2 Dimensionen x und y bzw. y und z benutzt, während hier die Berechnung dreidimensional aus y · z und x erfolgt. Deshalb kann bei unterschiedlichen Profilabständen, insbesondere bei vielen Profilen die Kubikberechnung auch nach der Methode Elling (Seite 26, 10) gem. Tab. 25 erfolgen. Das Ergebnis ist dasselbe (siehe auch Seite 95, 10, **Abb. 100**, Tab. 29).
Die x-Werte sind die Profilbezeichnungen nach ihrer Lage auf der Hauptachse, die m²-Werte sind vorher gesondert zu ermitteln. **Abb. 86** verdeutlicht, daß der Rechengang zur m³-Ermittlung gleich der Flächenumfahrung des Vielecks 1 — 2 — 3 — 4 — 5 — 6 — 1 ist. Als Regel für die Aufstellung der Tabelle für Methode Elling gilt: Hat das 1. Profil nicht 0,0 m², sondern einen m²-Wert (wie im Beispiel Prof. 80,00), so muß das gleiche Profil mit 0,0 m² der Tabelle nochmal vorangestellt werden (= Punkt 1). Das Gleiche gilt für das letzte Profil (im Beispiel Prof. 170,00): Wiederholung des letzten Profils mit 0,00 m², sofern es nicht schon 0,0 m² hat (= Punkt 6). Wegen der Nullwerte erübrigt sich die Wiederholung des 1. Punktes. Bei gleichen Profilabständen empfiehlt sich eine summarische Berechnung durch Ausklammern des Faktors „Abstand" und Wichtung der Profile (erstes und letztes = 1-wichtig, die übrigen 2-wichtig).
Beispiel Tab. 26:

Tabelle 25

	x (m)	y z (m²)
1	80,00	0,00
2	80,00	38,70
3	120,00	103,76
4	140,00	160,60
5	170,00	58,84
6	170,00	0,00
1	(80,00	0,00)

2 V = 17 568,80 m³
Abtrags-V = 8 784,40 m³

Tabelle 26

Profilbez.	Profilfläche m²	
x m	1-fach	2-fach
30,00	4,28	
38,00		4,49
46,00		12,68
54,00		11,22
62,00		7,50
70,00	0,00	
	4,28	35,89

35,89 · 2 = 71,78
+ 4,28
76,06 · 8 : 2 = 304,24 m³

Wenn bei gleichem Profilabstand das erste *und* letzte Profil mit 0,0 m² in die Rechnung eingehen (was in der Praxis oft der Fall ist), wäre die Summe der 2-wichtigen Profile (d. h. der aller übrigen) mal Profilabstand gleich dem Volumen, da sich · 2 : 2 aufhebt.

90   Erdmassenberechnung

3.2.3.5.2 Ungleichlange Profile, Berechnung nach Prismatoidformel

Soll ein Teilkörper, der von sehr unterschiedlichen, insbesondere sehr unterschiedlich langen Profilen **(Abb. 100, B + C)** begrenzt wird, genauer berechnet werden, so ist ein mittleres Profil zu zeichnen. Es muß (wenn es nicht aus dem Plan ermittelt werden kann) durch Interpolation der beiden benachbarten alten und neuen Profile gezeichnet werden (Seite 92, 01). Mit den so gemittelten y- und z-Werten muß die Fläche des mittleren Profils berechnet werden. Die Berechnung des Teilkörpers erfolgt dann nach der Prismatoidformel (Seite 62, 20). Im (extremen) Beispiel der **Abb. 66** (Seite 64, 40) ergibt sich nach der Durchschnittsformel: V = 0,00 m³; nach der Prismatoidformel: V = 2,67 m³.
Bei einer Folge derartiger nach der Prismatoidformel zu berechnender Teilkörper kann nach Tab. 27 gerechnet werden.

Tabelle 27

Profil x (m)	Profil- fläche m²	in die Prisma- toidformel ein- zusetzen m²	Teilsumme über 3 Profile m²	Abstand m	6-fache Masse m³
100,00		14,32			
(112,00)	19,44	77,76	121,94	24,00	2 926,56
124,00		29,86			
(130,00)	31,62	126,48	193,91	12,00	2 326,92
136,00		37,57			
(146,00)	17,10	68,40	105,97	20,00	2 119,40
156,00		0,00			

7 372,88 : 6 =
1 228,81 m³

Die in ( ) gesetzten Profile sind die als M 4fach in die Formel einzusetzenden Profilflächen.
Handelt es sich um einen Ab- bzw. Auftragskörper aus Profilen mit gleichen Abständen, der sich etwa gleichmäßig verjüngt **(Abb. 87)**, dann kann jedes 2. Profil als M eingesetzt werden. Rechengang dann wie Tab. 28. Hierbei ergeben sich 3 Teilkörper mit je 20,00 m Länge (x).

Tabelle 28

Profil x m	Profilfläche, m²		
	1-fach	2-fach	4-fach
0,00	2,28		
10,00			4,02
20,00		8,62	
30,00			17,47
40,00		29,35	
50,00			35,55
60,00	45,87		
	48,15	37,97 · 2	57,04 · 4
	75,94	= 75,94	= 228,16
	228,16		

352,25 · 20 : 6 = 1 174,17 m³

Bei Berechnung nach der Durchschnittsformel ergeben sich hier 1190,85 m³.

Erdmassenberechnung nach Plänen 91

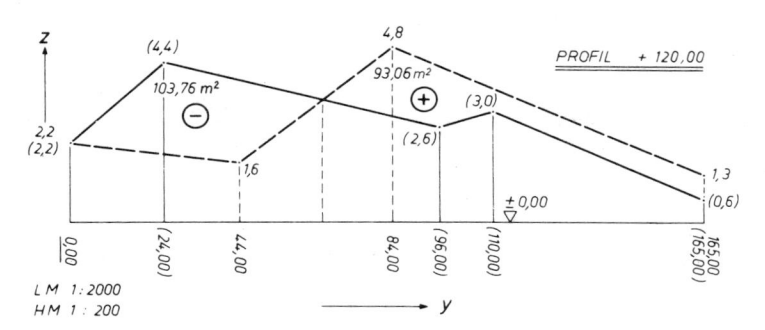

Abb. 88 — PROFIL +120,00
LM 1:2000
HM 1:200

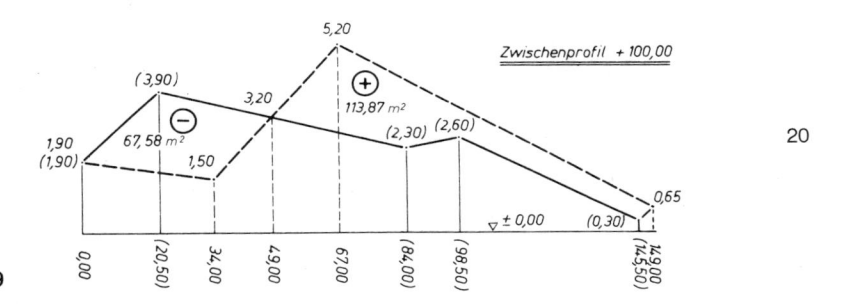

Abb. 89 — Zwischenprofil +100,00

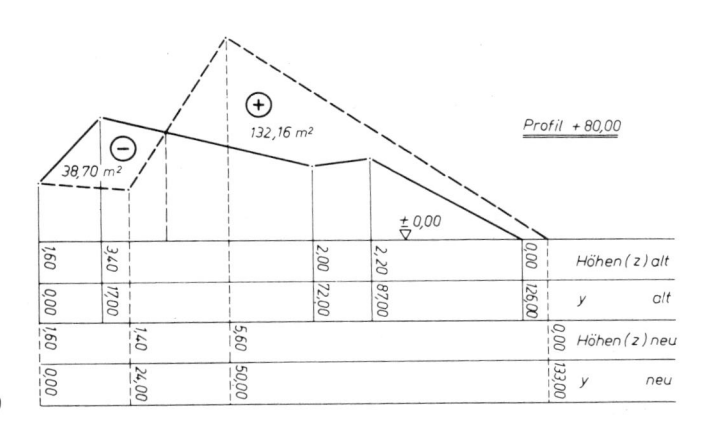

Abb. 90 — Profil +80,00

Abb. 91 siehe Seite 87

3.2.3.5.3 Zwischenprofile

Sie können erforderlich werden, wenn zwischen 2 benachbarten Profilen ein weiteres durch Interpolation ermittelt werden muß. Dies ist notwendig, wenn z. B. das mittlere Profil zur Berechnung nach der Prismatoidformel (Seite 62, 20) aus dem Plan nicht oder nur schwierig zu entnehmen ist oder bei Aufmaß im Gelände (Seite 136, 40) das Aufmaß eines mittleren Profils nicht durchgeführt wurde. Zwischenprofile sind auch notwendig, wenn geländebedingt ein Profilaufmaß des neuen Geländes erfolgte, an dieser x-Lage jedoch das Aufmaß des alten Geländeprofils versäumt wurde (Seite 137, 01).
Als Beispiel sollen die Profile +120,00 **(Abb. 88)** und +80,00 **(Abb. 90)** dienen. Das Profil +100,00 **(Abb. 89)** soll durch Interpolation ermittelt werden: Aus der Form der beiden Profile, die in diesem Beispiel recht ähnlich sind, lassen sich die 2 jeweils korrespondierenden Punkte der benachbarten Profile deutlich erkennen. So sind z. B. die z-Werte der beiden höchsten Punkte der beiden alten Profile 4,4 und 3,4, das Mittel ist dann 3,9 **(Abb. 89)**, für die y-Werte 24,00 und 17,00 ist das Mittel 20,5 **(Abb. 89)**. Auf diese Weise lassen sich alle Punkte des mittleren alten und des mittleren neuen Profils ermitteln. Wird z. B. das Profil +90,00 gesucht, dann müßte die Mittelung im Verhältnis zum Abstand der 3 Profile erfolgen: Gesamtabstand = 40,00 m, Teilabstand = 10,00 m = ¼ = 0,25. Für o. a. Punkte ergibt sich dann für z: 4,4−3,4 = 1,0; 1,0 · 0,25 = 0,25; 3,4+0,25 = 3,65 = z-Wert für Profil +90,00. Die Interpolation von Profilpunkt-Werten wird schwierig, wenn die korrespondierenden Punkte nicht mehr eindeutig erkennbar sind, insbesondere, wenn die Punktzahl des einen Profils nicht mit der des anderen Profils übereinstimmt. Dann ist die Zuordnung der Punkte nur aus der Kenntnis des Geländes (aus dem Plan oder der Wirklichkeit) möglich (Beispiel **Abb. 91** und **92**).
Andernfalls muß für einen überzähligen Profilpunkt auf dem entsprechenden geradlinigen Profilabschnitt des Nachbarprofils ein Zwischenpunkt ermittelt werden.
Abb. 93 zeigt z. B. einen Abschnitt auf dem Profil +80,00 mit 3 Punkten (Darstellung in der Draufsicht), auf dem Profil +60,00 mit 2 Punkten. Gesucht wird der korrespondierende Punkt zum mittleren Punkt des Profils +80,00 auf dem Profil +60,00.
Strecke Prof. +80,00 = 35,40−12,20 = 23,20 = a. Teilstrecke Prof. +80,00 = 19,80−12,20 = 7,60 = b. Strecke Prof. +60,00 = 40−22 = 18 = c. Gesucht wird Teilstrecke Prof. +60,00 = Δx: Einteilung im Verhältnis der Strecken Δx : c = b : a; Δx = 5,90; y = 22+5,90 = 27,90. Entsprechend wird die Höhe z nur mit den y- und z-Werten des Prof. +60,00 ausgerechnet **(Abb. 94)** Δz : (40−27,9) = (7,2−5,68) : (40−22); Δz = 1,02; z = 5,68+1,02 = 6,70.
Die Höhe des gesuchten Zwischenpunktes kann auch über %-Steigung (= cm/m) errechnet werden: 720−568 = 152; 152 : (40−22) = 8,44 %; (40−27,9) · 8,44 = 102 cm = Δz (s. o.).

3.2.3.5.4 Ab- und Auftragsprofil stehen sich gegenüber

Hierbei kann davon ausgegangen werden, daß eine gemittelte 0-Linie im Abstand zu den beiden Profilen im Verhältnis zu deren Flächen zu denken wäre. Daher bietet sich ein Annäherungsverfahren an (nach dem Verfahren wie Seite 78, 02): Die m²-Werte jedes Profils werden als Strecken im z-Verfahren auf dem zugehörigen Profil jeweils in entgegengesetzter Richtung wie bei den **Abb. 74** und **75** abgetragen. Hierbei wird von den

Erdmassenberechnung nach Plänen 93

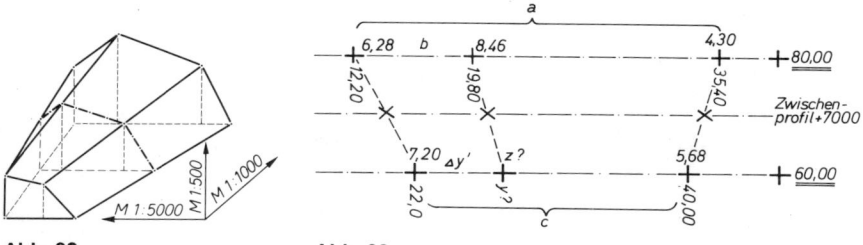

Abb. 92

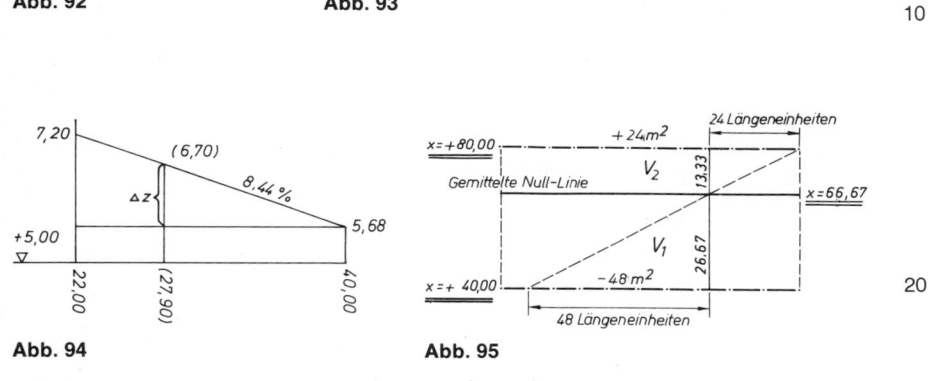

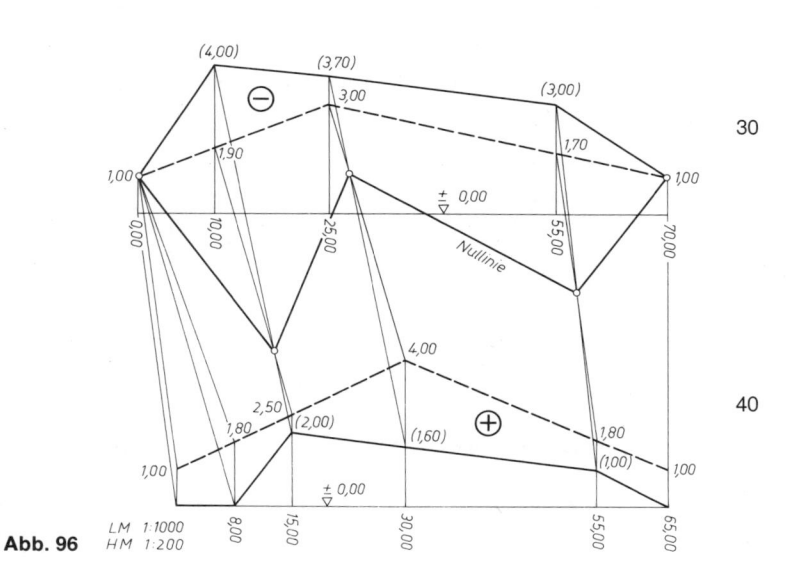

Abb. 93

Abb. 94

Abb. 95

Abb. 96 LM 1:1000 HM 1:200

94   Erdmassenberechnung

Schnittpunkten einer beliebigen rechtwinkligen Verbindungsgeraden im Lageplan ausgegangen **(Abb. 95)**. So kann zeichnerisch der mittlere (ausgeglichene) 0-Linienabstand gefunden werden. Dieser Abstand kann auch ausgerechnet werden: $\Delta x : (80-40) = 48 : (48+24)$; $\Delta x = 26{,}67$ (Seite 78, 15).
Für das Beispiel der **Abb. 95** ergibt sich daraus folgende Massenberechnung:

$$V_1 \text{ (Abtrag)} = \frac{48{,}00 \text{ m}^2 \cdot 26{,}67 \text{ m}}{2} = 640{,}08 \text{ m}^3$$

$$V_2 \text{ (Auftrag)} = \frac{24{,}00 \text{ m}^2 \cdot 13{,}33 \text{ m}}{2} = 159{,}96 \text{ m}^3$$

Da eine solche Situation normalerweise im Zusammenhang mit einer Berechnung aus vielen Profilen steht, ist der x-Wert der errechneten ausgeglichenen Nullinie mit 0,0 m² in die Gesamttabelle (z. B. Tab. 24) einzufügen. Im Beispiel **Abb. 95** ergibt sich für die Nullinie $x = 40 + 26{,}67 = 66{,}67$.
Der tatsächliche Verlauf der 0-Linie ist jedoch meist sehr unregelmäßig und kann ganz anders liegen. Das Ermittlungsverfahren ist sehr aufwendig. **Abb. 96** zeigt die Ermittlung in räumlicher Darstellung, die Werte der Zwischenpunkte wurden durch Interpolation wie Seite 92, 33 ermittelt.
Eine Massenberechnung der so ermittelten (auch nicht genauen) Teilkörper ist zu aufwendig.

3.2.3.5.5   Nullpunkt- und Nullinienermittlung *aus Profilen*

Bei Profilen mit y- und z-Werten ergeben sich oft Kreuzungspunkte der alten und neuen Profillinien (Nullpunkte), wo Ab- und Auftrag wechseln. Um die Ab- und Auftragsprofilflächen berechnen zu können, müssen die fehlenden y- und z-Werte für diese Punkte entweder durch Abgreifen aus der Zeichnung (erfordert sehr genaues Zeichnen in großem Maßstab) oder durch Berechnen ermittelt werden. Die Berechnung erfolgt am besten durch Funktionsgleichung:
Gegeben ist die 1. Gerade durch P_1 (y_1, z_1) und P_2 (y_2, z_2) und die 2. Gerade durch P_3 (y_3, z_3) und P_4 (y_4, z_4).
Es ergeben sich für die beiden Geraden folgende Gleichungen:

$$\frac{z - z_1}{y - y_1} = \frac{z_2 - z_1}{y_2 - y_1} \quad \text{und} \quad \frac{z - z_3}{y - y_3} = \frac{z_4 - z_3}{y_4 - y_3}$$

Im Schnittpunkt beider Geraden sind die y- und z-Werte beider Geraden gleich. Es werden also y und z beider Gleichungen gleichgesetzt und ausgerechnet (Gleichung mit 2 Unbekannten). Da diese Gleichung in jedem Fall stimmt, könnte sie programmiert werden und gäbe mit geeigneten Elektronenrechnern sofort ein Ergebnis.
Eine andere Möglichkeit **(Abb. 97)** wäre die Berechnung über ähnliche Dreiecke (schraffiert), deren fehlende Werte für die beiden Zwischenpunkte (Seite 92, 25) berechnet werden können und deren Teilstrecken (Δy) sich gleich proportional verhalten. Die so erhaltenen Nullpunkte (bei kurvigen Profillinien **[Abb. 98]** abgreifen) sollten in den Lageplan übertragen werden. Richtig verbunden ergibt sich daraus der Verlauf der Nullinie und die Ab- und Auftragsgebiete (gelb und rot anlegen).
Manchmal ist der Verlauf der Nullinie aus der Profildarstellung allein nicht erkennbar. Ein

Erdmassenberechnung nach Plänen

Beispiel zeigt **Abb. 99**, wo sich nur aus der genauen Kenntnis der speziellen Situation ergibt, ob der Abtrags- oder Auftragskörper zusammenhängt oder sich, getrennt durch Nullinien oder -flächen, 2 Ab- und 2 Auftragskörper ergeben.

3.2.3.5.6 Profile mit Ab- und Auftrag (Mischprofile)

Bei mehreren, sich auf den Profilen abwechselnden Ab- und Auftragsflächen ergeben sich mehrere Nullpunkte (Seite 94, 25). Meist sind (insbesondere auf dem Lageplan) die zusammenhängenden Ab- und Auftragskörper erkennbar. Zur besseren Übersicht sollten die Ab- und Auftrags—m^2 mit entsprechenden Vorzeichen an die betr. Profilabschnitte im Lageplan angeschrieben werden **(Abb. 100)**. Jeder Körper könnte mit einer eigenen Kubikberechnungstabelle ausgerechnet werden (Seite 88, 20) und die ermittelten Massen in das betr. Ab- bzw. Auftragsgebiet (Lageplan, gelb und rot anzulegende Flächen) zur weiteren Disposition eingetragen werden.

Tabelle 29 (a—c)

Abtrag (gelber Randstrich) a)

x m	y · z m^2	Summe y · z m^2	Summe der Nachbarprofile m^2	Profilabstand m	doppelte m^2
+ 0,0	11,12	24,08			
	12,96		35,08	14,00	491,12
+ 14,0	9,25	11,00			
	1,75		28,20	8,00	225,60
+ 22,00	10,87	17,20			
	6,33		46,48	12,00	557,76
+ 34,00	16,82	29,28			
	12,46		29,28	8,60	251,81
+ 42,6	0,00	0,00			

$$1\,526,29 : 2 = 763,15\ m^3$$

b)

x	Σy · z
(0,0	0,00)
0,0	24,08
14,0	11,00
22,0	17,20
34,0	29,28
42,6	0,00
(0,0	00,00)

  2 411,25
- 884,96
1 526,29 : 2 =-763,15 m^3

c)

Auftrag:
(außer A)

x	Σy · z
0,0	6,75
14,0	19,33
22,0	28,23
34,0	16,14
42,6	0,00

  2 167,14
- 750,30
1 416,84 : 2 = 708,42 m^3
Restkörper A = 4,32 · 22 : 3 =   31,68 m^3
                                + 740,10 m^3

96 Erdmassenberechnung

Wird jedoch nur der *gesamte* Ab- und Auftrag gewünscht, können alle Ab- (bzw. Auf-)tragsprofilflächen (m²) eines Profils aufaddiert werden (neben der Profilzeichnung), so daß für jedes Profil nur 1 Abtragswert (m²) und Auftragswert in die Berechnungstabelle einzutragen ist. Das Endergebnis ist dasselbe wie die Addition der Teilkörper nach dem differenzierten Verfahren. Nach **Abb. 100** ergibt sich dann eine Massenberechnung gem. Tab. 29. Die Berechnung ist hier jedoch nicht ganz genau, der Verlauf der Nullinie an einigen Stellen unsicher (?) und daher sind auch die entsprechenden Teilkörper unklar. Teilkörper B + C könnten genauer nach Prismatoidformel berechnet werden (Seite 90). Sonderfälle entstehen, wenn Ab- und Auftragsflächen von Nachbarprofilen nicht eindeutig einander zuzuordnen sind (siehe Seiten 94, 47 und 96, 15).

3.2.3.5.7 Ab- und Auftragsprofil gegenüber reinem Ab- oder Auftragsprofil

Eine solche Situation wird verdeutlicht durch ein einfaches Beispiel der **Abb. 101** und **102**: Für einen Ab- bzw. Auftragsprofil-Abschnitt fehlt die Fortsetzung beim Nachbarprofil, d. h. im Beispiel endet der Auftragskörper zwischen 2 Profilen, wobei oft nicht bekannt ist, bei welchem x-Wert. Im Einzelfall kann die entsprechende Länge des reinen Abtragsprofils (hier x = 0,00) entsprechend den 3 (bzw. 2) Abschnitten des Mischprofils im y-Bereich wie Seite 92, 25 proportional aufgeteilt werden. Man erhält die Punkte Z_1 und Z_2, deren Höhen (z_1, z_2) wie Seite 92, 33 berechnet werden können. Man erhält so 3 (bzw. 2) Teilflächen des reinen Profils. Jetzt können die entsprechenden reinen Teilkörper (hier 2 Abtragskörper) normal berechnet werden. Der Misch-Teilkörper mit gegenüberstehenden Ab- und Auftragsprofilen wird wie Seite 92, 40 berechnet (siehe hierzu Beispiel Seite 98, 40).
Bei überzähligen Ab- bzw. Auftragsflächen am Ende eines Profils kann der auslaufende Körper als liegende Pyramide (mit Spitze beim Nachbarprofil) gerechnet werden (**Abb. 100**, Körper A, Tab. 29 c). Mit relativ geringfügigen m²-Werten ist die vorgenannte Methode zu aufwendig. Es empfiehlt sich dann die Summierung aller Ab- und Auftragsflächen (Seite 96, 01).

3.2.3.5.8 Mittlere Höhe aus Profilen

Begriffsdefinitionen siehe Seite 70, 05, Massenberechnung aus mittlerer alter und neuer Höhe siehe Seite 118, 20.

Tabelle 30

y	z
(0,00	0,00)
0,00	2,2
24,00	4,4
96,00	2,6
110,00	3,0
165,00	0,6
165,00	0,0
(0,00	0,0)

Bei vorliegenden Profilen eines alten (bzw. neuen) Geländes ist die Ermittlung der Gesamtmasse, bezogen auf eine gemeinsame Basisebene (0,00 oder ein anderer runder Wert, der jedoch tiefer liegen muß als der tiefste Geländepunkt), geteilt durch die Gesamtfläche, gleich der theoretischen mittleren Geländehöhe.
Die Kubik-Berechnung erfolgt wie Seite 88, 20 ohne besondere Problematik (evtl. als Prismatoid, Seite 90, evtl. auch aus der Fläche, Seite 67, 20). Als Profilfläche ist jedoch die Fläche zwischen angenommener Basisebene und der alten

Erdmassenberechnung nach Plänen   97

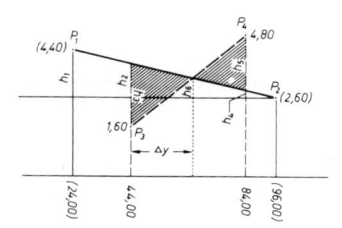

Abb. 97

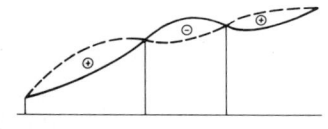

Abb. 98

Abb. 99

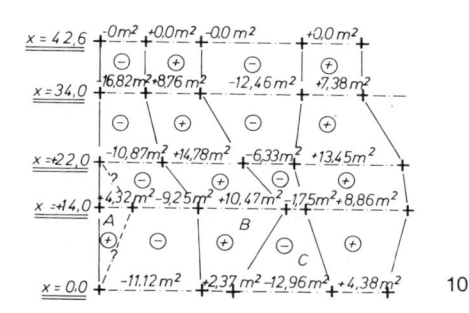

Abb. 100

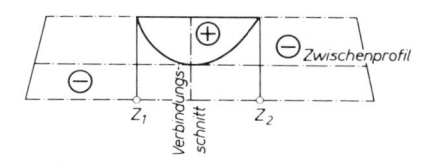

Abb. 101

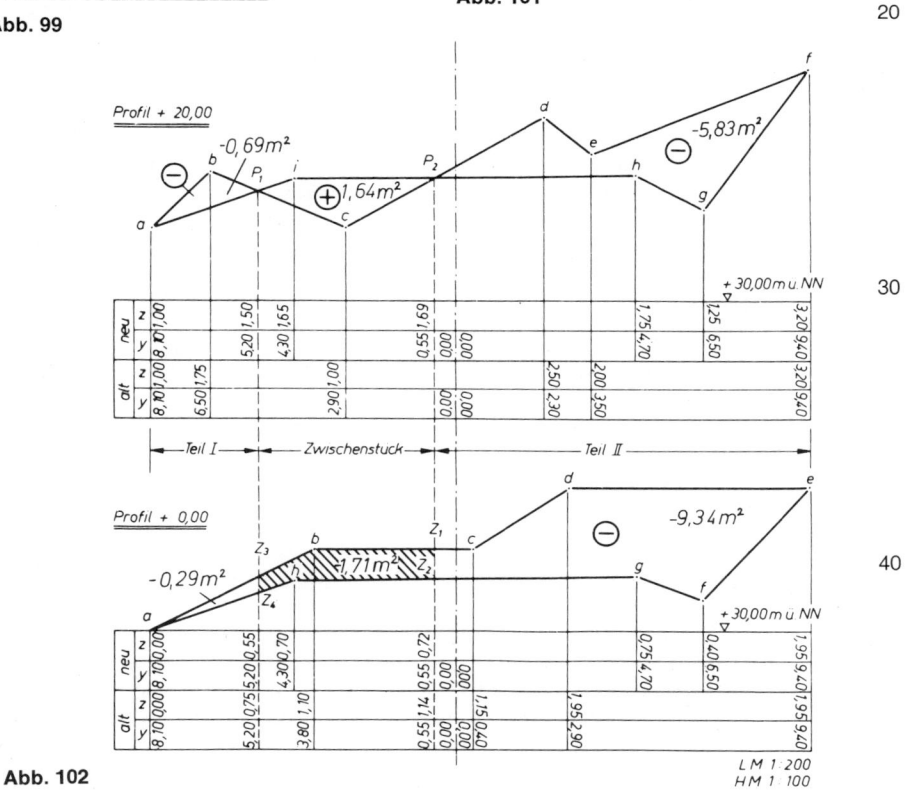

Abb. 102

98   Erdmassenberechnung

(bzw. neuen) Profillinie zu rechnen. Im Beispiel **Abb. 88** mit Basis z = 0,0 würde sich die alte Profilfläche nach Elling (Seite 26, 10) wie Tab. 30 ergeben = 469,4 m².
Bei indirekter Erdmassenberechnung aus Profilen (Seite 66, 20) ist auch nach diesem Verfahren zu rechnen.

3.2.3.5.9 Vielschichtige Profile

Eine Erdmassenberechnung aus mehr als zwei Profillinien in jedem Profil ergibt sich wenn bei einer Erdbaumaßnahme nicht nur ein altes und ein neues Profil vorhanden sind, sondern auf Grund sehr unterschiedlicher Bodenarten im Untergrund im Hinblick auf die verschiedene Verwendung und die unterschiedlichen Kosten für jede Bodenart durch Aufmaß nach Abbau einer Schicht sich immer wieder ein anderes Profil ergibt. Die Berechnung erfolgt dann getrennt für jede Bodenart nach den sich ergebenden Profilflächen (z. B. Oberboden, Kies, Fels, alle als alte Profile, unter Umständen auch beim Einbau im gleichen Profil als neue Profile, würde z. B. 6 Profile ergeben).

3.2.3.5.10 Nicht parallele Profile

Die bisherigen Ausführungen setzen alle voraus, daß die Profile parallel sind. Eine Parallelität kann aber in besonderen Fällen unzweckmäßig, wenn nicht sogar falsch sein. So werden z. B. die Querprofile im Straßenbau rechtwinklig zur Trasse (Mittellinie) der Straße errichtet. Da moderne Straßen in der Landschaft kaum noch gerade geführt werden, sind folglich *die Profile nicht parallel*. Bei geringen Krümmungen hat das wenig Einfluß auf das Ergebnis. Bei einem ringförmigen Wall (z. B. Stehterrassen bei einem Sportstadion) treten jedoch bereits starke Krümmungen auf. Als Abstand (L_S) gilt die gekrümmte Verbindungslinie zwischen den Schwerpunkten der benachbarten Profile (abgewandelte Guldinsche Regel, Seite 150, 28). Die Schwerpunkte der Profilflächen können entweder durch Augenmaß geschätzt werden oder auch genau errechnet werden (siehe Seite 60, 46 sowie **Abb. 59**).

Der gekrümmte Abstand wird nach der Formel $L_S \approx \dfrac{B + b}{2}$ **(Abb. 103)** errechnet, also als Mittel aus den beiden Bögen, die sich aus den beiden Radien für die beiden Schwerpunkte ergeben, bezogen auf den Kreismittelpunkt als Schnittpunkt der verlängerten Profile. L_S wird als Profilabstand bei den für die Erdmassenberechnung aus Profilen möglichen Verfahren eingesetzt (Seite 88, 20).

3.2.3.5.11 Beispiel einer Erdmassenberechnung aus Profilen

Zusammenfassend soll ein Beispiel einer Erdmassenberechnung demonstriert werden (**Abb. 102,** Tab. 31), wobei die Flächenberechnung nach Elling mit Achsenverschiebung (Seite 26, 46) erfolgte und daher mit 2 F weitergerechnet wurde. Absichtlich wurde hier ein nicht normaler Fall (Seite 88, 20), sondern ein (etwa gleich langes) Mischprofil (Seite 96, 15) angenommen, bei dem auch nicht die vereinfachte Berechnungsform angewendet werden soll (in letzterem Fall würde die Nullinie auf Profil 0,00 fallen und es

Erdmassenberechnung nach Plänen 99

ergäben sich 8,40 m³ Auftrag und beim Abtrag 8,37 m³ mehr). Die Ermittlung der notwendigen Zwischenpunktwerte Z_1, Z_2, Z_3 und Z_4 wurde nicht aufgeführt. Durch Z_1 und Z_2 wurde rechts das Abtragsprofil ±0,00 dem Abtragsprofil + 20,00 (rechts) längenmäßig gleich gemacht.
Die Teilprofillänge von Z_1 und Z_2 bis Z_3 und Z_4 entspricht der Länge des Auftragsprofils + 20,00. Der Längenunterschied der Restabtragsprofile ist unbedeutend, zumal es sich hier nur um geringe Teilmassen handelt. Bei ungleich langen Profilen müßten die Profilabschnitte des Profils +0,00 im Verhältnis der y-Abschnitte des Nachbarprofils eingeteilt werden (Seite 92, 25).
Ermittlung des x-Wertes für die gemittelte 0-Linie des Zwischenstücks Seite 92, 40.

Tabelle 31

Berechnung des Abtrags

Profilbez. m	doppelter Abtrag m²	doppelte Summe der Nachbarprof. m²	Profilabstand m	4-fache Masse m³
0,00 + 20,00	0,58 18,67 1,38 11,66	32,29	20,00	645,80
0,00 (Zwischenstück) + 10,21	3,42 0,00	3,42	10,21	34,92

Abtrag = 680,72 : 4 = 170,18 m³

Berechnung des Auftrags

10,21 + 20,00	0,00 3,29	3,29	9,79	32,21

Auftrag = 32,21 : 4 = 8,05 m³

3.2.3.5.12 Restkörper

Oft beginnt (bzw. endet) der Ab- bzw. Auftragskörper nicht mit einem eindeutigen (eingemessenen) ersten (bzw. letzten) Profil. Selbst wenn ein erstes (bzw. letztes) Profil gleiche alte und neue Profile ergibt, ist nicht immer sicher, ob der Ab- bzw. Auftrag in der Länge des ganzen Profils schneidenförmig hier endet oder ob er dieses Profil nur zungenförmig oder spitz berührt **(Abb. 104)**, ja ob der Ab- bzw. Auftragskörper nicht viel später erst beginnt (bzw. früher endet).
Grundsätzlich ergeben sich 3 Formen von Restkörpern **(Abb. 104)**:
Fall A: Der Restkörper läuft punktförmig aus, ist also eine Pyramide:

$$V = \tfrac{1}{3} F \cdot h$$

Fall B: Der Restkörper läuft keilartig in eine „Schneide" aus:

$$V = \tfrac{1}{2} F \cdot h$$

in diesem Fall geht die „Schneide" als Profil (= x) mit 0,0 m² in die normale Rechnung nach Durchschnittsformel in die Tabellenrechnung ein (z. B. Tab. 31).

Fall C: Der Restkörper läuft zungenförmig aus (etwa das Mittel aus A und B):

$$V = \frac{1}{2} \frac{F \cdot h}{3} + \frac{F \cdot h}{2} = \frac{5}{12} F \cdot h$$

Bei besonderer Form des Restkörpers und vorliegenden Daten kann dieser individuell berechnet werden (z. B. **Abb. 105**, wo A = Pyramide mit Grundfläche als Profilteilfläche und Höhe = 2,00 und B = Doppelpyramide mit Grundfläche 3,5 · 1 · 0,5 und den beiden Höhen 5,8 und 2,1 sind).
Eine besondere, seltene Form wäre Fall A **(Abb. 104)**, aber mit senkrechter „Schneide" am Ende (= Ab- bzw. Auftragshöhe = h_1). In diesem Fall könnte man die Durchschnittsab- (bzw. -auf-)tragshöhe der Profilfläche errechnen (Profilfläche geteilt durch Profillänge (= $h_2 + h_3$). Dann kann der dreieckige Restkörper „aus der Fläche" berechnet werden: V = F · ($h_1 + h_2 + h_3$) : 3 (Seite 78, 35).

3.2.3.5.13 EDV-Abrechnung aus Profilen

Der gemeinsame Ausschuß Elektronik im Bauwesen (GAEB), Martin-Luther-King-Str. 8, 5300 Bonn-Bad Godesberg 1, hat nach dem Standardleistungsbuch (StLB) Richtlinien für die elektronische Bauabrechnung (REB) aufgestellt, die bei vielen Behörden hinsichtlich der Erfassung und Darstellung von Daten zur Abrechnung beachtet werden müssen.

3.2.3.6 Überschlägliche Erdmassenberechnung aus Profilen

Gewisse Anregungen geben die Ausführungen zur mittleren Planiehöhe (Seite 70, 05, und Seite 71, 17).
Bei vorliegenden Profilzeichnungen kann die Flächenberechnung durch Umwandeln der gesamten Profilfläche nach Augenmaß in Rechtecke oder Dreiecke schneller (überschläglicher) berechnet werden.
Bei gleichmäßigen Profilabständen können die m² der Ab- bzw. Auftragprofile addiert werden. Das Volumen ist dann $\sum$ m² mal Profilabstand (Seite 89, 43), noch überschläglicher (ungenauer) nur unter Benutzung jedes 2. Profils (mal doppeltem Profilabstand).
Bei gleichmäßigen Profilabständen und nicht sehr unterschiedlich großen Profilflächen kann nach Augenmaß eine durchschnittlich große Profilfläche ausgewählt werden, deren m² mal Gesamtausdehnung (x) des betr. Ab- bzw. Auftragskörpers etwa das Volumen ergibt.
Sehr überschläglich ist die Benutzung nur eines Profils, das die max. Längen- und Höhenausdehnung eines Erdkörpers (sofern dessen Form hierzu sich anbietet) erfaßt. Diese Profilfläche ist dann die Grundfläche für die beiden Restkörper nach beiden Seiten, die entsprechend ihrer annähernden Form wie Seite 99, 30 überschläglich berechnet werden können.
Eine überschlägliche Massenbilanz (Seite 124, 40) bei Profilen mit gleichmäßigen Profil-

Erdmassenberechnung nach Plänen 101

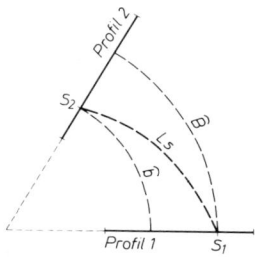

Abb. 103

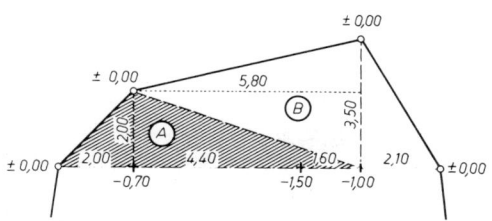

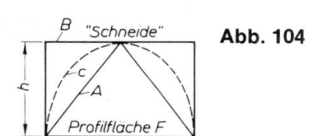

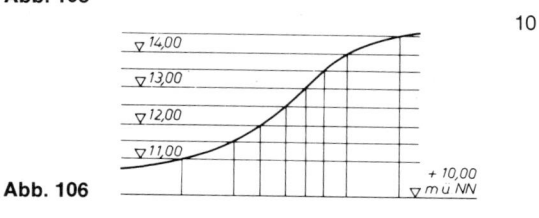

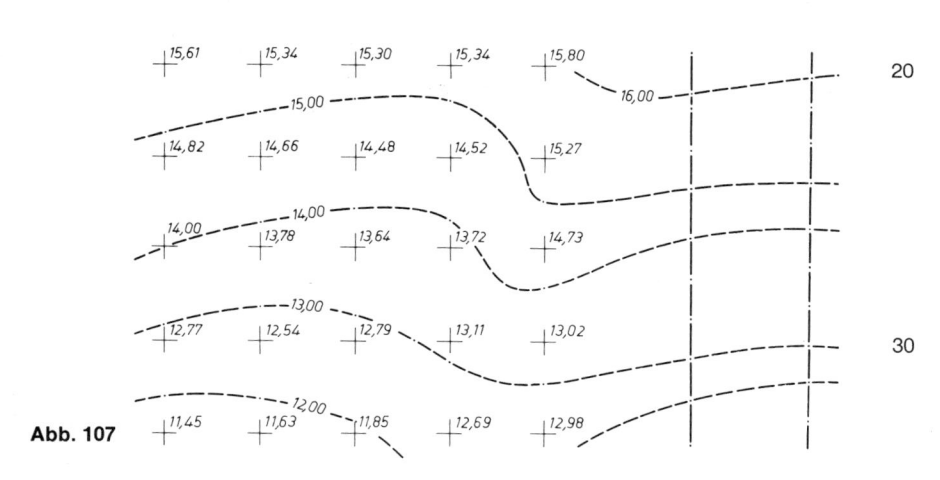

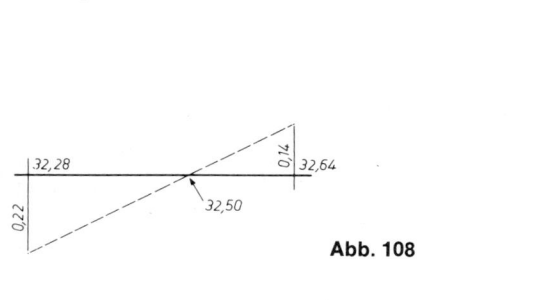

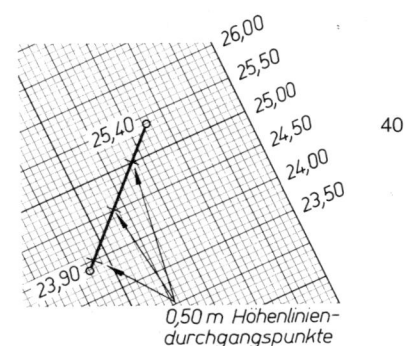

Abb. 104

Abb. 105

Abb. 106

Abb. 107

Abb. 109

Abb. 108

abständen oder nur einem Hauptprofil (Seite 100, 42) ist dadurch möglich, daß nach Augenmaß die Summe der Ab- und Auftragsflächen gleich sind (= kein Fehl- bzw. Überschußvolumen, wobei Seite 71, 15 zusätzlich berücksichtigt werden muß).
Besonders bei vielen Ab- und Auftragsflächen je Profil könnte zum Zwecke einer Massenbilanz mit Elling bzw. mit Polarplanimeter jedes Profil wie folgt umfahren werden: Altes Profil von links nach rechts, zurück über neues Profil von rechts nach links zum Ausgangspunkt. Elling (Seite 26, 10) bzw. das Polarplanimeter (Seite 32, 12) ergeben dann automatisch die Differenz zwischen Ab- und Auftragsflächen. Diese Differenz-m^2 ergeben nach der normalen Rechnung (Durchschnittsformel, Seite 88, 20) das Fehl- bzw. Überschußvolumen, wobei Seite 71, 15 berücksichtigt werden muß, jedoch muß sorgfältig darauf geachtet werden, ob je Profil die ermittelten m^2-Werte negativ (Abtrag = Überschußvolumen) oder positiv (Auftrag = Fehlvolumen) in diese Rechnung eingehen. Bei gleichmäßigen Profilabständen ist dies durch einfaches Aufaddieren möglich: mal Profilabstand = Fehl- oder Überschußvolumen insgesamt.

3.2.3.7 Fehler bei Massenberechnung aus Profilen

Bei Berechnung der Profilflächen aus Koordinatenwerten entstehen Fehler, da mit geradlinigen Profil-Teillinien gerechnet wird und Krümmungen nicht berücksichtigt werden (Seite 83, 02). Dies gilt auch für die Verbindungsflächen zwischen benachbarten Profilen. Besonders bei Profilen nach Geländeaufmaß (Seite 136, 40) ist wie bei der Erdmassenberechnung aus der Fläche (Seite 83, 22) der Nullinienverlauf zur unbearbeiteten Fläche hin sehr unsicher, da die Ab- bzw. Auftragsprofilfläche auch schon viel früher enden kann. Ergeben sich keine gemeinsamen Endpunkte für altes und neues Profil, gilt der Schnittpunkt der verlängerten End-Teilstrecken des alten und neuen Profils, Ermittlung zeichnerisch oder rechnerisch wie Seite 94, 25.
Grundsätzlich ist das Ergebnis um so genauer, je mehr Punkte und Profile benutzt werden, sofern das Gelände nicht geradlinig verläuft.
Spezielle Unsicherheiten ergeben sich bei auslaufenden Ab- bzw. Auftragsteilkörpern zwischen 2 Profilen (Seite 96, 15) und bei den Restkörpern (Seite 99, 30).
Bei Profilen mit sehr unterschiedlicher Länge und Form ergeben sich Fehler bei der Berechnung nach der Durchschnittsformel, genauer, aber aufwendiger, ist dann die Berechnung nach der Prismatoidformel (Seite 90). Geringe Fehler entstehen durch Weiterrechnen mit gerundeten Werten (Seite 15, 10).
Die Hinweise auf Seite 83, 14 sollten beachtet werden.
Bei Erdmassenberechnung nach den verschiedenen Methoden (Seite 67) treten Fehler bis max. 10 % auf, ohne daß generell eine Methode als die genauere angesehen werden kann.

3.2.4 Erdmassenberechnung aus Höhenlinien

Grundsätzliches siehe Seite 67, 30. Besonders geeignet zur Berechnung abzutragender Geländekuppen oder aufzufüllender Mulden sowie Ab- und Auftrag an weich ausgeformten Hängen (Seite 108, 35). Soweit das alte und neue Gelände in Höhenliniendarstellung (Seite 103, 10) vorliegen.

Erdmassenberechnung nach Plänen 103

Diese Erdmassenberechnung wird meist zur Kalkulation und zur Ermittlung von Ausschreibungswerten verwendet, ist nach der ATV (Seite 138, 30) aber auch zur Abrechnung möglich. Eine Höhenlinie (Höhenschichtlinie, Schichtlinie, Höhenkurve, Horizontalkurve, Niveaulinie, Isohypse) ist die Schnittlinie des Geländes mit einer Horizontalebene in bestimmter Höhe. Es sind also Linien auf der Geländeoberfläche mit jeweils gleichen (runden) z-Werten in meist gleichen Höhenabständen. Es ist die wichtigste Art der Geländedarstellung.

3.2.4.1 Zeichnerische Darstellung von Höhenlinien

Die Höhenlinien sollten entsprechend ihres z-Wertes und nach alten [in allen Abb. in ()] und neuen Höhenlinien unterschiedlich dargestellt werden, z. B.

10 — m — Höhenlinien   als Vollinie,
5 — m — Höhenlinien   als Strichlinie mit langen Teilstrichen,
1 — m — Höhenlinien   als Strichlinie mit kurzen Teilstrichen,
dm — Höhenlinien   als Strichlinie mit sehr kurzen Teilstrichen.

Die Höhenlinien-Zahlen (z-Werte) werden in eine Lücke der Höhenlinie mit ihrem Fuß hangabwärts zeigend geschrieben (**Abb. 107** und **114**).

3.2.4.2 Konstruktion von Höhenlinien

Sie erfolgt nach einem Profil-, Netz- oder unregelmäßigen Flächennivellement durch geradliniges Verbinden der eingemessenen Höhenpunkte, möglichst in der Fallinie (stärkstes Gefälle, rechtwinklig zu den Höhenlinien, **Abb. 114**) und Ermitteln der Höhenliniendurchgangspunkte nach verschiedenen zeichnerischen oder rechnerischen Verfahren. In neuerer Zeit werden immer mehr die Höhenlinien durch Fotogrammetrie (räumliche Luftbildmessung) ermittelt.

3.2.4.2.1 Durch Profildarstellung

Die zeichnerische Ermittlung durch Profildarstellung (**Abb. 106**) ist die einzige Methode, die die richtige Lage der Höhenlinien ergibt, wenn das Profil in seiner tatsächlichen, meist kurvigen Form, dargestellt wird. Die Höhenlinien können natürlich auch direkt im Gelände eingemessen werden.
Die Werte der gesuchten Höhenlinien (gleichmäßiger Abstand, Rundwerte) werden als horizontale Parallelen aufgetragen. Einfacher ist es, eine transparente Harfe darüberzulegen. Die Schnittpunkte mit der Profillinie werden auf die Profilbasis gelotet und ergeben die Lage der Durchgangspunkte. Die Punkte gleicher Höhe aller Profile werden auf dem Lageplan unter Beachtung der Geländeform bogig oder gerade verbunden, z. B. **Abb. 107**; rechte Seite.
Die nachfolgenden Methoden gehen von einer geradlinigen Verbindung (höhenmäßig, also in der Profildarstellung) der Profilpunkte aus, was eine lagemäßige Verschiebung der Höhenlinien ergeben kann (bei gewölbtem Gelände falsche Verschiebung hangauf-

wärts, bei gehöhltem hangabwärts). Die tiefsten und höchsten Geländepunkte (Mulden, Kuppen, Sattel usw.) sollten durch Höhenpunkte zusätzlich auf dem Plan angegeben werden (Seite 68, 40).

3.2.4.2.2 Im Z-Verfahren

Empfehlenswert, wenn nur einer oder wenige Durchgangspunkte gesucht werden. Die Verbindungslinie (in der Draufsicht) sollte möglichst so gewählt werden, daß die Nachbarpunkte mit größtem Höhenunterschied erfaßt werden (größtes Gefälle). Das kann in einem Quadratnetz z. B. auch die Diagonale sein. Im Beispiel der **Abb. 108** soll der Durchgangspunkt der Höhenlinie 32,50 zwischen den Höhenpunkten 32,28 und 32,64 gesucht werden. Die beiden Punkte werden mit einer Geraden verbunden und die Unterschiede zum Wert der Höhenpunkte entgegengesetzt angetragen. Die Verbindung der Endpunkte ergibt den Schnittpunkt (= Durchgangspunkt) mit der Verbindungslinie. Dies ist das gleiche Verfahren, das zur Ermittlung der 0-Punkte (Seite 78, 05, **Abb. 74**) benutzt wird. Die Teilstrecken lassen sich auch ausrechnen (Seite 78, 15).

3.2.4.2.3 Mit Höhenlinienharfen

Die Benutzung einer Höhenlinienharfe empfiehlt sich, wenn die Durchgangspunkte mehrerer Höhenlinien zwischen zwei Höhenpunkten gesucht werden. Es wird eine Harfe mit den gesuchten Höhenlinien als parallele Linien gezeichnet. Hierbei ist eine Höhen-Maßstabsgleichheit mit dem Planmaßstab nicht erforderlich. Oft ist eine Überhöhung ratsam. Transparentes mm-Papier ist zweckmäßig. Die Harfe wird so aufgelegt, daß die Werte der zwei Höhenpunkte sich mit der betreffenden Harfenlinie gleichen Wertes decken **(Abb. 109)**. Die Verbindungslinie der Höhenpunkte schneidet die gewünschte Höhenlinie der Harfe in den gesuchten Durchgangspunkten (Durchstechen).
Bei transparenten Plänen kann der Plan auch *auf* eine Harfe gelegt werden und durch Verschieben das vorgenannte Verfahren angewendet werden (kein Durchstechen erforderlich).
Falls die Harfe nicht transparent ist, wird die Strecke auf einen Papierstreifen übertragen **(Abb. 110)**. Auf dem Streifen werden die Schnittpunkte durch entsprechendes Anlegen an die Harfe markiert und auf den Lageplan rückübertragen [siehe auch „Eindrehen eines Maßstabes" **(Abb. 112)** und Anwenden eines strahlenförmigen Netzes **(Abb. 113)**].

3.2.4.3 Interpolieren von Höhenlinien

Liegen Höhenlinien alt und neu mit verschiedenen Werten vor (z. B. (21,00) — (21,25) — (21,50) alt und 21,00 — 21,20 — 21,40 neu), müßten z. B. zur Ermittlung der 0-Linie (Seite 112, 25) oder der Ab- und Auftragslinien (Seite 116, 30) die alten Höhenlinien der Werte (21,20) und (21,40) usw. ermittelt werden (also in diesem Fall die Werte der neueren, da diese genauer, weil enger).
Die Ermittlung der gesuchten Höhenliniendurchgangspunkte erfolgt auf der Fallinie (Seite 103, 25) entweder zeichnerisch wie Seite 78, 05 im Z-Verfahren **(Abb. 111)** oder

Erdmassenberechnung nach Plänen 105

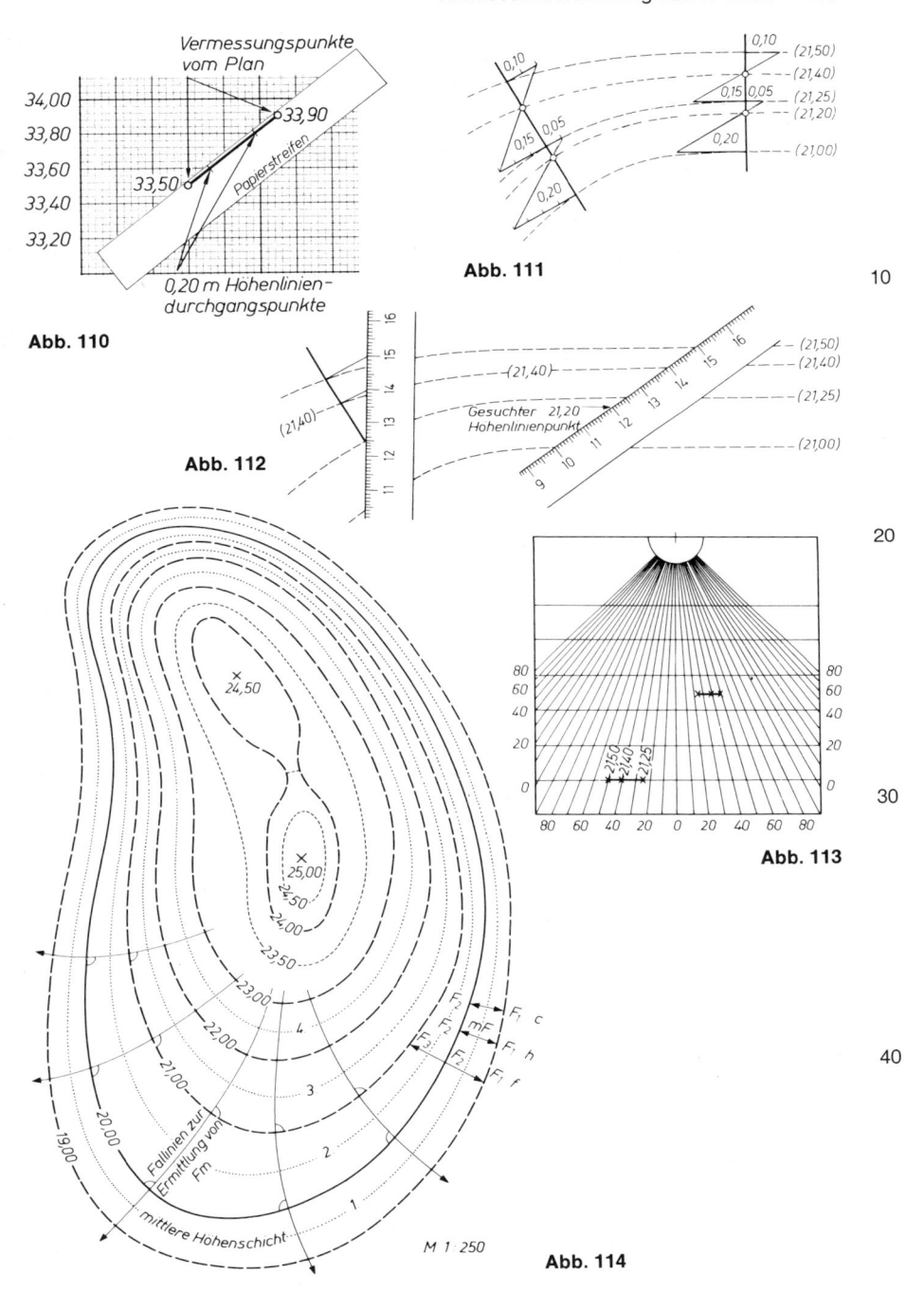

Abb. 110 — Vermessungspunkte vom Plan; 33,90; 33,50; Papierstreifen; 0,20 m Höhenliniendurchgangspunkte; 34,00; 33,80; 33,60; 33,40; 33,20

Abb. 111 — 0,10; 0,15; 0,05; 0,20; (21,50); (21,40); (21,25); (21,20); (21,00)

Abb. 112 — (21,40); Gesuchter 21,20 Höhenlinienpunkt; (21,50); (21,40); (21,25); (21,00)

Abb. 113

Abb. 114 — 24,50; 25,00; 24,50; 24,00; 23,50; 23,00; 22,00; 21,00; 20,00; 19,00; Fallinien zur Ermittlung von F_m; mittlere Höhenschicht; F_1 c; F_2; mF; F_1 h; F_1 f; M 1:250

rechnerisch oder durch „Eindrehen" eines geeigneten (beliebigen) Maßstabes (besonders günstig bei parallelen Höhenlinien). Beispielsweise wird bei **Abb. 112** die Höhenlinie 21,20 gesucht. Es ist das Prinzip der Teilung der Strecke in beliebig viele, gleich große Teilstücke wie z. B. bei der Höhenlinienharfe **(Abb. 109)**. Bei nicht parallelen Höhenlinien **(Abb. 112 links)** muß auf einem der beiden Schnittpunkte der Fallinien-Geraden (21,50) ein Lot errichtet werden. Der gesuchte Höhenlinienpunkt (21,40) wird ebenfalls durch Lot vom Maßstab aus gefunden.

Leicht ist auch die Anwendung eines transparenten strahlenförmigen Netzes, mit dessen Hilfe jede beliebige Strecke in beliebige Abschnitte unter Benutzung gegebener Endwerte direkt geteilt werden kann **(Abb. 113)**. Im Beispiel sind zwei Strecken (21,25 bis 21,50) eingetragen, auf denen 21,40 gesucht wird. Die horizontalen Linien dienen nur zur Orientierung, da die Strecken nur horizontal ermittelt werden können. Die seitlich herumgeführte Skala bezieht sich auf die Strahlen und zeigt in diesem Falle cm-Werte. Oft genügt die Ermittlung nach Augenmaß.

3.2.4.4 Mittlere Höhe aus Höhenlinien

Begriffsdefinitionen siehe Seite 70, 05, Massenberechnung aus alter und neuer mittl. Höhe siehe Seite 118, 20.

Bei vorliegenden Höhenlinien eines vorhandenen (bzw. geplanten) Geländes ist die Ermittlung der Gesamtmasse, bezogen auf eine gemeinsame Basisebene (0,00 oder ein anderer runder Wert, der jedoch tiefer liegen muß als der tiefste Geländepunkt), geteilt durch die Gesamtfläche gleich der theoretischen mittleren Geländehöhe.

Es handelt sich also um eine Erdmassenberechnung nur aus alten (oder nur aus neuen = geplanten) Höhenlinien. Dieses Verfahren wird auch angewendet zur indirekten Erdmassenberechnung (Seite 66, 20), beim Abtrag von Geländekuppen, Berechnung von großen, unregelmäßigen Bodenlagerungen und beim Auffüllen von Mulden (Basisebene liegt hier oberhalb = Höhe der Auffüllung).

Der zu berechnende Bodenkörper wird durch horizontale Schnitte in Höhe der Höhenlinien in Teilkörper zerlegt, die jeweils unten und oben durch horizontale, parallele, ebene Flächen begrenzt werden. Die Teilkörper sind also Prismatoide (Seite 62, 20).

Bei Kuppen, Hügeln **(Abb. 114)**, Mulden **(Abb. 115)** wird also jede Fläche durch eine Höhenlinie gleicher Höhe begrenzt, bei Hanglagen durch Höhenlinie und Grenze des zu berechnenden Gebietes **(Abb. 115)**. Die Flächenberechnung erfolgt nach Verfahren von Seite 29, 20 bis 36, 25, meist mit Polarplanimeter (Seite 32, 12).

Während bei der Erdmassenberechnung aus Profilen diese Flächen senkrecht stehen, liegen sie hier horizontal (x · y). Die Profilabstände sind hier die Höhenabstände (z) der Höhenlinien.

Es sind also für die Kubikberechnung die gleichen Verfahren anzuwenden wie bei der Erdmassenberechnung aus Querprofilen (Seite 86, 35), die Tabellenköpfe erhalten entsprechende Bezeichnungen.

Während bei der Erdmassenberechnung aus Profilen diese häufig unterschiedliche Abstände haben, sind die Höhenlinienabstände (z) meist gleich, weshalb sich die summarischen Verfahren anbieten (Seite 89, 25).

Während die Profile überwiegend etwa gleich lang sind, verkleinern sich die Höhenschichten bezogen auf die nächsttieferliegende abgesehen von einer Hangsituation

Erdmassenberechnung nach Plänen 107

(Abb. 115) meist in beiden Dimensionen (x, y,) relativ stark, besonders bei flachen Kuppen. Der Fehler der Durchschnittsformel (Seite 64, 08) wirkt sich jedoch nicht stark aus, weil meist mit geringen Werten der z-Dimension multipliziert wird. Die Anwendung der genaueren Prismatoidformel (Seite 62, 20) ist jedoch leicht, da das Einzeichnen einer Höhenlinie auf halber Höhe ($= M$) zwischen zwei Höhenlinien nach Augenmaß leicht möglich (Abb. 114) und auch die Flächenermittlung mittels Polarplanimeter nicht sehr aufwendig sind.

Oft ergibt sich bereits durch die vorhandenen Höhenlinien eine Folge von sich verjüngenden, ähnlichen Flächen, d. h. die lagemäßigen (x, y) Abstände der Höhenlinien sind auf jeder Fallinie gleich, Abb. 114. Dann kann jede 2. Höhenschicht als M in die Prismatoidformel eingesetzt werden. Beispiel: Abb. 114 zwischen 19,00 und 23,00, Tab. 32.

Tabelle 32

Höhenlinie m ü. NN	Schichtflächen in die Formel einzusetzen (m^2)		
	einfach	zweifach	vierfach
19,00	365,10		
(20,00)			282,10
21,00		201,90	
(22,00)			142,60
23,00	88,30		
	453,40	$\overline{201,90 \cdot 2}$	$\overline{424,70 \cdot 4}$
	403,80	403,80	1 698,80
	1 698,80		
	$\overline{2\ 556,00 \cdot 1,00}$		
	2 556,00 : 3 = 852,00 m^3 = Teilmasse 1		

Da sich die Schicht 23,00 gegenüber 19,00 nur etwa ½ in beiden Dimensionen verjüngt, ergibt sich nur ein geringfügiger Unterschied zur Berechnung nach der Durchschnittsformel (Tab. 33).

Tabelle 33

Höhenlinie m ü. NN	Schichtflächen in die Formel einzusetzen (m^2)	
	einfach	zweifach
19,00	365,10	
20,00		282,10
21,00		201,90
22,00		142,60
23,00	88,30	
	453,40	$\overline{626,60 \cdot 2}$
	1 253,20	1 253,20
	$\overline{1\ 706,60 \cdot 1,00}$	
	1 706,60 : 2 = 853,30 m^3 = Teilmasse 1	

Das Gegenbeispiel zeigt Abb. 116: Hier könnte der untere Teilkörper wegen der geringen Verjüngung nach der Durchschnittsformel berechnet werden, während beim oberen Teilkörper wegen der starken Verjüngung die Höhenlinie 17,50 eingezeichnet wurde ($= M$) und dieser Teilkörper besser nach Prismatoidformel berechnet wird ($= 23{,}75$ m^3 gegenüber 30,75 m^3 nach Durchschnittsformel, siehe hierzu Seite 90, 02; 107, 03).

108 Erdmassenberechnung

3.2.4.5 Restkuppen

Oberhalb der letzten Höhenschicht ergeben sich Restkuppen, meist flach und von geringer Höhe.
Bei einem echten Kugelabschnitt mit einer Kreisgrundfläche (Radius = r) und der Höhe (h) wäre
$V = h \pi/6 (3 r^2 + h^2)$, wobei die Grundfläche $(F) = r^2 \pi$ ist.
Setzt man diese Grundfläche in die Formel als F ein, ergibt sich:
a) $V = h/6 (3 F + \pi h^2)$.
Hier könnte F auch eine Ellipse oder eine andere kreisähnliche Fläche sein (F der Ellipse = $r_1 \cdot r_2 \cdot \pi$).
Je weniger F kreisähnlich ist (z. B. sehr langgestreckt), um so mehr ist die Formel
b) $V = 2/3 F \cdot h$ richtiger (vergl. Seite 31, 10, „Kappe" hier als senkrechter Schnitt).
Ist die Kuppe eine Pyramide bzw. ein Kegel, also spitz, ist
c) $V = 1/3 F \cdot h$.
Daraus folgt allgemein, daß V kleiner als $2/3 F \cdot h$ und größer als $1/3 F \cdot h$, im Mittel also

d) $\boxed{V = 1/2 F \cdot h}$ ist.

Dies entspricht aber der Durchschnittsformel: [F_1 (= Grundfläche) + F_2 (= 0,00 m²)] · h · 0,5. Daher können Restkuppen in die normale Tabelle für Berechnung nach Durchschnittsformel eingesetzt werden, jedoch mit einem der Kuppenhöhe entsprechenden Abstand. Die Genauigkeit kann wegen des relativ geringen Volumens von Restkuppen meist vernachlässigt werden.
Eine genauere Berechnung einer sehr langgestreckten Kuppe (**Abb. 117**) müßte in 2 Teilen erfolgen:
A + C mit $V = 1/2 F \cdot h$
B   mit $V = 2/3 F \cdot h$

3.2.4.6 Direkte Massenberechnung aus alten und neuen Höhenlinien

Bei vorliegenden alten *und* neuen Höhenlinien, insbesondere bei weichen Geländeformen und Hanglagen ist eine direkte Massenberechnung (Seite 66, 15) aus Höhenlinien sehr gut zur Massenberechnung geeignet und wegen der einfachen Berechnung und der relativ kleinen Schichtflächen der indirekten Berechnung (Seiten 66, 20 und 106, 25) vorzuziehen.
Das Verfahren entspricht dem der direkten Ermittlung aus Profilen (Seite 86, 35 bzw. 88, 20), nur daß die Flächen horizontal sind.
Wie **Abb. 118** zeigt, wird die Ab- bzw. Auftragsmasse durch ebene, horizontale Schnitte (Höhenlinien) in Schichten aufgeteilt. Jede Schnittfläche wird also durch die alte und neue Höhenlinie gleicher Höhe begrenzt. Schiebt sich die neue Höhe in den Hang hinein (= Richtung hangaufwärts) handelt es sich um Abtrag, bei talseitiger Verlagerung um

Erdmassenberechnung nach Plänen 109

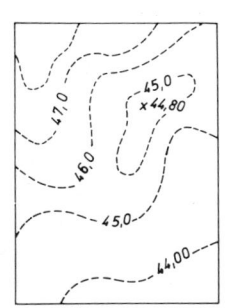

Abb. 115

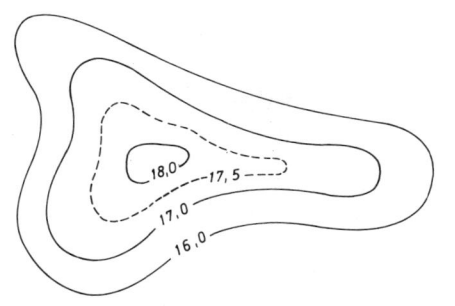

Abb. 116

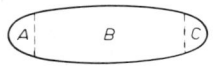

Abb. 117

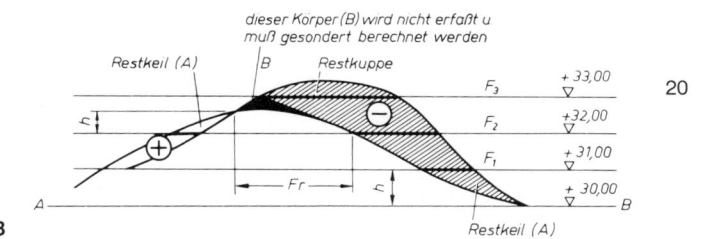

Abb. 118

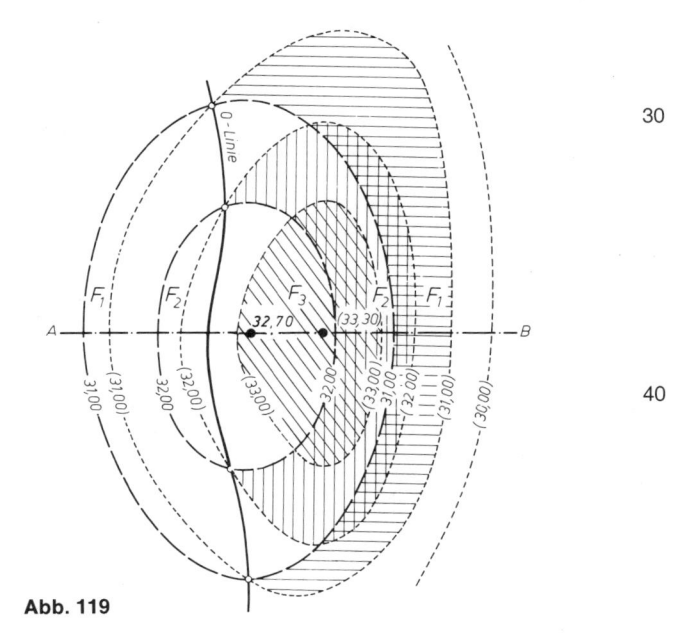

dieser Körper (B) wird nicht erfaßt u. muß gesondert berechnet werden

Restkeil (A)   B   Restkuppe
F_3 +33,00
F_2 +32,00
F_1 +31,00
+30,00
Restkeil (A)

Abb. 119

0-Linie
F_1 F_2 F_3 F_2 F_1
32,70 (33,30)
(31,00) (32,00) (33,00) 32,00 (33,00) 31,00 (32,00) (31,00) (30,00)
A — B

110 Erdmassenberechnung

Auftrag (**Abb. 120**). **Abb. 119** zeigt ein sehr ungünstiges Beispiel (siehe auch Schnitt AB, **Abb. 118**): Die Schichtflächen überschneiden sich, die Situation ist keine Hanglage, sondern eine verschobene Kuppe, wodurch sich eine reine Abtragsrestkuppe (Seite 108, 01) ergibt und der Körper B bei der Berechnung nicht erfaßt wird.
Die Flächen (**Abb. 119**) werden wie Seite 29, 20, am besten mit Polarplanimeter (Seite 32, 12) ermittelt. Die zur Berechnung benutzten Flächen (Höhenschichten) sollten erkennbar sein, ermittelte und zur Rechnung benutzte m^2-Werte können hineingeschrieben werden. Hierdurch werden Prüfungen (Kontrollrechnungen) erleichtert. Für die Kubikberechnungen ergeben sich Tabellenführungen wie bei Seite 107. Für den Abtragskörper **Abb. 118** ergibt sich ein Abtragskörper zwischen $+30,00$ ($= 0,00\ m^2$) und $+33,00$ ($=$ Basisfläche für Restkuppe), bestehend aus 3 gleich hohen Teilkörpern. Restkörper siehe Seite 114, 25. Wechsel zwischen Ab- und Auftrag siehe Seite 112, 01.

3.2.4.6.1 Gleichlange Schichtflächen

Das Beispiel **Abb. 120** zeigt im Abtrag zwischen 18,00 und 21,00 müNN annähernd gleich lange Schichtflächen. Die Berechnung nach der Durchschnittsformel (Seite 64) bringt also sehr genaue Ergebnisse (zum Vergleich Seite 110, 25).

3.2.4.6.2 Ungleichlange Schichtflächen

Das Beispiel **Abb. 120** zeigt im Abtrag zwischen 15,00 und 18,00 müNN deutlich unterschiedliche Längen der Schichtflächen. Die Form einer Pyramide mit der Schicht 18,00 als Grundfläche und der Spitze ($= 0,0\ m^2$) bei 15,00 ist deutlich erkennbar. Hier bietet sich die Berechnung als Pyramide an (Seite 62, 01, h = 3,0). Die Berechnung nach der Durchschnittsformel wäre falsch (zu großes Ergebnis), obwohl der Fehler wegen der geringen Masse in diesem Falle unbedeutend ist.
Da (im Gegensatz zur Profilrechnung; Seite 83, 30) der (senkrechte!) Abstand der Flächen nur gering ist, ergeben sich bei der Erdmassenberechnung aus Höhenlinien nur geringe Fehler, auch bei unterschiedlichen benachbarten Profillängen. Lediglich bei starker Verjüngung ($<30\ \%$ und größere Massen) ist die genaue Berechnung nach der Prismatoidformel (Seite 62, 10) unter Benutzung von M (Seite 110, 40) angebracht.

3.2.4.6.3 Zwischenschichtflächen

Die erforderliche mittlere Fläche (M) ergibt sich durch Einzeichnen der Höhenlinien alt und neu jeweils zwischen den Höhenlinien alt und neu (siehe Beispiel **Abb. 120**, gepunktete Abtragsschicht 20,50 m, wegen der zu geringen Verjüngung im Beispiel jedoch nicht erforderlich).

Erdmassenberechnung nach Plänen 111

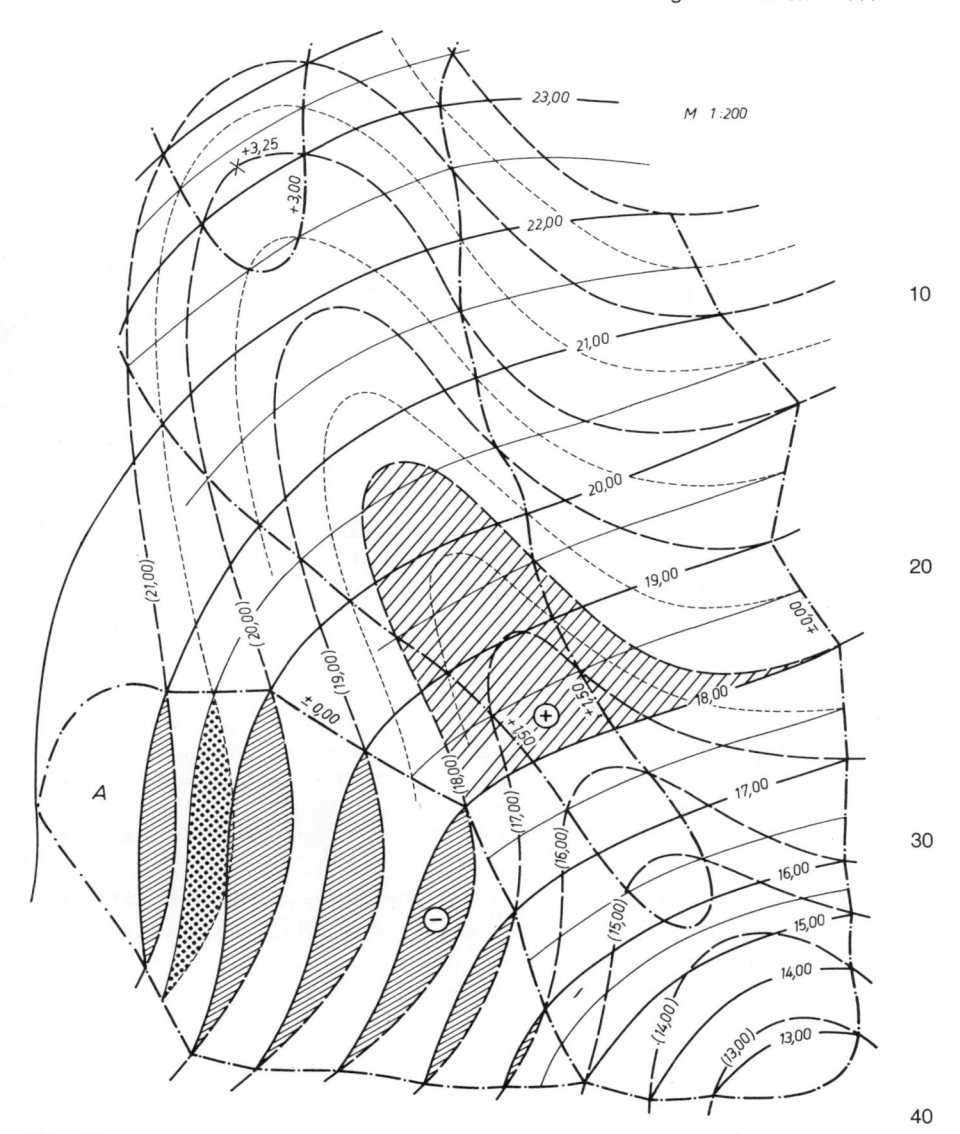

Abb. 120

112 Erdmassenberechnung

3.2.4.6.4 Wechsel von Ab- und Auftragsschicht

Abb. 121 zeigt das Beispiel eines Wechsels von Ab- (20,00) und Auftrag (21,00). Hier wird die mittlere Höhe (z) der ausgeglichenen Nullinie wie bei den Profilen (x), (Seite 92, 40) errechnet:

$$\Delta z = \frac{1{,}0 \cdot F_1}{F_1 + F_2}; \ z \text{ (Nullinie)} = 20{,}00 + \Delta z;$$ wobei hier 1,0 der Höhenabstand der Höhenlinien ist.

Es ergeben sich keilförmige Ab- und Auftragsrestkörper, die jedoch bei Berechnung nach der Durchschnittsformel nicht besonders berechnet werden, sondern die mittlere Höhe der Nullinie geht mit 0,0 m² als erste (bzw. letzte) Schichtfläche wie bei der Berechnung aus Profilen (Seite 94, 10) in die Berechnungstabelle ein.

3.2.4.6.5 Ab- und Auftragsschicht über (bzw. unter) reiner Ab- oder Auftragsschicht

Berechnung erfolgt entsprechend dem Verfahren bei Profilen (Seite 96, 15), wobei jedoch die x-Dimension dort hier die z-Dimension ist. Bestimmung der Teilflächen hier meist mit Polarplanimeter (Seite 32, 12).

3.2.4.6.6 Nullinienermittlung

Die Ab- und Auftragsflächen sind im Lageplan deutlich abzugrenzen. Ausnahmen sind z. B. die Berechnung eines Haufens oder eine grobe Massenbilanz aus alter und neuer mittlerer Geländehöhe (Seiten 106, 20 und 118, 20). Die alten und neuen Höhenlinien müssen gleiche Höhenwerte aufweisen.

Für den Verlauf der 0—Linie ergeben sich folgende Möglichkeiten, woraus ihre Konstruktion folgt:

1. Die 0-Linie geht durch die Gabelpunkte der alten und neuen Höhenlinien **(Abb. 122)**.
2. Die 0-Linie geht durch die Schnittpunkte der alten und neuen Höhenlinien gleicher Höhe **(Abb. 123)**.
3. 0-Linie zwischen unverändertem Gelände und dem Ab- bzw. Auftragsgebiet hangab- bzw. hangaufwärts **(Abb. 124)**:
   Der Verlauf der 0-Linie ist hier eine Gestaltungsfrage und aus dem Plan allein nicht zu konstruieren.
   Schnitte ergeben die gewünschte 0-Linie entweder durch „Umklappen" im Lageplan (A) oder durch gesonderte Zeichnung (B) **(Abb. 125)**.
   Allgemein wird die nächsthöhere Höhenlinie als 0-Linie benutzt, was aber nicht immer richtig ist, wie der Schnitt bei **Abb. 124** zeigt: Hier fehlt z. B. die neue Höhenlinie 15,00, die zwischen Schnitt A und B abgabeln müßte.
4. 0-Linie zwischen Ab- und Auftrag bei parallelen, geraden Höhenlinien und *in gleicher Richtung* geneigtem Hang **(Abb. 126)**:
   Grobe Ermittlung der Höhe der Nullinie (Seite 112, 01) und Einzeichnen im Verhältnis zum Horizontalabstand.

Erdmassenberechnung nach Plänen   113

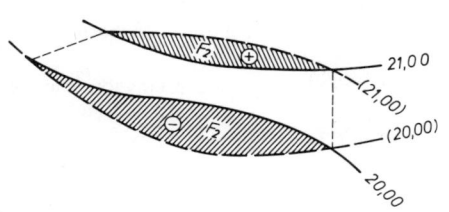

Abb. 121

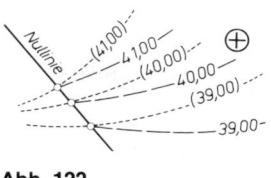

Abb. 122

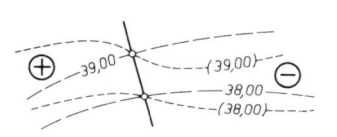

Abb. 123

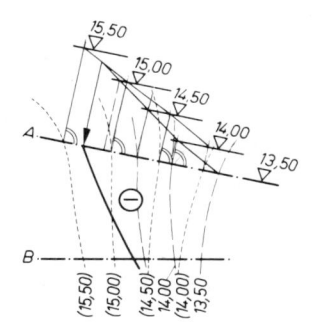

Abb. 124

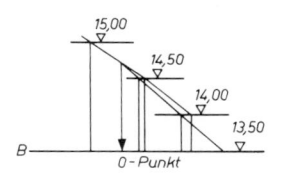

Abb. 125

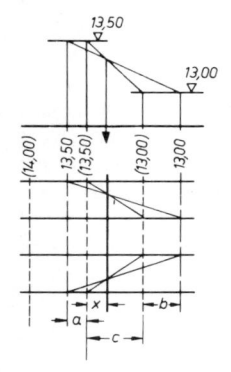

Abb. 126

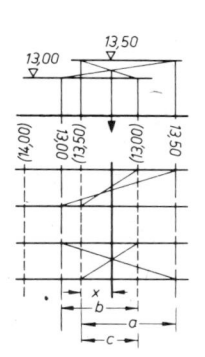

Abb. 127

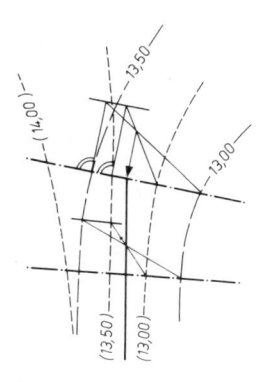

Abb. 128

Bei sehr unregelmäßigen Höhenlinien können auch *genau* an verschiedenen Stellen auf der angenäherten Fallinie die Nullpunkte ermittelt werden **(Abb. 126)**:
Zeichnerische Ermittlung durch Einzeichnen von rechtwinklig zu den Höhenlinien ausgerichteten Parallelen, Verbinden der Schnittpunkte mit den benachbarten gleichen alten und neuen Höhenlinien *in gleicher* Richtung.
Rechnerische Ermittlung: Es verhalten sich die inneren Abstände zueinander wie die äußeren:

$$\frac{x}{c-x} = \frac{a}{b} \text{ oder } \frac{x}{c} = \frac{a}{a+b}; \quad x = \frac{a \cdot c}{a+b}$$

Meist genügt Einzeichnen nach Augenmaß.

5. 0-Linie zwischen Ab- und Auftrag bei parallelen, geraden Höhenlinien und *entgegengesetzter Hangneigung* **(Abb. 127)**:
Verfahren wie bei 4., jedoch Verbinden in *entgegengesetzter* Richtung:
rechnerisch: Es verhalten sich die inneren Abstände umgekehrt zueinander wie die äußeren:

$$\frac{x}{c-x} = \frac{a}{b} \text{ oder } \frac{x}{c} = \frac{a}{a+b}; \quad x = \frac{a \cdot c}{a+b}$$

Meist genügt Einzeichnen nach Augenmaß.

6. 0-Linie zwischen Ab- und Auftrag *bei nicht parallelen Höhenlinien* **(Abb. 128)**:
Ermitteln durch „Umklappen" des Profils (Schnitt), wobei nur zwei gleiche Höhen (Maßstab beliebig) errichtet zu werden brauchen.
Diese Methode ist auch in allen anderen (z. B. den vorgenannten) Fällen, besonders aber in unklaren Situationen empfehlenswert.

3.2.4.6.7 Restkörper

Wie bei der Berechnung aus Profilen (Seite 99, 30) laufen die Restkörper meist in nicht eindeutig dem Plan zu entnehmenden 3 möglichen Formen aus, die wie Seite 99, 40 berechnet werden. Hierbei ist h der Höhenunterschied (Δz) von der letzten Schichtfläche zur Nullinie. Δz muß aus dem Verhältnis der Lage der Nullinie zu den beiden benachbarten Höhenlinien geschätzt werden bzw. durch Schnittzeichnung ermittelt werden (Seite 112, 35).
Die Berechnung der Restkörper wird, nicht zuletzt wegen des geringen Volumens, meist vereinfacht nach der Durchschnittsformel (Seite 64) durchgeführt: F der letzten Schicht mal Δz geteilt durch 2. Kuppenförmige Restkörper (z. B. **Abb. 118**) werden mit $V = F \cdot h \cdot 0{,}5$ (Seite 108, 20), sehr langgestreckte mit $\frac{2}{3} F \cdot h$ (Seite 108, 12) bzw. wie Seite 108, 28 berechnet.
In besonderen Fällen ist die Form der Restkörper nur schwer zu bestimmen und zu berechnen. Z. B. Körper B bei **Abb. 118** und **119**.

3.2.4.6.8 Überschlägliche Massenermittlung aus Höhenlinien

Allgemeines hierzu siehe auch Seite 82.
Grundsätzlich gelten auch hierzu die bei der Berechnung aus Profilen aufgeführte Ver-

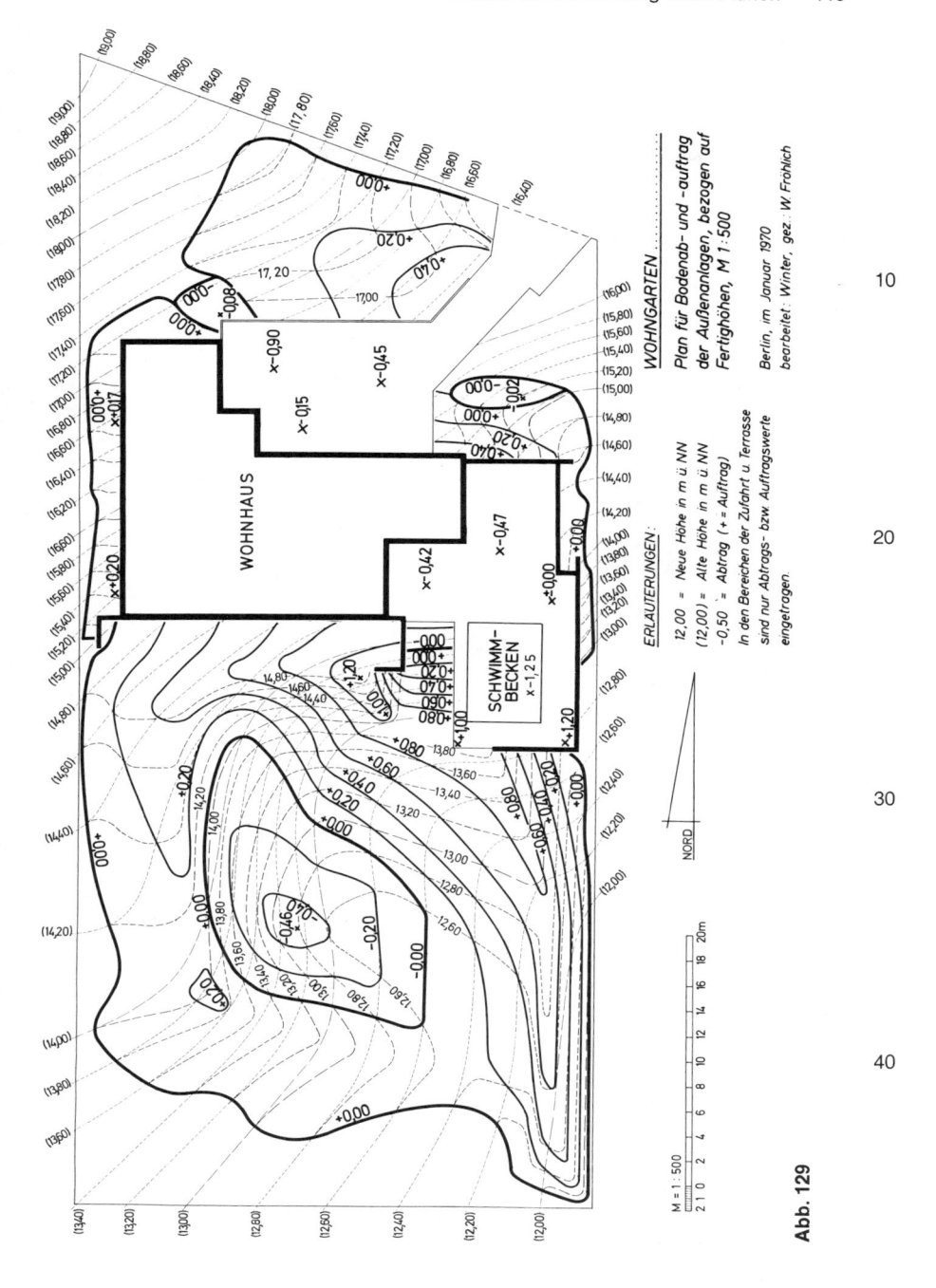

Erdmassenberechnung nach Plänen 115

Abb. 129

116   Erdmassenberechnung

fahren (Seite 100, 30), wobei jedoch statt „Profilfläche" hier „Schichtfläche" einzusetzen ist und die anders gerichteten Dimensionen entsprechend zu berücksichtigen sind.
Bei relativ gleichmäßig sich verjüngenden Schichtflächen ist oft ein pyramidenähnlicher Körper zu erkennen, der dann einfach mit der größten Fläche als Basis und dem Höhenunterschied zur Pyramidenspitze berechnet werden kann (Seite 110, 25).
Bei vielschichtigen Körpern, die sich gleichmäßig, aber ohne Spitze verjüngen, ergibt die mittlere Fläche mal Gesamthöhe ein recht genaues Ergebnis (Seite 65, 01).

3.2.4.7 Fehler bei Massenberechnungen aus Höhenlinien

Fehler bezüglich der Flächenberechnung siehe Seite 37, 30, speziell bezüglich Polarplanimeter Seite 36, 01.
Die Rechnungen gehen davon aus, daß das Gelände zwischen 2 Höhenlinien geradlinig, also gleichmäßig in der Fallinie ansteigt, bzw. fällt, was oft nicht der Fall ist. Bei terrassiertem alten oder neuen Gelände kreuzen die Höhenlinien die Terrassenflächen an zufälligen Stellen oder überhaupt nicht, so daß Massen unberücksichtigt bleiben oder zu viel berechnet werden. Eine Schnittdarstellung an kritischen Stellen verdeutlicht die Situation meist ausreichend (siehe **Abb. 118**, z. B. Körper B).
Die Restkörper sind unsicher, sofern nicht ein genauer Nullinienverlauf durch Schnitte ermittelt wurde (Seite 114, 25).
Abgesehen von den vorgenannten Fehlermöglichkeiten ist die Massenberechnung aus Höhenlinien recht genau, da die 3. Dimension (z) meist nur geringe Werte hat und Fehler bei der x-y-Dimension nicht durch Multiplizieren mit den z-Werten vervielfacht werden (Seite 106, 46).
Die Hinweise auf Seite 83, 14 sollten beachtet werden.

3.2.5 Erdmassenberechnung aus Ab- und Auftragslinien

Zur Beurteilung und Bauabwicklung erdbaulicher Maßnahmen kann es sinnvoll, klarer und vereinfachend sein, die Ab- und Auftragslinien zu bestimmen. Es sind dies Linien gleicher Ab- und Auftragshöhe, die um die ganze Ab- bzw. Auftragsfläche herumlaufen. Stütz- und Hausmauern können mehrere Linien vereinigen. Die Linien verlaufen im Gegensatz zu den Höhenlinien meist nicht horizontal. Werden sie in die Ab- und Auftragsflächen hineingezeichnet, kann an jedem Punkt der Fläche Ab- und Auftragshöhe leicht durch Schätzen ermittelt werden **(Abb. 129)**. Dies kann wichtig sein für:

a) Bestimmen der Flächen, auf denen der Oberboden nicht abgetragen werden muß, denn bei ausreichendem Oberboden können unter Umständen Aufträge der Vegetationsflächen bis z. B. 30 cm mit Oberboden erfolgen. Oberbodenabtrag, Füllbodenauftrag und Rückauftrag des Oberbodens können dann auf diesen Flächen entfallen. Das Aufstellen des Oberbodenplanes wird erleichtert (Seite 127, 10).

b) Leichte Massenermittlung, da die Ab- bzw. Auftragshöhenlinien wie die Höhenlinien z. B. eines Erdhaufens benutzt werden können (Seite 106, 21 und Beispielrechnung Seite 107). In den Tabellenköpfen müßte dann nicht „Höhenlinien", sondern „Abtragslinien" bzw. „Auftragslinien" stehen.

c) Übersichtlicher Bodenbewegungsplan (Seite 127, 10).
d) Leichte Beurteilung bei vorhandenem Baumbestand im Ab- oder Auftragsgebiet (Erhaltung möglich? Besondere Maßnahmen? Änderung der Ab- bzw. Auftragshöhen?).
e) Leichtes Bestimmen von Fundament- und Rohrleitungstiefen im Hinblick auf die Frostfreiheit oder den gewachsenen Boden.
f) Leichtes Grobabstecken der Höhen von der vorhandenen Geländehöhe aus ohne Nivellieren, einschließlich Berücksichtigung des Sackmaßes (Differenz anfänglich und bleibende Lockerung, Seite 120, 40).

Die Ab- und Auftragshöhenlinien werden nach den gleichen Methoden wie die 0-Linien (Seite 112, 30) ermittelt. Jedoch sind es hier nicht Ermittlungen aus den alten und neuen Höhenlinien *gleicher* Höhe, sondern *unterschiedlicher* Höhe. So läuft z. B. die Auftragslinie +0,50 durch alle Schnittpunkte der neuen Höhenlinien mit den alten, die um 0,50 tiefer liegen **(Abb. 130)**. An den größten Ab- und Auftragspunkten einer Ab- bzw. Auftragsfläche sollte der Ab- bzw. Auftragswert herangeschrieben werden. Daraus ermittelt sich im Rechengang der Wert für die Höhen der Restkuppen. Die Ab- und Auftragswerte werden mit dem Fuß der Zahl zur 0-Linie auf die Linie geschrieben **(Abb. 129)**. Die Ermittlung bei nicht kreuzenden Höhenlinien erfolgt wie bei der Ermittlung der 0-Linie in diesen Fällen, nur daß die Höhenlinien mit dem jeweils unterschiedlichen Wert entsprechend den gesuchten Ab- bzw. Auftragslinien in Beziehung bzw. gleichgesetzt werden, am besten in Schnittdarstellung, sofern die Höhenlinien nicht parallel laufen. Im Beispiel der **Abb. 131** wird die Auftragslinie +1,00 gesucht. Wo die Höhenlinien parallel laufen, wird wie bei **Abb. 126** verfahren, jedoch haben hier die durch die Gerade verbundenen alten und neuen Höhenlinien einen Höhenunterschied von +1,00 m. Es werden also (42,00) mit (43,00) und 43,00 mit 44,00 verbunden, um den Schnittpunkt für +1,00 zu erhalten. Im oberen Teil von **Abb. 131** laufen die Höhenlinien nicht parallel. Hier wird +1,00 durch umgeklappte Schnittdarstellung gefunden, jedoch werden die *gleich hohen* Lote auf den höheren alten und neuen Höhenlinien mit jeweils 1 m Unterschied errichtet.

Als Beispiel wird der Auftragskörper der **Abb. 120** aus Auftragslinien nach der Prismatoidformel berechnet. Da nur ein Ausschnitt dargestellt ist, wurde das Auftragsvolumen nur bis zur alten Höhenlinie 20,00 (als senkrechte Körperbegrenzung gedacht) ausgerechnet:

F_1 = Fläche, die durch die 0-Linie und (ggf.) durch andere Grenzlinien (Mauer, Gebäude, hier: alte Höhenlinie 20,00) begrenzt wird.

F_2 = M = Fläche, begrenzt durch Auftragslinie +1,50 (und hier auch noch durch die alte Höhenlinie 20,00).

F_3 = Fläche, begrenzt durch Auftragslinie +3,00 (und hier auch noch durch die alte Höhenlinie 20,00).

Dann ist V nach der Prismatoidformel (Seite 62, 20) = $\frac{h}{6}(F_1 + 4F_2 + F_3)$ + Restmasse über der Auftragsschicht + 3,00 (= $F_3 \cdot 0,25 : 2$).

Abb. 129 zeigt die Planung eines Villengartens mit alten und neuen Höhenlinien und Ab- und Auftragslinien.

3.2.6 Erdmassenberechnung nach der Methode Elling

Hierbei handelt es sich nicht um die meist fälschlicherweise als „Erdmassenberechnung" nach der Methode Elling bezeichneten Methode (Seite 26, 10), sondern um eine *dreidimensionale* Erdmassenberechnung, die die Werte aller drei Koordinaten (x, y, z) berücksichtigt. Nach dieser Methode können Massen aus Profilen und Höhenlinien berechnet werden, sofern die Berechnung nach der Durchschnittsformel erfolgen soll. Diese Methode ist besonders geeignet bei vielen Profilen bzw. Schichten mit unterschiedlichen Abständen, weshalb sie sich für die Erdmassenberechnung aus Höhenschichten (Seite 102, 40) wegen der meist gleichmäßigen Abstände weniger anbietet. Als Beispiel wird auf die Erdmassenberechnung aus Abtragprofilen Seite 89, 08 hingewiesen.

Bei der Anwendung dieser Methode für Höhenschichten (Seite 108, 35) wird in die 2. Spalte der m-Wert (z = Höhenlinienzahl bzw. Ab- bzw. Auftragszahl) eingesetzt und in die 3. Spalte der m^2-Wert (= x · y) Polarplanimeterermittlung o. a.

3.2.7 Erdmassenberechnung aus alter und neuer mittlerer Höhe

Begriffsdefinitionen siehe Seite 70, 05. Die Differenz aus alter und neuer mittlerer Höhe mal der Gesamtfläche ist gleich dem Überschuß- (= Abfuhr) bzw. Fehlvolumen (= Anfuhr) ohne Berücksichtigung der bleibenden Lockerung (Seite 121, 05), der zusätzlich einzubringenden Materialien (Seite 124, 40) und des Randausgleichs (Seite 71, 20).
Bei reinem Ab- bzw. Auftrag und gleich großen alten und neuen Planumsflächen ist die Differenz der alten zur neuen mittleren Höhe (= mittlere Ab- bzw. Auftragshöhe) mal der Fläche gleich der Ab- bzw. Auftragsmasse. Bei ungleich großen alten und neuen Flächen (z. B. ist bei einem reinen Abtrag die neue Platzfläche wegen der Abtragsböschungen kleiner, Seite 21, 20) wäre die mittlere Ab- bzw. Auftragshöhe mal der mittleren Fläche aus alter und neuer Fläche etwa gleich der Ab- bzw. Auftragsmasse.

3.2.8 Umwandeln von Höhenmaßsystemen

Liegen verschiedene Systeme für den alten und den neuen Geländezustand vor, muß zumindest im Bereich der 0-Linie (für indirekte Massenermittlungsmethode, Seiten 66, 20; 70, 05; 96, 35; 106, 15) oder für das ganze System eine Umwandlung in eines der beiden Systeme (dem genaueren!) oder beider in ein drittes erfolgen. Z. B.

a) Ermitteln der Höhenlinien aus Profilen (Seite 103, 35).

b) Umwandeln von Höhenlinien in Profile:
   Die y-Werte ergeben sich durch die Schnittpunkte der Profillinie mit den Höhenlinien im Lageplan, die Höhenwerte (z) sind dann durch die der Höhenlinien gegeben (siehe auch Seite 84, 25, **Abb. 106**).

c) Umwandeln eines Netznivellements in Höhenlinien (wie a) (Seite 104, 05, **Abb. 107**).

d) Umwandeln von Höhenlinien in ein Netz:

Erdmassenberechnung nach Plänen   119

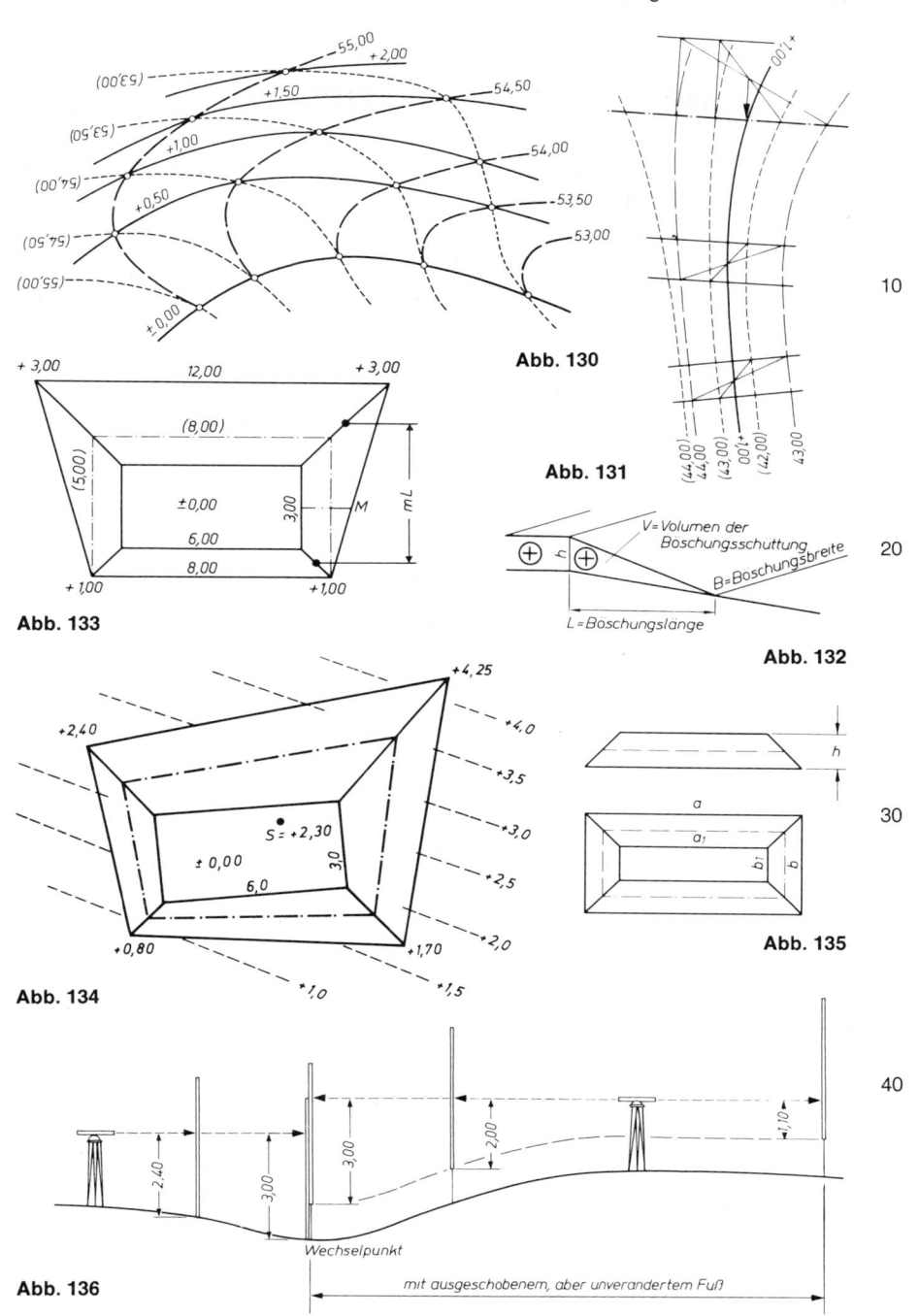

Abb. 130

Abb. 131

Abb. 132
V = Volumen der Böschungsschüttung
B = Böschungsbreite
L = Böschungslänge

Abb. 133

Abb. 134

Abb. 135

Abb. 136
Wechselpunkt
mit ausgeschobenem, aber unverändertem Fuß

120   Erdmassenberechnung

Zu ermitteln sind die Höhen der Netzpunkte im Verhältnis ihrer Lage zu den benachbarten Höhenlinien, am besten durch Profildarstellung im Schnitt wie bei b), und Ermittlung der Höhenwerte wie Seite 92, 25. Verfälschung des Geländes bei Höhenlinienumwandlung möglich (Seite 102, 20).

e) Umwandeln von Profilen in ein Netz:
Ungünstig, da Verfälschung des Geländes, sonst wie d) durch Profildarstellung mit genauer, kurviger Profillinie (**Abb. 106**).

f) Umwandeln von Netz- in Profildarstellung ist nicht erforderlich, da die Netzlinien praktisch Profile mit gleichmäßigen Abständen der Punkte sind. Aber:

g) „Verschieben" von Profilen, wenn alte und neue Profillinien im Lageplan zwar parallel sind, aber sich nicht decken:
Errichten von Zwischenpunkten des einen Systems (z. B. alt) auf den Profilen des anderen (engeren) Systems (z. B. neu). Es kann nur *das* System abgewandelt werden, das keine Geländesprünge aufweist, wenn z. B. auf der einen Seite einer Mauer ein anderes Profil vorhanden ist als auf der anderen Seite. Es könnten auch gleichzeitig alte Profile auf den neuen und neue auf den alten ermittelt werden, wobei das Ergebnis am genauesten würde. Die Lage des gesuchten Zwischenprofils ist durch die Lage des Profils des anderen Systems gegeben. Die y- und z-Werte werden aus dem Verhältnis der Abstände zum Nachbarprofil ermittelt (Seite 92). Bei Ermittlung durch übereinandergezeichnete Profile müßten z. B. auch die Verbindungsstrecken der Profilpunkte im gleichen Verhältnis geteilt werden wie die Abstände zu den Nachbarprofilen des gleichen Systems (siehe auch **Abb. 91**).

h) Verschobene und nicht parallele Netze des alten und neuen Systems: Die Höhen der Schnittpunkte des umzuwandelnden auf das zu übertragende System sind wie **Abb. 94** zu ermitteln. Es ergeben sich dann Profile mit alten und neuen Höhen mit verschiedenen y-Werten. Bei Weiterumwandeln in ein Netz mit alten und neuen Höhen auf gemeinsamen Netzpunkten müßten die Werte durch nochmaliges Interpolieren ermittelt werden. Dieses doppelte Interpolieren führt zu großen Ungenauigkeiten, deshalb dürfte Umwandeln beider Systeme in Höhenlinien oder Profile einfacher sein.

i) Verschobene und nicht parallele Profilsysteme sind am besten in Höhenlinien umzuwandeln (Seite 103, 25).

j) Die 0-Linienermittlung bei unregelmäßiger und sich nicht deckender Lage der Punkte alt und neu ist am besten durch Umwandeln in Höhenlinien zu ermitteln (Seite 103, 25).
Die Umwandlung in Höhenlinien gibt im allgemeinen die beste Übersicht und die vielseitigsten Möglichkeiten, insbesondere für Planung, Kalkulation, Baustellenabwicklung usw.

3.2.9 Bodenlockerung

Im folgenden wird lediglich die Veränderung des Volumens von Boden durch Lockerung beschrieben. Dies ist nicht in jedem Fall übertragbar auf die in der ATV (Allgemeine Technische Vorschriften) zur Abrechnung angewendeten Definitionen (z. B. DIN 18 300, 8/74 und DIN 18 320, 9/76), wonach ohne Rücksicht auf den Lockerungszustand bei

Abtrag das Volumen des Abtragskörpers und bei Auftrag das Volumen des Auftragskörpers abgerechnet wird.

3.2.9.1 Bleibende Lockerung

Ausgegangen wird stets von der festen Masse, d. h. der Abtragsmasse im ungelockerten Zustand (gewachsener Boden). Für den Einbau vermehrt sich diese Masse um die bleibende Lockerung, sofern nicht besonders aufwendige Verdichtungsmaßnahmen bei den Bodenklassen 3 und 4 diese Lockerung wieder aufheben (Tab. 34).
Der Auflockerungsgrad (anfänglich = Ladekoeffizient, bleibend = Lockerungskoeffizient) ist die Zahl, mit der das Volumen der festen Masse (= Abtrag) multipliziert werden muß, um das neue Volumen zu erhalten. Z. B. bedeutet 1,15, daß sich die feste Masse (= 100 %) um 15 % vermehrt. Wird umgekehrt nach der festen Masse gefragt, muß dividiert werden. Z. B. soll eine Grube (V = 150 m^3) verfüllt werden, dann benötigt man 150 : 1,05 = 142,86 m^3 feste Masse, wenn die bleibende Lockerung des betr. Bodens 5 % beträgt.
Die Werte sind u. a. abhängig von der Feuchte. Bei größeren Massen empfiehlt sich die Ermittlung der Werte durch Versuch bzw. durch ein bodenmechanisches Institut.

3.2.9.2 Anfängliche Lockerung

Für den Transport ist neben der Gewichtsbegrenzung (zulässiges Ladegewicht der Fahrzeuge) die Kenntnis des Volumens der Transportmasse erforderlich, desgleichen für die Ermittlung des Platzbedarfs für Zwischenlagerungen (Seite 127, 10). Die feste Masse (Abtrag) vermehrt sich dann um die vorübergehende Lockerung (= anfängliche Lockerung).
Die Werte der vorübergehenden und bleibenden Lockerung sind ebenfalls beim Abstecken von Höhen (Höhenpflöcke) zu berücksichtigen (beim Auftrag um die Differenz zwischen bleibender und vorübergehender Lockerung höher, sofern nicht besondere Verdichtungsmaßnahmen beim Einbau diese Werte verringern).
Ein Plan mit Ab- und Auftragslinien erleichtert die Rechen- und Absteckarbeit (Seite 116, 30).

3.2.10 Böschungen

Bei der Berechnung von Ab- und Auftrag ist die Berücksichtigung des erforderlichen Böschungswinkels notwendig für Baugruben (Seiten 124, 01 und 133, 15), für Abtragsböschungen (= Einschnitte, Seite 124, 15) und Auftragsböschungen (= Dämme, Seite 124, 25).

Tabelle 34

Lösbarkeit, Arbeitsaufwand, Auflockerungsgrad (Lockerungskoeffizient)***

Bodenklassen nach DIN 18300 August 1974	Eigenschaften gem. DIN 18300 August 1974	Lösen des Bodens a) Handgeräte b) Preßluftgeräte
2.1 Oberboden (Mutterboden)	Oberboden ist die oberste Schicht des Bodens, die neben anorganischen Stoffen, z. B. Kies-, Sand-, Schluff- und Tongemische, auch Humus und Bodenlebewesen enthält	a) Schaufel b) -
2.2 Fließende Bodenarten	Bodenarten, die von flüssiger bis breiiger Beschaffenheit sind und die das Wasser schwer abgeben	a) Schlammschaufel Baggerschaufel Schlammpumpe b) -
2.3 Leicht lösbare Bodenarten	Nichtbindige bis schwachbindige Sande, Kiese und Sand-Kies-Gemische mit bis zu 15 Gew.% Beimengungen an Schluff und Ton (Korngröße kleiner als 0,06 mm) und mit höchstens 30 Gew.% Steinen von über 63 mm Korngröße bis zu 0,01 m³ Rauminhalt**	a) Schaufel b) -
2.4 Mittelschwer lösbare Bodenarten	Gemische von Sand, Kies, Schluff und Ton mit einem Anteil von mehr als 15 Gew.% Korngröße kleiner als 0,06 mm. Bindige Bodenarten von leichter bis mittlerer Plastizität, die je nach Wassergehalt weich bis fest sind und die höchstens 30 Gew.% Steine von über 63 mm Korngröße bis zu 0,01 m³ Rauminhalt** enthalten	a) Spaten Breithacke b) Spatenhammer
2.5 Schwer lösbare Bodenarten	Bodenarten nach den Klassen 3 und 4, jedoch mit mehr als 30 Gew.% Steinen von über 63 mm Korngröße bis zu 0,01 m³ Rauminhalt**. Nichtbindige und bindige Bodenarten mit höchstens 30 Gew.% Steinen von über 0,01 m³ bis 0,1 m³ Rauminhalt**. Ausgeprägt plastische Tone, die je nach Wassergehalt weich bis fest sind	a) Spitz- oder Kreuzhacke b) Spatenhammer
2.6 Leicht lösbarer Fels und vergleichbare Bodenarten	Felsarten, die einen inneren, mineralisch gebundenen Zusammenhalt haben, jedoch stark klüftig, brüchig, bröcklig, schiefrig, weich oder verwittert sind, sowie vergleichbare verfestigte nichtbindige und bindige Bodenarten. Nichtbindige und bindige Bodenarten mit mehr als 30 Gew.% Steinen von über 0,01 m³ bis 0,1 m³ Rauminhalt**	a) Spitzhacke Brechstange Keil und Schlägel b) Aufbruch- und Aufreißhammer
2.7 Schwer lösbarer Fels	Felsarten, die einen inneren, mineralisch gebundenen Zusammenhalt und hohe Gefügefestigkeit haben und die nur wenig klüftig oder verwittert sind. Festgelagerter, unverwitterter Tonschiefer, Nagelfluhschichten, Schlackenhalden der Hüttenwerke und dergleichen. Steine von über 0,1 m³ Rauminhalt**	a) Handbohrer und Sprengstoff b) Bohrhammer und Sprengstoff

* gilt nur bei Boden im verdichteten Zustand, nicht aber bei Vegetationsflächen im normalen Zustand
** 0,01 m³ Rauminhalt entspricht einer Kugel mit einem Durchmesser von rd. 0,30 m
0,1 m³ Rauminhalt entspricht einer Kugel mit einem Durchmesser von rd. 0,60 m
*** nach Kirgis, Ludwig, Tiefbau-Taschenbuch, 13. Auflage 1967

Erdmassenberechnung nach Plänen

Tabelle 34

h/m^3	Werfen in Handarbeit h/m^3	Lösen und Werfen h/m^3	Auflockerungsgrad a) anfänglich b) bleibend	Böschungswinkel für Baugruben nach DIN 18300 August 1974	
–	0,7..0,9	0,7..0,9	a) 1,10..1,15 b) 1,00..1,02*	–	
					10
–	1,0..2,0	1,0..2,0	a) – b) –	–	
–	0,7..0,9	0,8..1,2	a) 1,15..1,20 b) 1,01..1,03	40°	
0,7..1,0 0,2..0,5	0,8..1,1	1,2..2,0	a) 1,20..1,30 b) 1,02..1,06	40°	20
1,2..2,0 0,3..0,7	0,9..1,2	2,0..3,0	a) 1,30..1,40 b) 1,05..1,10	60°	
					30
2,0..3,0 0,5..1,0	1,1..1,5	3,0..4,0	a) 1,35..1,45 b) 1,08..1,20	80°	
– –	1,2..1,6	–	a) 1,40..1,50 b) 1,10..1,25	80°	40

Die angegebenen Leistungen sind mittlere Werte, die von geübten Arbeitern ohne Schwierigkeiten dauernd erreicht werden können. Ungeübte Kräfte erreichen bei leichten Arbeiten in der Regel 80 % bei schweren Arbeiten aber nur 30—40 % der obigen Leistungen (h = Stunden).

3.2.10.1 Böschungswinkel für Baugruben

Hierbei handelt es sich um nicht für Dauer bestimmte Abtragsböschungen. Gem. DIN 18 300, 8/74, und DIN 4124, 1/72, müssen Baugruben und Rohrgräben bei Tiefen über 1,25 m abgeböscht werden, sofern nicht ausgesteift wird. Zusätzlich ist die Sohle um 0,50 m Arbeitsraum zu verbreitern. Die Böschungen dürfen nicht steiler sein als die in Tab. 34 angegebenen Werte. Flachere Böschungen werden, sofern nicht anders vereinbart, mit den genannten Böschungswinkeln aufgemessen und abgerechnet (siehe auch Seite 139, 08, DIN 18 300). Bei Tiefen über 3 m muß auf je 3 m Höhe eine Berme (Absatz) von mindestens 1,5 m vorgesehen werden, sofern mit herabrollendem Material zu rechnen ist.

3.2.10.2 Böschungswinkel für Abtragsböschungen

Hierbei handelt es sich um endgültige Abtragsböschungen (Einschnitte) im gewachsenen Boden. Die erforderlichen Böschungswinkel sind abhängig von der Standfestigkeit der Bodenart, der geologischen Schichtung, der Art der Oberflächensicherung, der Einwirkung von Wasser und Wind sowie gestalterischen Gesichtspunkten. Einzelheiten sind der Tab. 35 (Kirgis, Tiefbau-Taschenbuch, 1968) und Tab. 36 (BBA-Q 1955 + RAL–Q 1956) zu entnehmen.

3.2.10.3 Böschungswinkel für Auftragsböschungen

Hierbei handelt es sich um Böschungswinkel eingebauter Massen (z. B. Dämme). Die Böschungswinkel sind wegen der geringeren Standfestigkeit im allgemeinen flacher als bei Abtragsböschungen. Es muß jedoch die kurzfristige Böschung einer Schüttung (z. B. Haufen für Zwischenlagerung, Seite 127, 10) von einer für die Dauer bestimmten unterschieden werden. Im ersteren Fall ergibt sich beim Schütten von (lockeren) Bodenmassen ein Schüttwinkel, der um so steiler ist, je grobkantiger das Material ist. Allgemein kann von einem Schüttwinkel von etwa 45° ausgegangen werden (= 1 : 1).
Der Schüttwinkel ist der sich beim Schütten ergebende Böschungswinkel.
Der natürliche Böschungswinkel stellt eine noch mögliche Steilheit nach einer angemessenen Zeit der Einwirkung der Witterungseinflüsse dar (nach SCHIECHTL). Anzustreben sind jedoch flachere Neigungen, z. B. für die Böschungen im Autobahnbau, wonach auch die Neigung um so geringer sein soll, je niedriger die Böschung ist. Hierdurch wird eine bessere Anpassung an die Landschaft erreicht (Tab. 36).
Auch die Art der Böschungssicherung ist bestimmend für die Böschungsneigung (Tab. 35).

3.2.11 Massenbilanz

Aus der Kubikberechnung des Ab- und Auftragsvolumens ergibt sich aus der Differenz eine grobe Massenbilanz, d. h. das Überschußvolumen bzw. Fehlvolumen. Da nach den vorliegenden Plänen meist mit Fertighöhen gerechnet wird (Seite 71, 30) sind hierbei

Erdmassenberechnung nach Plänen

Tabelle 35

	Im Trockenen			Im ruhigen Wasser	
	unge-schützt	rasen-bedeckt	stärker gesichert	unge-schützt	entsprechend gesichert
Einschnittböschungen					
Moorboden	(2,0)	2,0..1,5	1,5	2,0	1,5
Ton, Lehm, Mergel, Löß	-	2,0..1,5	2,0..1,5	(3,0..2,5)	(3,0..2,0)
Feiner, loser Sand	-	1,5	1,25	2,5..2,0	1,75
Grober oder lehmiger Sand	-	1,5	1,25	2,0	1,75
Fein- und Mittelkies					
Kiessand	1,75	1,5	1,25	1,75	1,5
Grobkies	1,5	1,25	1,0	1,75	1,5
Fels je nach Güte	0,5..0,2	-	-	0,5..0,2	-
Böschungen eingebauter Massen					
Ton, Lehm, Mergel, Löß	-	2,5..1,75	2,0..1,75	(3,0..2,5)	(3,0..2,0)
Feiner, loser Sand	-	1,75	1,5	2,5	2,0
Grober oder lehmiger Sand	-	1,75	1,5	2,0	1,75
Fein- und Mittelkies					
Kiessand	2,0	1,75	1,5	2,0	1,75
Grobkies	1,75	1,5	1,25	1,75	1,5
Felstrümmer, geschüttet	1,0	-	-	1,25..1,0	-
Felstrümmer, gepackt	0,5	-	-	1,0..0,75	-

Tabelle 36

Böschungsabschnitt in m über B.-fuß bzw. in B.-Höhe von	Böschungsausbildung	
	flach	steil
< 1,5	1 : 4	1 : 3
1,5 - 3,0	1 : 3	1 : 2
3,0 - 4,5	1 : 2,5	1 : 1,5
> 4,5	1 : 2	1 : 1,5

jedoch die zusätzlich einzubringenden Materialien, Fundamente usw., sowie die Berücksichtigung der bleibenden Lockerung (Seite 121, 05) nicht enthalten (Seite 127, 35).
Eine genauere Bilanz müßte demnach wie folgt aufgestellt werden (Bleibende Lockerung, hier mit 4 % angenommen) : (Abtragsvolumen + Materialien usw.) — (Auftragsvolumen : 1,04) = Überschuß- bzw. Fehlvolumen als feste Masse (Seite 121, 10).
Eine Bilanzierung von Bodenmassen ist nur richtig, wenn die einzelnen Glieder der Rechnung das Volumen in derselben Zustandsform enthalten (z. B. feste Masse wie im vorgenannten Beispiel oder einschließlich bleibender Lockerung, im letzteren Fall müßte der Abtrag durch Malnehmen mit dem Lockerungskoeffizienten umgewandelt werden [siehe auch Tab. 34]).
Bei vorgenannter Bilanz bleibt die Unterscheidung von einzubauenden Materialien getrennt in die in Abtragsflächen und die in Auftragskörpern noch unberücksichtigt (Seite 71, 35). Eine sehr genaue Bilanz muß alle zusätzlichen zwischenzeitlichen Bodenbewegungen mit berücksichtigen: So geht z. B. bei den vorgenannten Rechnungen nicht das durch die bleibende Lockerung z. B. beim Wiederverfüllen von Baugruben und Rohrleitungsgräben entstehende Mehrvolumen ein (z. B. Seite 130, 16). Sind diese Mas-

sen relativ groß oder handelt es sich um Boden mit hohem bleibenden Lockerungsgrad, müssen diese Massen mitberechnet werden (Seiten 128 und 129, Tab. 37).
Bei Ab- bzw. Anfuhr wird das erforderliche Transportvolumen durch Malnehmen bzw. Teilen mit dem Ladekoeffizienten errechnet (Seite 121, 10).

3.2.12 Ausgleich bei Überschuß- bzw. fehlendem Boden

Ergibt die Massenbilanz (Seite 124, 40) ein Überschuß- bzw. Fehlvolumen und würde die Ab- bzw. Anfuhr Mehrkosten ergeben, ist zu prüfen, ob nicht durch eine Veränderung der Planung sich ein Ausgleich erreichen läßt. Hierzu ist eine enge Zusammenarbeit von Landschafts-, Hochbauarchitekt und Tiefbauingenieur unerläßlich.
Da die Erdmassenberechnung grundsätzlich Fehler enthält (Seiten 83, 01; 102, 17 und 116, 10), ist ein derartiger Ausgleich nur bei bestimmten Größenordnungen sinnvoll. Deshalb empfiehlt sich folgende kurze Rechnung: Überschußvolumen (bzw. Fehlvolumen) geteilt durch die gesamte zu bearbeitende Fläche ergibt die mittlere Höhe, um die alle Höhen angehoben (bzw. abgesenkt) werden müßten. Dieser Wert gibt den Maßstab zur Entscheidung, ob Änderungen der Planung sinnvoll sind.
Grundsätzlich ergeben sich folgende Ausgleichsmöglichkeiten bei Überschuß-(Fehl-) volumen, wobei Ausgleich-Randstreifen (Seite 71, 20) berücksichtigt werden müssen:

1. Anheben (Absenken) *aller* Höhen (einschl. der Gebäude!) um denselben Wert (Seite 126, 15),

2. Anheben (Absenken) von Teilflächen (bzw. Gebäuden),

3. Herausschieben von Objekten (Plätze, Terrassen, Gebäude) aus dem Hang (bzw. Hineinschieben in den Hang) bei gleichbleibender Höhe,

4. zusätzliche Wälle (Lärmschutz) oder Hügel (bzw. Mulden).

Bei 2. und 3. ist zu beachten, daß sich bei Bereichen mit Ab- und Auftrag die Veränderungen doppelt (aber nicht rechnerisch) auswirken: Verringerung (Vergrößerung) des Abtrages und Vergrößerung (Verringerung) des Auftrages.
Bei vorliegenden Höhen für Punkte (Netz, Profile, Objekte) beschränkt sich die Veränderung auf die Änderung der Werte. Bei Höhenlinien müßten diese im gleichen Verhältnis der Zusatzhöhe zum Höhenabstand der Höhenlinien wie die Teilverschiebung in der Horizontalen zum horizontalen Abstand auf der Fallinie (bei gleichbleibenden Höhen) verschoben werden (siehe auch Seite 104, 40) oder die Höhenlinienzahlen müßten verändert werden. Letzteres führt leicht zu Irrtümern, da sich für die Höhenlinien dann Bruchwerte ergeben.
Für die Änderung von Höhe und Lage sind jedoch örtlich- bzw. objektbedingt Grenzen gesetzt, z. B.: Anschlußhöhen für Abwasserkanal und Grenzen, Rampen- und Böschungsgefälle, Grundwasser, Felsuntergrund, Gründungs- und Frosttiefen.
Abschließend ein Ermittlungsbeispiel für einen Massenausgleich an einer Terrasse mit Böschung bei Überschußboden, wobei die max. Höhenlage der Terrasse gegeben ist: Terrassenfläche mal Differenz aus mittl. Geländehöhe der Terrassenfläche und neuer Terrasenhöhe (Planum) ergibt die einzubauende Teilmasse. Die Restmasse soll als hangabwärts auslaufende Böschung eingebaut werden. Frage: Wie lang wird die Böschungslänge? (**Abb. 132**)

$$V = \frac{h \cdot L}{2} \cdot B \qquad L = \frac{2V}{h \cdot B}$$

Ist h und V bereits vorhanden und soll eine weitere Restmasse noch zusätzlich auf die zu verlängernde Böschung eingebaut werden, so ist die Restmasse zur vorhandenen Böschungsmasse zu addieren und als V in die Formel einzusetzen.

3.2.13 Bodenbewegung und Zwischenlagerung (Bauphasen)

Für die Ausschreibung bzw. die Kalkulation sind die während der Baumaßnahme durchzuführenden einzelnen Bodenmassen und deren Transportwege zu ermitteln. Die Entfernung ergibt sich nicht immer aus der kürzesten, sondern kann durch die in der betr. Bauphase vorhandenen Situation (Baugrube, Bodenlagerung, Gebäude) wesentlich länger werden. Als Entfernung gilt die vom Schwerpunkt des Abtragskörpers zum Schwerpunkt des Auftragskörpers kürzeste zumutbare bzw. technisch mögliche Entfernung. Der Schwerpunkt wird meist geschätzt und muß nicht identisch sein mit dem Flächenschwerpunkt (Seite 60). Bei sehr breit gelagerten Körpern sollten auch noch die min. und max. Entfernungen ermittelt werden. Wird keine Angabe gemacht, gelten Förderwege bis max. 50 m. Zur Ermittlung und für die Baustelle sind Skizzen bzw. Pläne der einzelnen Phasen mit erforderlichen Angaben (z. B. Absteckmaße, Bewegungspfeile, Reihenfolge der Bodenbewegung, Teilmassen-m^3) sinnvoll und meist unerläßlich, wobei die jeweils abzutragenden gelb und die aufzutragenden Massen rot angelegt, die Übersicht erleichtern. Zur rechnerischen Ermittlung der Teilkörper können zusätzliche Zeichnungen (Baugruben, Gräben, Haufen) und Rechnungen erforderlich werden. Bei Zwischenlagerung ist der Platzbedarf des Haufens unter Berücksichtigung des Schüttwinkels (Seite 124, 30) und der maschinenbedingten oder vorgeschriebenen Schütthöhe (z. B. Oberboden, Seite 132, 46) zu ermitteln.

Die Ermittlung der Teilmassen für Bodenbewegungen ist vom Objekt und der Örtlichkeit abhängig, oft kompliziert und kann nicht allgemein festgelegt werden. Deshalb soll das Rechenschema einer beispielhaften Baustellensituation dargestellt werden, das für andere Situationen abgewandelt werden kann:

Fast immer beginnt die Bodenbewegung mit der Sicherung des Oberbodens (Seite 131, 40): Schichtdicke = 22 cm. Es wird davon ausgegangen, daß Oberboden normalerweise nicht zusätzlich verdichtet ist (nicht verdichtet werden darf!) und die endgültige Auftragsdichte gleich der ursprünglichen, natürlichen Lockerung ist und der Ladekoeffizient im Beispiel 1,12 sein soll.

Unterboden (DIN 18 915, Bodenarbeiten für vegetationstechnische Zwecke): Klasse 4 (DIN 18 300) mit 5 % bleibender Lockerung (Lockerungskoeffizient = 1,05) und 25 % anfänglicher Lockerung (Ladekoeffizient = 1,25), siehe auch Seite 121, 10.

Beispiel (9 800 m^2):

A. 2 800 m^2 Fläche mit Ab- und Auftrag, keine Baulichkeiten außer geringen Wegeflächen, gesamter Oberbodenabtrag.

B. 3 200 m^2 Fläche mit Platz- und Wegeflächen und Baulichkeiten und wiederzuverfüllenden Baugruben und Rohrgräben, Ab- und Auftrag, gesamter Oberbodenabtrag.

Fortsetzung Seite 131

128 Erdmassenberechnung

Tabelle 37

Nr.	m³ Oberboden		Zwischen-lagerung (1,12)	m³ Unterboden				Zwischen-lagerung (1,25)
				Ab- (−) und Auftrag (+)				
				feste Masse		einschl.bl.Lo. (1,05)		
	−	+		−	+	−	+	
a	616							
b	704							
c	176							
d		120						
e	(496)		556					
f								
g					(352)			
h				(351)				
i				(72)				
j				(1 330)				
k				1 401				
l							(264)	382
m						(299)		
n						(15)		
o							(1 200)	
p							1 150	
q		39						
r	(1 337)		1 497					
s					(242)			
t				(213)				
u				(80)				
v				(920)				
w				971				
x				402				
y				11			(220)	261
z							(396)	
aa						(385)		
bb						(86)		
cc							(1 800)	
dd							1 725	
ee				(182)				
ff				(25)				
gg				31				
hh			1 337					
ii	30		30					
	1 526	1 526		2 816 −2 738		2 875 : 1,05 = 2 738		
jj				78				98

a) Oberboden, Fläche A (m²) mal Dicke (m)   = − m³
b) Oberboden, Fläche B (m²) mal Dicke (m)   = − m³
c) Oberboden, Fläche C (m²) mal Dicke (m)   = − m³
d) endgültiger Oberbodenauftrag (m³) von Teilmasse a auf Fläche E   = + m³
e) kurzfristige Zwischenlagerung Oberboden (meßbare Haufen, Seite 132, 14) auf Rand von Fläche B = a − d   = m³
f) m³ Oberboden (a + b + c − d + ii) : m² künftige Vegetationsfläche auf A + B + C = neue Oberbodendicke (m) = Maß unter geplanter Fertighöhe (Rohplanumhöhe). Sofern Bodenverbesserung vorgesehen, ist dieses Volumen der Summe in ( ) noch zuzufügen

Erdmassenberechnung nach Plänen

Tabelle 37

Nr.	m Entfernung			Bemerkungen**	
	min.	mittl. Entf.	max.	(hier nur Rechenansätze aufgeführt, auf volle m³ gerundet) ( ) = nur für Zwischenrechnungen	
a				2800 · 0,22	
b				3200 · 0,22	
c				800 · 0,22	
d		40		Sonderrechnung*	10
e	40	70	80	(616 - 120) · 1,12	
f				(616 + 704 + 176 - 120 + 30) : 5500 = 0,26	
g				1600 · 0,22	
h				1350 · 0,26	
i				Sonderrechnung*	
j				Sonderrechnung*	
k		30		352 - 351 - 72 - 1330, (1401 - (1150 : 1,05)) · 1,25	
l				1200 · 0,22	
m				1150 · 0,26	
n				Sonderrechnung*	
o				Sonderrechnung*	
p				264 - 299 - 15 + 1200	
q	20	35	60	150 · 0,26	
r	15	50	85	(704 + 496 + 176 - 39) · 1,12	
s				1100 · 0,22	20
t				820 · 0,26	
u				Sonderrechnung*	
v				Sonderrechnung*	
w	30	40	50	242 - 213 - 80 - 920	
x	20	30	40	Sonderrechnung*	
y	5	8	10	(Sonderrechnung = 220) · 1,05 - 220, (220 - 11) · 1,25	
z				1800 · 0,22	
aa				1480 · 0,26	
bb				Sonderrechnung*	
cc				Sonderrechnung*	
dd				396 - 385 - 86 + 1800	
ee				700 · 0,26	
ff				Sonderrechnung*	
gg	10	15	20	176 - 182 - 25	30
hh	20	60	95	= r	
ii		15		Sonderrechnung*	
				Abfuhr des Überschußbodens, d.s. 3% der Unterbodenbewegung und liegt innerhalb der normalen Fehlergrenze***	

* hier = angenommene Werte
** siehe Erläuterungen a—jj, Seite 128—130
*** siehe Seite 126, 10

g) Abtragsfläche A (m²) mal alte Oberbodendicke = (+ m³)
h) künftige Vegetationsfläche (m²) der Abtragsfläche A mal f = (− m³)
i) Materialeinbau (z. B. Wege, Seite 71, 32) der Abtragsfläche A = (− m³)
j) Abtragsvolumen von A (nach Fertighöhen alt und neu berechnet) = (− m³)
k) Abtrag Unterboden von A auf p, Rest Zwischenlagerung = g − h −i− j = − m³
l) Auftragsfläche A (m²) mal alter Oberbodendicke = (+ m³)
m) künftige Vegetationsfläche (m²) der Auftragsfläche A mal f = (− m³)

130 Erdmassenberechnung

n) Materialeinbau (siehe i) der Auftragsfläche A = (− m³)
o) Auftragsvolumen von A (nach Fertighöhen alt und neu berechnet) = (+ m³)
p) Auftrag Unterboden von A = l − m − n + o = + m³
q) endgültiger Oberbodenauftrag (Teil von e) auf Teilfläche von A (künftige Teilvegetationsfläche) mal f = + m³
r) längerfristige Zwischenlagerung von Oberboden (Mieten, Seite 134, 40) auf Fläche A = b + e + c − q =   m³
s) Abtragsfläche B (m²) mal alte Oberbodendicke = (+ m³)
t) künftige Vegetationsfläche (m²) der Abtragsfläche B mal f = (− m³)
u) Materialeinbau (siehe i) der Abtragsfläche B = (− m³)
v) Abtragsvolumen (nach Fertighöhen alt und neu berechnet) = (− m³)
w) Abtrag Unterboden von B auf dd (außer x) = s − t − u − v = − m³
x) Baukörper, soweit unterhalb altem Geländeniveau, abzüglich alter Oberbodendicke, Aushub teilweise Abfuhr (jj), Rest auf dd = − m³
y) Aushub, Zwischenlagerung und wiederzuverfüllende Baugrube(n) und Gräben (ausgenommen Massen aus z), siehe Seite 133, 15, ergibt Überschuß = − m³ feste Masse · Lockerungskoeffizient + m³ feste Masse = − m³
z) Auftragsfläche B (m²) mal alte Oberbodendicke = (+ m³)
aa) künftige Vegetationsfläche (m²) der Auftragsfläche B mal f = (− m³)
bb) Materialeinbau (siehe i) der Auftragsfläche B = (− m³)
cc) Auftragsvolumen von B (nach Fertighöhen alt und neu berechnet) = (+ m³)
dd) Auftrag Unterboden von B und aus Rest x und Rest k = z − aa − bb + cc = + m³
ee) künftige Vegetationsfläche (m²) von C mal f = (− m³)
ff) Materialeinbau (siehe i) der Fläche C = (− m³)
gg) zusätzlicher Unterbodenabtrag (-auftrag) von C = c − ee − ff = − m³
(bzw. = + m³)
hh) endgültiger Oberbodenauftrag auf Vegetationsflächen von A (Rest) + B + C = r = + m³
ii) Oberbodenabtrag von D endgültig auf hh = ± m³
jj) Abfuhr (bzw. Anfuhr) von Überschuß (bzw. fehlendem Boden) = aus der Bilanz Abtrag Oberboden − (Auftrag mal Lockerungskoeffizient) = − m³
(bzw. = + m³)

Die in () stehenden m³ sind Zwischenergebnisse, die für Zwischenbilanzen erforderlich sind und unmittelbar nicht in die Massenberechnung für die Ausschreibung eingehen, jedoch sind die Vorzeichen bei den Rechengängen wie angegeben zu beachten. Die Vorzeichen der nicht in () stehenden m³ können in extrem Situationen auch umgekehrt sein, so daß z. B. aus einem Auftrag ein Abtrag werden kann (bzw. umgekehrt), z. B. durch dickere Oberbodenschichten und große Materialeinbaumassen. Die Abfuhr jj muß zeitlich nicht am Schluß liegen, sondern günstiger z. B. beim Baugrubenaushub, wodurch sich unnötige Massen für die Zwischenlagerung erübrigen und Baustellenplatz gespart wird. Die Masse ist jedoch erst durch die Gesamtbilanz am Schluß zu berechnen. Würde das im Beispiel (Tab. 37) sich ergebende Überschußvolumen auf die Gesamtfläche (A + B + C = 6 800 m²) verteilt werden, müßten alle Höhen um 78 : 6 800 = 0,01 m angehoben werden. Dieses Maß kann wegen Geringfügigkeit vernachlässigt werden. Die in () stehenden m³ lassen stets gleiche Rechengänge erkennen, die sich nur in jeweils einem (leicht erkennbaren) Vorzeichen (— bei j, v, und + bei o, cc) unterscheiden.

Fortsetzung von Seite 127

C. 800 m² zusätzliche Flächen ohne Ab- und Auftrag mit (geringen) vorgesehenen Wege- und Platzflächen, jedoch ist der Abtrag des alten Oberbodens für den vorgesehenen Baustellenbetrieb (Baugruben, Boden- und Materiallagern, Unterkünfte für Bauarbeiter, Baustraßen usw.) erforderlich.

D. 500 m² Fläche mit so geringen Abtragshöhen, daß nach Abtrag für die vorgesehene Vegetation noch ausreichende Oberbodendicke bleibt.

E. 1 000 m² Fläche mit so geringen Auftragshöhen, daß zuzüglich der alten, darunter verbleibenden Oberbodenschicht eine noch für die vorgesehene Vegetation vertretbare max. Oberbodendicke entsteht (z. B. 50 cm für Gehölze und Stauden).

F. 1 500 m² unberührte Fläche.

Zur Ermittlung von C + D ist die Verwendung eines Planes mit Ab- und Auftragslinien (Seite 116, 30) sehr hilfreich.

Es empfiehlt sich neben den o. a. Skizzen eine ergänzende Tabellenführung, aus der die erforderlichen Daten entnommen werden können (Tab. 37). Die ermittelten m³-Werte werden entsprechend dem bei der Ermittlung vorliegenden Lockerungsgrad in die betr. Spalte eingetragen und nur dann in eine andere Lockerung bzw. in die feste Masse umgerechnet, wenn dies zur Rechnung erforderlich ist (nur mit Massen gleichen Zustandes kann gerechnet werden).

Da nicht alle Teilbewegungen und Zwischenlagerungen detailliert aufgeführt wurden, ist Tab. 37 nur zur genauen Bilanz heranzuziehen und müßte als Ausschreibungsgrundlage für alle Bodenbewegungen etwas differenzierter sein.

Bei verschiedenen Bodenklassen (neben- oder untereinander) müßte die Tabelle vielgliedriger sein und noch Spalten für die verschiedenen Lade- und Lockerungskoeffizienten zugefügt werden.

Besonders verwiesen sei auf DIN 18 915 (Seite 132, 22), wonach auch Unterboden für vegetationstechnische Zwecke (u. U. sogar besser) geeignet sein kann als der vorhandene Oberboden (auch zur Bodenverbesserung). In diesen Fällen können gesonderte Lagerung und Einbau erforderlich werden.

3.2.13.1 Oberboden, Boden für vegetationstechnische Zwecke

Oberboden (Mutterboden, Definition Tab. 34, fälschlich auch „Humus" genannt ist gem. DIN 18 915 die oberste Schicht des durch physikalische, chemische und biologische Vorgänge entstandenen Bodens und muß gem. DIN 18 300, 3. 4. Oberbodenarbeiten, von allen Auftragsflächen abgetragen werden, wenn in der Leistungsbeschreibung

132 Erdmassenberechnung

nichts anderes vorgeschrieben ist. Von Lagerplätzen, Verkehrsflächen u. ä. ist Oberboden nur in dem in der Leistungsbeschreibung vorgesehenen Umfang abzutragen.
Abtrag und Einbau von Oberboden ist gesondert von anderen Bodenbewegungen durchzuführen, wenn in der Leistungsbeschreibung nichts anderes vorgeschrieben ist.
Sind Bäume zu erhalten, darf der Oberboden im Bereich der Fläche unter der Baumkrone nicht abgetragen werden, wenn in der Leistungsbeschreibung nichts anderes vorgeschrieben ist.
Für Oberboden, dessen Verwendung nicht nach den Grundsätzen des Landschaftsbaues vorgeschrieben ist, der aber wieder als Oberboden verwendet wird, gelten nachstehende Festlegungen:
Oberboden darf nicht durch Beimengungen verschlechtert werden, z. B. durch Baurückstände, Metalle, Glas, Schlacken, Asche, Kunststoffe, Mineralöle, Chemikalien, schwer zersetzbare Pflanzenreste.
Bindige Oberböden dürfen nur bei weicher bis fester Konsistenz abgetragen und aufgetragen werden.
Wird Oberboden nicht sofort weiterverwendet, ist er getrennt von anderen Bodenarten und abseits vom Baubetrieb und möglichst zusammenhängend zu lagern. Dabei darf er nicht durch Befahren oder auf andere Weise verdichtet werden.
Leicht verrottbare Pflanzendecken, z. B. Grasnarbe, werden wie Oberboden behandelt.
Näheres über Lösen und Laden, Fördern, Einbau und Verdichten von Oberboden siehe DIN 18 300.
Im einzelnen ist außerdem hinsichtlich Abräumen, Bodenabtrag, -lagerung und -einbau DIN 18 915, Teil 3, zu beachten.
Nach DIN 18 915 kann auch Unterboden (Seite 133, 10) für vegetationstechnische Zwecke geeignet sein (u. U. sogar besser als der vorhandene Oberboden, auch zur Bodenverbesserung). In diesen Fällen muß dieser Boden bei Verwendung für vegetationstechnische Zwecke wie Oberboden behandelt werden. Zur Disposition und Berechnung der Oberbodenteilmassen ist ein Plan zur Oberbodensicherung im Rahmen der Bodenbewegungen (Seite 127, 10) sinnvoll. Folgende Überlegungen sind notwendig, um den Oberboden rationell zu bewegen und zwischenzulagern:
Welche Oberbodenflächen können bleiben (und sind zu sichern)? Wieviel Oberboden (m^3) kann dort zusätzlich (endgültig) aufgetragen werden? (Seite 131, 16) Wieviel Oberboden kann geringfügig dort gewonnen werden? (Seite 131, 13). Wieweit können Oberbodenmieten als Sicherungswall gegen Überfahren von verbleibenden Oberbodenflächen verwendet werden? Wo wird der Oberboden später benötigt? (Trennung nach den später z. B. vor und hinter einem Baukörper benötigten Oberbodenmassen). Platzbedarf bei vorgeschriebenem Mietenquerschnitt? (V : m^2 (Querschnitt) + h = Mietenlänge). Reihenfolge des Oberbodeneinbaues nach Baufortschritt? Berechnung (Abrechnung) der Oberbodenmassen nach Horizontalflächenaufmaß mal Schichtdicke (senkrecht gemessen!, Seite 42, 12) oder Abwicklungsflächenaufmaß mal Schichtdicke (senkrecht zur geneigten Fläche, Seiten 42, 40 und 135, 20)? Neue Oberbodendicke? (Seite 128, 45).
Wenn nicht in besonderen Fällen ein sofortiger Einbau möglich ist (Seite 131, 16), ist der Oberboden auf meßbare Haufen zwischenzulagern, wenn nicht andere Abrechnungsformen vereinbart werden (Seite 135, 20). Üblich ist die rechteckige Mietenform (Seite 134, 40), jedoch ist aus Platzgründen auch die Vielecksmiete (Seite 65, 15) möglich, für Aufmaße aber mit parallelen Grund- und Deckflächen.

Zur besseren Durchlüftung ist eine Schütthöhe über 1,50 m zu vermeiden. Bei bindigen Böden sollten niedrige Schütthöhen bzw. kleinere Haufen angestrebt werden bzw. für zusätzliche Bodenbelüftung (z. B. Faschinenschicht) gesorgt werden.
Die Berechnung des alten Oberbodenvolumens aus der Fläche ist nur bei gleichmäßiger Dicke möglich, oder es muß die Dicke in Netzpunkten gemessen werden und das Volumen unter Berücksichtigung der Wichtung (Seiten 70, 18 und 71, 43) und der Meßrichtung (Seite 135, 23 und 27) berechnet werden.

3.2.13.2 Unterboden

Gem. DIN 18 915 ist Unterboden die unter dem Oberboden (Seite 131, 40) liegende verwitterte Bodenschicht, die durch entsprechende Maßnahmen auch für Vegetationsschichten verwendbar gemacht werden kann (siehe auch Seite 132, 22).

3.2.13.3 Baugruben

Sie ergeben sich aus den für Baugruben vorgeschriebenen Baugrubenböschungen (Seite 124, 01). Die Sohlenhöhe ergibt sich aus O. K. Keller abzüglich Dicke des Kellerbodens, abzüglich V der Fundamente geteilt durch Fläche der Baugrubensohle (Ausnahme: Belassen von Schutzschichten). Sofern es sich um Baugruben in horizontalem Gelände handelt, ergeben sich Prismatoide, die wie Seite 62, 20 genau, vereinfacht wie Seite 65, 01 berechnet werden können. Bei einfachen Rechteckprismatoiden wie Mietenaufmaß (Seite 134, 46). Bei Baugruben mit Bermen (Seite 124, 09) sind Teilkörper, deren Horizontalflächen durch die Bermen gegeben sind, zu berechnen. Die Oberkanten von Baugruben in Hanglage sind durch Schnittzeichnungen zu ermitteln. Baugruben an einem einseitig geneigten Hang **(Abb. 133)** werden in 2 Teilkörper aufgeteilt:
1. unten Prismatoid mit der oberen horizontalen Ebene durch die tiefliegende Baugrubenoberkannte:

$$V_1 = \frac{1,00}{6} [8,00 \cdot 5,00 + 6,00 \cdot 3,00 + (8,00 + 6,00)(5,00 + 3,00)] = 28,33 \text{ m}^3$$

2. Oberer Restkörper als liegendes, beiderseits schief abgeschnittenes Dreiseitprisma:

$$V_2 = \frac{8,00 + 8,00 + 12,00}{3} \cdot \frac{5,00 \cdot 2,00}{2} = 46,67 \text{ m}^3$$

$$V_1 + V_2 = 75,00 \text{ m}^3$$

Baugruben in diagonaler Lage zum Hang sind genau nur zu berechnen durch Aufteilen in geeignete Teilkörper (z. B. durch Profile, wobei die Restkörper Pyramiden sind).
Eine vereinfachte, angenäherte Form der Berechnung zeigt **Abb. 134,** wonach V ≈ mittlere Fläche (horizontal gemessen) mal mittlerer Höhe (im geschätzten Schwerpunkt) ist: V ≈ 46,70 m² · 2,30 m = 107,41 m³.
Da wegen der Zwischenlagerung oft das Volumen der wiederzuverfüllenden Baugrube berechnet werden muß, ergibt sich dieses entweder aus der Differenz der Volumina von Baugrube und Baukörper (letzterer sind als Erdmasse aus der Fläche, Seite 67, 01, zu berechnen) oder direkt **(Abb. 133)**:
4 Teilkörper (sich verjüngende Prismen mit Pyramidenspitzen). V eines Teilkörpers ≈ mittlere Querschnittsfläche (M) mal mittlere Länge (mL).

Oder die Körper müßten noch weiter in einzelne, genauer zu berechnende Teilkörper zerlegt werden.

3.2.13.4 Zwischenlagerung

Sofern nicht meßbare Haufen erforderlich sind (Seite 134, 41) ist das mögliche max. Volumen auf einer begrenzt zur Verfügung stehenden Lagerfläche gegeben aus dem Schüttwinkel von 45° (Seite 124, 27) und der durch den jeweiligen halben kleineren Durchmesser der Fläche sich ergebenden Höhe, die jedoch durch die zum Einsatz kommenden Maschinen (Frontlader, Bagger, Förderbänder) begrenzt ist.

3.3 Erdmassenberechnung nach örtlichem Aufmaß zur Abrechnung

Gemäß ATV (Seite 138, 10) ist die Leistung nur dann durch örtliches Aufmaß zu bestimmen, wenn keine Zeichnungen vorliegen, nach denen die Leistungen ausgeführt wurden. Es ist zu beachten, was und nach welcher Methode (Seite 65, 40) gemäß Vereinbarung (Ausschreibung, Vertrag) zur Abrechnung aufzumessen ist: Das Volumen der Entnahmestelle (Abtrag) oder des Haufens (Zwischenlagerung) oder des Einbaues (Auftrag) oder des Transportes (LKW)? Insbesondere das rechtzeitige Aufmaß, wenn durch den Baufortschritt diese Aufmaße nicht mehr möglich werden. Ist die Abrechnungsform nicht vertraglich geregelt, gilt DIN 18 300 (Seite 138, 25) bzw. DIN 18 320 (Seite 140, 31).

3.3.1 Baugruben

Siehe Seiten 124, 01; 133, 15 und 139, 01, wonach u. a. bei flacheren als angegebenen Böschungen nicht der tatsächliche Aushub, sondern der sich aus den angegebenen Böschungswinkeln ergebende abgerechnet wird. Bis 0,80 m Tiefe wird mit senkrechten Baugrubenwänden gerechnet.

3.3.2 Erdhaufen, Mieten

Siehe Seiten 106, 25; 124, 27 und 140, 35.
Um komplizierte Aufmaße zu vermeiden, sollten die Haufen in meßbaren Formen, d. h. einfach zu berechnende Körper (Seiten 62 bis 65), aufgesetzt werden. Die übliche Form ist die Miete (Rechteck-Prismatoid, Seite 64, 30). Die Durchschnittsformel (Seite 64, 01) ergibt zu viel Masse, Anwendung nur bei wenigen und langen Mieten. Desgleichen die Formel $M \cdot h$ (Seite 65, 01), die genauer, aber etwas zu wenig Volumen ergibt. Genaues Aufmaß nach der Prismatoidformel (hier speziell umgewandelt) **(Abb. 135)**:

$$V = \frac{h}{6} [ab + a_1 b_1 + (a + a_1)(b + b_1)]$$

oder

$$V = \frac{h}{6} [(2a + a_1) b + (2a_1 + a) b_1]$$

Eine geeignete Aufmaßtabelle zeigt Tabelle 38.

Tabelle 38

Aufmaßtabelle

Haufen Nr.	h m	a m	a_1 m	b m	b_1 m	Flächen in m^2			F_1 + 4M + F_2	· h	: 6 = m^3
						a · b = F_1	(a+a_1)(b+b_1) = 4M	a_1 · b_1 = F_2			

3.3.3 Aufmaß aus der Fläche

Siehe Seite 69, 25.
Eine besondere Situation kann z. B. bei Oberboden entstehen, wenn nicht das Mietenmaß abgerechnet wird und die Fläche horizontal oder in der Abwicklung aufmeßbar ist. Wenn nicht anders vereinbart, gilt die Abwicklung[1] (Seite 42, 40).
Dann muß die Schichtdicke rechtwinklig zur geneigten Fläche gemessen werden. Dies kann zu Schwierigkeiten führen, da die Dicke nur vor Abtrag und recht ungenau feststellbar ist, nach Abtrag aber nicht sicher ist, ob der Oberboden tatsächlich in dieser Dicke abgetragen wurde. Deshalb ist das Aufmaß nach *horizontal* zu messender Fläche vorher vertraglich festzulegen. Die Dicke ergibt sich dann aus der Differenz der senkrechten Messungen durch Nivellement vor und nach dem Abtrag. Für die Berechnung gilt dann Seite 72, 05.
Das Nivelliergerät sollte vor dem Aufmaß auf seine Genauigkeit geprüft werden, wobei eine Genauigkeit von ±4 mm/100 m ausreichend ist, da die Höhe eines Geländepunktes sowieso meist unsicher ist, Zielweiten über 50 m selten sind, bei Lattenablesung bereits auf cm gerundet wird (Seite 136, 15) und die Erdmassenberechnung an sich mit großen Fehlern behaftet ist (Seite 83, 01).
Zu beachten ist, daß die Punkte nach der Bodenbewegung erneut an denselben Stellen abzustecken und einzumessen sind, d. h. das System (z. B. Netz) lagemäßig an unveränderbare, gesicherte Festpunkte angeschlossen werden muß und daß von einem gleichermaßen gesicherten Höhenfestpunkt ausgegangen werden muß. Besteht die Gefahr der Veränderung dieses Höhenfestpunktes (z. B. Höhenpflock), so sind insgesamt mindestens 3 Festpunkte zu errichten, einzumessen und zu sichern. Vor dem nächsten Nivellement sind die Höhenunterschiede dieser Festpunkte dann zu kontrollieren, wobei ein evtl. veränderter Festpunkt festgestellt werden kann. Bei sehr unterschiedlichen Geländeteilen sind die Einzelflächen kleiner zu wählen, bei sehr gleichmäßigen können sie größer sein.

---

[1]) Ab 1984 ist voraussichtlich mit einer Änderung der ATV zu rechnen, wonach im Horizontalaufmaß abzurechnen ist.

136   Erdmassenberechnung

Grundsätzlich muß beim Festlegen der Punkte (Flächen) nicht nur die alte Geländesituation, sondern auch die neue zugrundegelegt werden, wobei die Punkte der jeweils differenzierteren Situation auch bei der anderen Messung mit abgesteckt und eingemessen werden sollten.
Bei dem erforderlichen Flächennivellement, bei dem es sich in der Regel um das Einmessen vieler Punkte je Geräteaufstellung handelt, kann in Fällen von nicht zu großen Geländeunterschieden und Ab- und Auftragshöhen ein vereinfachtes Verfahren angewendet werden:
Es wird eine Nivellierlatte mit ausschiebbarem Fuß verwendet (als Notbehelf kann eine geeignete Vierkantlatte etwa 1,30 m lang, mit einer Schraubzwinge seitlich an die Nivellierlatte angeklemmt werden). Das 1. Nivellement wird mit eingeschobenem (also ohne) Fuß durchgeführt. Beim 2. Nivellement wird durch Ausschieben des Fußes beim Rückblick auf den Festpunkt (F. P.) dieselbe Lattenablesung wie beim 1. Nivellement eingestellt. Ist die Lattenablesung beim 2. Nivellement bei eingeschobenem Fuß kleiner als beim 1. Nivellement, muß das Nivelliergerät entsprechend höher aufgestellt werden, weil sich die Latte nicht verkürzen läßt. Es ergibt sich eine Feldbuchtabelle (Tab. 39), bei der sich das Ausrechnen der Höhen mittels des Nivellierhorizontes erübrigt und der Ab- und Auftrag für jeden Punkt sich direkt aus der Differenz der Lattenablesungen ergibt. Auch bei mehrmaligem Umstellen des Gerätes kann durch entsprechendes Aus- oder Einschieben des Fußes dieselbe Ablesung bei Vor- und Rückblick auf den Wechselpunkt erreicht werden **(Abb. 136)**.

Tabelle 39 (Ausschnitt)

Pkt.	Lattenablesung (m)		Abtrag	Auftrag
	alt am 5.5.1979	neu am 10.5.1979	- m	+ m
F.P.	1,26	1,26	-	-
Cd	2,40	1,88	-	0,52
Ce	2,00	1,62	-	0,38
Cf	1,10	1,43	0,33	-
usw.				

Nach diesem Prinzip arbeitet auch die sogenannte „selbstrechnende Nivellierlatte" (auch „farbige Latte", auch „holländische" Latte) genannt, bei der die Einteilung umgekehrt, also von oben nach unten angeordnet ist und nach Einstellen des Höhenwertes durch Ausschieben des Fußes das direkte Ablesen von müNN-Höhen möglich ist.

3.3.4   Aufmaß nach Profilen

Grundsätzlich gelten auch die Ausführungen von Seite 83, 30 bis 102 und 135, 15 bis 136, 35.
Im Gegensatz zum Aufmaß aus der Fläche werden jedoch nicht die Gelände*punkte* zum 2. Mal abgesteckt und eingemessen, sondern die Profile auf derselben *Flucht,* wobei sich die Lagen der einzumessenden neuen Punkte durch die höhenmäßigen Gelände-

knicke ergeben. Zu beachten ist, daß die Lage der Profile nicht nur durch die alte Geländesituation, sondern auch durch die geplante neue bestimmt werden muß. Die Profile sollten möglichst parallel sein (Seite 84, 02). Bei bestimmten Situationen ist die Aufteilung des Geländes in Teilflächen mit eigenen Profilsystemen sinnvoller. Die Lage der Profile des 1. Aufmaßes muß an sichere Festpunkte angebunden sein, so daß die Richtung der Profile, ihre Abstände und je ein lagemäßiger Festpunkt je Profil (Nullpunkt, x-Achse) für das 2. Aufmaß gesichert sind. Notwendige Höhenfestpunkte siehe Seite 135, 35. Die Verwendung einer „selbstrechnenden Nivellierlatte" (Seite 136, 05) erleichtert das Aufmaß.

4 ABRECHNUNG NACH DER ATV (Allgemeine Technische Vorschriften für Bauleistungen)

Normalerweise ist die VOB (Verdingungsordnung für Bauleistungen), Teil A (DIN 1960, Allgemeine Bestimmungen für die Vergabe von Bauleistungen), Teil B (DIN 1961, Allgemeine Vertragsbedingungen für die Ausführung von Bauleistungen), Teil C (ATV, s. o., DIN 18 300 bis 18 384) Grundlage für die Vergabe, Ausführung und Abrechnung von Bauleistungen. Für die Berechnung (Ausschreibung und Abrechnung) von Flächen und Erdmassen sind die DIN 18 300 (Erdarbeiten) und DIN 18 320 (Landschaftsbauarbeiten) von besonderer Bedeutung. Deshalb werden die für die Abrechnung in Frage kommenden Abschnitte im folgenden aufgeführt, jedoch ist in den nächsten Jahren mit Änderungen zu rechnen, so daß auf die jeweils gültige Ausgabe zurückgegriffen werden muß.
In Sonderfällen sind auch die DIN 18 303 (Verbauarbeiten), 18 306 (Entwässerungskanalarbeiten), 18 307 (Gas- und Wasserleitungen im Erdreich), 13 308 (Dränarbeiten für landwirtschaftlich genutzte Flächen) und 18 310 (Sicherungsarbeiten an Gewässern, Deichen und Küstendünen) mit heranzuziehen.

4.1 Abrechnung nach DIN 18 300 (Erdarbeiten), August 1974[1])

5. Abrechnung

5.1. Allgemeines

5.1.1. Die Leistung ist aus Zeichnungen zu ermitteln, soweit die ausgeführte Leistung diesen Zeichnungen entspricht. Sind solche Zeichnungen nicht vorhanden, ist die Leistung aufzumessen. Bei der Massenermittlung sind die üblichen Näherungsverfahren zulässig, wenn in der Leistungsbeschreibung darüber nichts vorgeschrieben ist. Ist nach Gewicht abzurechnen, so ist das Gewicht durch Wägen, bei Schiffsladungen durch Schiffseiche festzustellen.

5.1.2. Boden ist getrennt nach Bodenklassen und — soweit 50 m Förderweg überschritten werden — gestaffelt nach Länge der Förderwege abzurechnen, wenn in der Leistungsbeschreibung nichts anderes vorgeschrieben ist, z. B. Abrechnung unter Zusammenfassung von Bodenklassen, Abrechnung auf Grund eines Massenverteilungsplans. Als Länge des Förderweges gilt die kürzeste zumutbare Entfernung zwischen den Schwerpunkten der Auftrags- und Abtragskörper. Ist das Fördern innerhalb der Baustelle längs der Bauachse möglich, wird die Entfernung zwischen diesen Schwerpunkten unter Berücksichtigung der Neigungsverhältnisse in der Bauachse gemessen.

5.1.3. Baugruben

---

[1]) Möglicherweise wird ab 1984 eine Neufassung gültig.

5.1.3.1. Die Aushubtiefe wird von der Oberfläche der auszuhebenden Baugrube bis zu deren Sohle gerechnet, bei einer zu belassenden Schutzschicht (siehe Abschnitt 3.10.3) bis zu deren Oberfläche.

5.1.3.2. Die Breite der Baugrubensohle ergibt sich aus den Außenmaßen des Baukörpers zuzüglich der Mindestbreiten betretbarer Arbeitsräume nach DIN 4124 „Baugruben und Gräben; Böschungen, Arbeitsraumbreiten, Verbau" und zuzüglich der erforderlichen Abmessungen für Schalungs- und Verbaukonstruktionen.

5.1.3.3. Für abgeböschte Baugruben gelten für die Ermittlung des Böschungsraums folgende Böschungswinkel:
40° für Bodenklassen 3 und 4,
60° für Bodenklasse 5,
80° für Bodenklassen 6 und 7,
wenn in der Leistungsbeschreibung kein bestimmter Böschungswinkel vorgeschrieben ist. In Böschungen ausgeführte erforderliche Bermen werden bei der Ermittlung des Böschungsraums berücksichtigt. Wenn ein Standsicherheitsnachweis für Böschungen zu führen ist, wird der Böschungsraum nach den danach ausgeführten Böschungswinkeln und Bermen ermittelt.

5.1.3.4. Der Aushub für Baugruben bis 0,80 m Tiefe, z. B. für Einzel- und Streifenfundamente unter Gelände oder Baugrubensohle, wird mit senkrechten Wänden abgerechnet. Bei einzuschalenden Fundamenten wird ein Arbeitsraum nur berücksichtigt, wenn er für Folgearbeiten, z. B. für Abdichtungsarbeiten, Dränarbeiten, benötigt wird.

5.1.4. Leitungsgräben

5.1.4.1. Bei Leitungsgräben wird die Tiefe von der Oberfläche des auszuhebenden Grabens bis zu dessen Sohle gerechnet, bei einer zu belassenden Schutzschicht bis zu deren Oberfläche (siehe Abschnitt 3.10.3.).

5.1.4.2. Für die Ermittlung der Grabenbreite gilt die nach Abschnitt 3.10.1. herzustellende Breite zuzüglich der erforderlichen Abmessungen für Schalungs- und Verbaukonstruktionen.

5.1.5. Hinterfüllen und Überschütten
Bei der Ermittlung des Raummaßes für Hinterfüllungen und Überschüttungen werden das Raummaß der Baukörper und das Raummaß jeder Leitung mit einem äußeren Querschnitt von mehr als 0,1 m^2 abgezogen.

5.1.6. Abtrag und Aushub
Die Massen sind an der Entnahmestelle zu ermitteln, wenn in der Leistungsbeschreibung nichts anderes vorgeschrieben ist, z. B. Ermittlung nach loser Masse, Ermittlung nach fertig eingebauten Massen.

5.1.7. Einbau
Die Massen sind im fertigen Zustand zu ermitteln, wenn in der Leistungsbeschreibung nichts anderes vorgeschrieben ist, z. B. Ermittlung an der Entnahmestelle, Ermittlung nach loser Masse. Bei der Ermittlung im fertigen Zustand werden Leitungen, Sickerkörper, Steinpackungen und dergleichen mit einem äußeren Querschnitt bis zu je 0,1 m^2 nicht abgezogen.

5.1.8. Verdichten
Verdichten von Boden in Gründungssohlen ist nach der Fläche der Gründungssohle zu ermitteln. Verdichten von Einbaumassen ist nach Abschnitt 5.1.7. zu ermitteln.

140 Abrechnung nach der ATV

5.2. Es werden abgerechnet:

5.2.1. Abtrag, Aushub, Einbau nach Raummaß (m³) oder nach Flächenmaß (m²).

5.2.2. Steinpackungen, Steinwürfe und dergleichen nach Raummaß (m³), Flächenmaß (m²) oder Gewicht (t).

5.2.3. Verdichten nach Flächenmaß (m²) oder Raummaß (m³).

5.2.4. Beseitigen von Hindernissen, z. B. Mauerresten, Baumstümpfen, nach Raummaß (m³) oder nach Anzahl (Stück).

5.2.5. Beseitigen einzelner Bäume, Steine und dergleichen nach Anzahl (Stück) oder Raummaß (m³).

4.2 Abrechnung nach DIN 18 320 (Landschaftsbauarbeiten), September 1976[1])

5.1. Allgemeines

5.1.1. Die Leistung ist aus Zeichnungen zu ermitteln, soweit die ausgeführte Leistung diesen Zeichnungen entspricht. Sind solche Zeichnungen nicht vorhanden, ist die Leistung aufzumessen. Der Ermittlung der Leistung — gleichgültig ob sie nach Zeichnungen oder nach Aufmaß erfolgt — sind die Konstruktionsmaße zugrunde zu legen; dabei werden Flächen bei der Ermittlung der Leistung in der Abwicklung[2]) gemessen, wenn in der Leistungsbeschreibung nichts anderes vorgeschrieben ist, z. B. Ermittlung in Horizontalprojektion.

5.1.2. Ist nach Gewicht abzurechnen, so ist das Gewicht durch Wägen, bei Schiffsladungen durch Schiffseiche festzustellen.

5.1.3. Zu rodende Pflanzen werden vor dem Roden ermittelt, dabei Sträucher getrennt nach Höhe, Bäume getrennt nach Stammdurchmesser, der in 1 m Höhe über dem Erdboden ermittelt wird.

5.1.4. Abtrag wird an der Entnahmestelle ermittelt, wenn in der Leistungsbeschreibung keine andere Art der Abrechnung, z. B. bei Schüttgütern, bei Bauabfällen u. ä. nach loser Masse in Transportgefäßen, vorgesehen ist.

5.1.5. Bodenlagerungen werden jeweils im einzelnen sofort nach ihrer Fertigstellung abgerechnet.

5.1.6. Anschüttungen, Andeckungen, Einbau von Schichten werden im fertigen Zustand an den Auftragstellen ermittelt, wenn in der Leistungsbeschreibung nichts anderes vorgeschrieben ist, z. B. Ermittlung an der Entnahmestelle, Abrechnung nach Transporteinheiten (Rauminhalte, Gewichte o. ä.) bei Schüttgütern.

5.1.7. Boden wird getrennt nach Bodengruppen und, soweit 50 m Förderweg überschritten werden, auch nach Länge der Förderwege abgerechnet.

5.1.8. Bei Abrechnung nach Flächenmaß (m²), ausgenommen Flächen nach Abschnitt

---

[1]) Möglicherweise wird ab 1984 eine Neufassung gültig.

[2]) Möglicherweise ab 1984 Horizontalaufmaß.

5.1.9., werden Bäume, Baumscheiben, Stützen, Einläufe, Felsnasen, Schrittplatten und andere Aussparungen bis zu 2 m² Einzelgröße[1]) nicht abgezogen.

5.1.9. Bei den Naß- und Trockensaaten nach DIN 18 918 „Landschaftsbau; Sicherungsbauweisen" werden Aussparungen und Durchbindungen wie Felsflächen, Bauwerke u. ä. bis zu 100 m² Einzelfläche nicht abgezogen.

5.1.10. Bei Abrechnung nach Längenmaß (m) werden Unterbrechungen durch Aussparungen und durchbindende Bauteile bis zu 1 m Länge nicht abgezogen.

5.2. Es werden abgerechnet:

5.2.1. Aufnehmen von pflanzlichen Bodendecken, z. B. Rasenflächen, Heidekrautflächen, Schilfflächen, Sicherungen von Bodenflächen, Oberflächen von Bodenlagerungen u. ä. durch Ansaaten, Abdeckungen, Festlegungen und dergleichen, Einbau von Filter-, Drän-, Trag-, Deckschichten u. ä., Herstellen von Ebenflächigkeit und Gefällen der Oberflächen von Baugrund, Filter-, Drän-, Trag-, Deckschichten u. ä., Lockerung von Baugrund und Vegetationstragschichten, Verdichten von Baugrund, Filter-, Drän-, Trag-, Deckschichten u. ä., Einarbeiten von Dünger und Bodenverbesserungsstoffen, Herstellen von Rasendecken durch Ansaat, Fertigrasen u. ä., Herstellen von Deckschichten und Belägen aus mechanisch gebundenen mineralischen Stoffen, chemisch gebundenen Stoffen, hydraulisch gebundenen Stoffen, natürlichen und künstlichen Steinen, Deckbauweisen des Lebendverbaues wie Spreitlagen u. ä., Pflegeleistungen wie Rasenschnitt, Rasenwalzen, Lüften, Senkrechtschneiden, Tiefenlockerung, Unkrautbeseitigung, Bodenlockerung, Säubern von Vegetationsflächen nach Flächenmaß (m²).

5.2.2 Herstellen von Rasendecken durch Naß- und Trocken-Saaten nach Flächenmaß (m²), wenn in der Leistungsbeschreibung nichts anderes vorgeschrieben ist, z. B. zur Begrünung von unebenen Fels- und Felstrümmerflächen Abrechnung nach Raummaß (m³) der aufgewendeten Mengen.

5.2.3 Ab- und Auftrag von Boden, Säubern des Baufeldes, Entfernen von störenden Bodenarten, Aufnehmen von Bauwegen und Wegen nach Flächenmaß (m²) oder nach Raummaß (m³).

5.2.4 Wässern bei Pflegeleistungen nach Flächenmaß (m²), nach Zeiteinheiten (h), nach Wassermenge (m³) oder nach Anzahl (Pflanzenkübel o. ä.) der bewässerten Einheiten (Stück).

5.2.5 Lagerung von Boden, Kompost, Rundholz u. ä. nach Raummaß (m³).

5.2.6 Faschinenverbau, Flechtwerke, Buschlagen, Heckenlagen, Einfriedungen, Einfassungen, Abgrenzungen, Rinnen, Pflanzgräben, Pflanzriefen, Markierungen auf Sportflächen, Markierungen auf Verkehrsflächen u. ä. nach Längenmaß (m).

5.2.7. Roden von Aufwuchs, Winterschutzmaßnahmen bei Pflegearbeiten, Pflanzenschutz gegen Krankheit und Schädlinge, Schutzvorrichtungen an Pflanzen und Baumflächen nach Anzahl (Stück) oder nach Flächenmaß (m²).

5.2.8. Schutzvorrichtungen an Gehölzen, Einschlagen von Pflanzen, Pflanzarbeiten, Setzen von Steckhölzern und Setzstangen, Verankerungen von Gehölzen, Roden bzw. Herausnehmen von Pflanzen, Schnitt von Gehölzen, Leichtathletische Einzelanlagen, Bänke, Tische, Wäsche- und Teppichgerüste, Müll- und Abfallbehälter, Spielgeräte, Pflanzkübel, Schilder u. ä. nach Anzahl (Stück).

---

[1]) Möglicherweise ab 1984 = 2,5 m².

142 Abrechnung nach der ATV

5.2.9. Pflanzgruben nach Anzahl (Stück) oder nach Raummaß (m^3).

5.2.10. Schnitt von Hecken nach Flächenmaß (m^2) der bearbeiteten Fläche oder getrennt nach Breite und Höhe nach Längenmaß (m).

5.2.11. Ausbringen von Dünger.
Ausbringen von Bodenverbesserungsstoffen nach Anzahl (Stück), nach Gewicht (kg, t) oder nach Raummaß (m^3, l).

5 FORMELSAMMLUNG

Flächen

F = Fläche (neuerdings = A),
r = Radius des Umkreises, ϱ = Radius des Inkreises
Schwerpunktermittlung siehe Seite 60.

Quadrat $F = a^2$ $a = \sqrt{F}$
$d = a\sqrt{2}$
$r = \dfrac{a}{2}\sqrt{2}$
$\varrho = \dfrac{a}{2}$

Rechteck $F = a \cdot b$ $d = \sqrt{a^2 + b^2}$

Parallelogramm $F = g \cdot h$
$F = a \cdot b \cdot \sin\alpha$
$d_1 = \sqrt{(g + h \cdot \cot\alpha)^2 + h^2}$
$d_2 = \sqrt{(g - h \cdot \cot\alpha)^2 + h^2}$

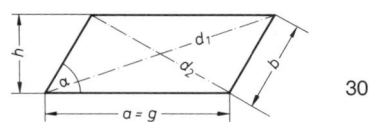

Trapez $F = \dfrac{a + c}{2} \cdot h$
$F = m \cdot h$ $m = \dfrac{a + c}{2}$

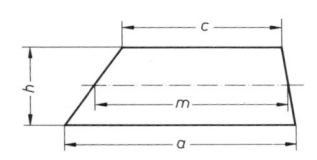

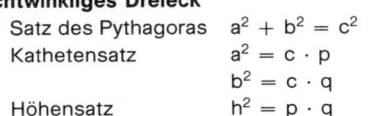

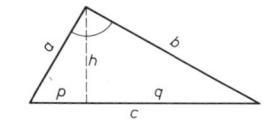

Rechtwinkliges Dreieck
Satz des Pythagoras $a^2 + b^2 = c^2$
Kathetensatz $a^2 = c \cdot p$
$b^2 = c \cdot q$
Höhensatz $h^2 = p \cdot q$
$F = \dfrac{a \cdot b}{2} = \dfrac{c \cdot h}{2}$

Gleichseitiges Dreieck

$$F = \frac{a^2}{4}\sqrt{3} \qquad h = \frac{a}{2}\sqrt{3}$$

$$r = \frac{a}{3}\sqrt{3}$$

$$\varrho = \frac{a}{6}\sqrt{3}$$

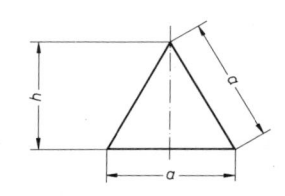

Dreieck

$$F = \frac{g \cdot h}{2}$$

$$F = \sqrt{s(s-a)(s-b)(s-c)}$$

$$s = \frac{a+b+c}{2}$$

$$F = \varrho \cdot s$$

$$\varrho = \sqrt{\frac{(s-a)(s-b)(s-c)}{s}}$$

$$F = \frac{a \cdot b \cdot c}{4r}$$

$$F = \frac{a \cdot b \cdot \sin\gamma}{2}$$

$$F = 2r^2 \cdot \sin\alpha \cdot \sin\beta \cdot \sin\gamma$$

Sinussatz $\quad \dfrac{a}{\sin\alpha} = \dfrac{b}{\sin\beta} = \dfrac{c}{\sin\gamma} = 2r$

Kosinussatz $\quad a^2 = b^2 + c^2 - 2bc\cos\alpha$

Halbwinkelsatz $\quad \tan\dfrac{\alpha}{2} = \dfrac{\varrho}{s-a} = \sqrt{\dfrac{(s-b)(s-c)}{s(s-a)}}$

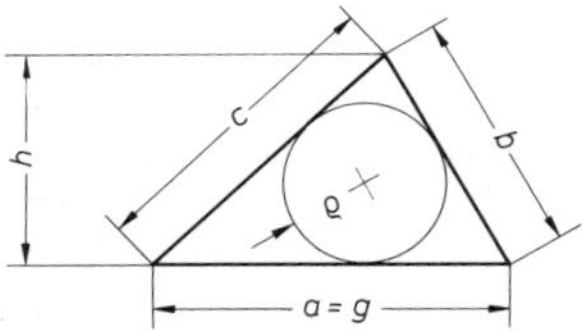

Regelmäßiges Sechseck

$$F = \frac{3a^2\sqrt{3}}{2}$$

$$r = a$$

$$\varrho = \frac{a}{2}\sqrt{3}$$

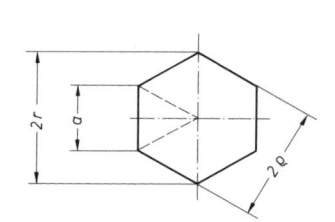

Regelmäßiges Achteck

$$F = 4a \cdot \varrho$$
$$F = 8\varrho\sqrt{r^2 - \varrho^2}$$

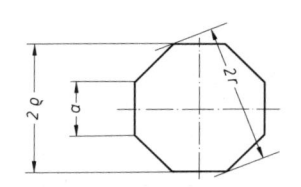

Kreis

$$F = \pi r^2 = \frac{\pi d^2}{4}$$

$$\pi = 3{,}14\overline{16} \approx \frac{22}{7}$$

$$F = \frac{u \cdot r}{2}$$

$u = 2 \cdot \pi \cdot r = d \cdot r = $ Umfang
$u = \pi \cdot d$

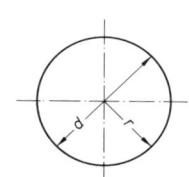

Kreisausschnitt
(Sektor)

$$F = \frac{\pi r^2 \alpha}{200 \text{ gon}}$$

$$\frac{\pi}{400 \text{ gon}} = 0{,}007854$$

$$\frac{\pi}{360°} = 0{,}008726$$

$$F = \frac{B \cdot r}{2}$$

$$B = \frac{\pi r \alpha}{200 \text{ gon}}$$

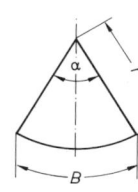

Kreisabschnitt
(Segment)

$$F \approx \frac{2 h s}{3}, \text{ wenn } h < \frac{s}{3}$$

$$F \approx \frac{3 h s}{4}, \text{ wenn } h > \frac{s}{3}$$

$$F = \frac{r^2}{2} \left(\frac{\pi \alpha}{200 \text{ gon}} - \sin \alpha \right)$$

$$F = \frac{B \cdot r - s(r - h)}{2}$$

$$r = \frac{h}{2} + \frac{s^2}{8 h}$$

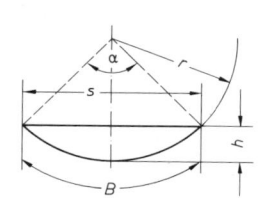

Kreisring

$$F = \pi (r^2 - \varrho^2)$$

$$F = \frac{u_1 + u_2}{2} \cdot b$$

$$b = r - \varrho = \frac{D - d}{2}$$

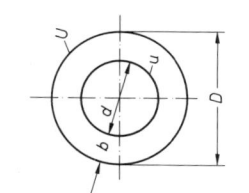

Kreisringstück

$$F = \pi (r^2 - \varrho^2) \frac{\alpha}{400 \text{ gon}}$$

$$F = \frac{B_1 + B_2}{2} \cdot b$$

Ellipse $F = \pi \cdot a \cdot b$
$u \approx \pi (a + b)$

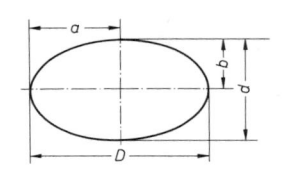

Ellipsenausschnitt $F \approx \dfrac{B(a+b)}{4}$, wenn a und b den Ausschnitt begrenzen und nicht zu unterschiedlich sind.

Formfläche $F = r^2 (\sqrt{3} - \dfrac{1}{2}\pi)$
$F \approx r^2 \cdot 0{,}161$

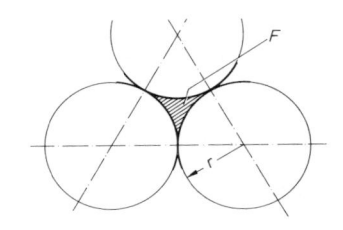

Körper

V = Volumen (Rauminhalt), F = Oberfläche, e = Raumdiagonale, G = Grundfläche, h = Höhe

Würfel $V = a^3$
$F = 6a^2$
$e = a\sqrt{3}$

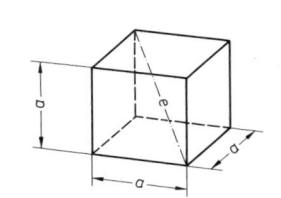

Quader $V = a \cdot b \cdot c$
$F = 2(a \cdot b + a \cdot c + b \cdot c)$
$e = \sqrt{a^2 + b^2 + c^2}$
$V = G \cdot h$ (auch schiefer Quader)

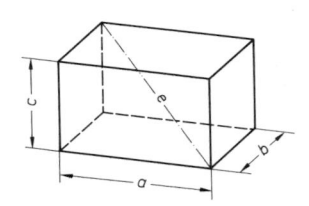

Prisma $V = G \cdot h$ (auch schiefes Prisma)

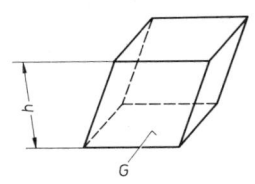

Formelsammlung 147

Schief abgeschnittenes Prisma
$$V = G \cdot mh$$
mh bei quadratischen, rechteckigen und dreieckigen Grundflächen = arithmetisches Mittel der Eckhöhen, sonst Höhe im Schwerpunkt der Grundfläche

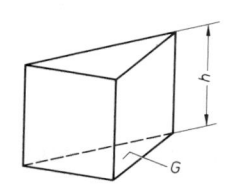

Zylinder
$$V = G \cdot h = \pi \cdot r^2 \cdot h$$

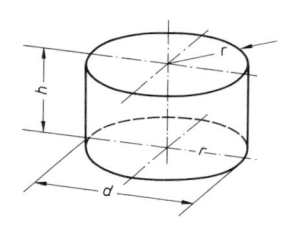

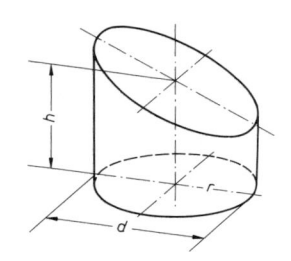

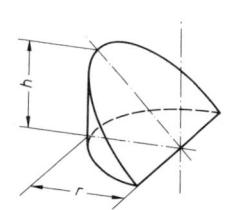

Zylinderhuf $\quad V = \dfrac{2 r^2 \cdot h}{3}$

Prismatoid $\quad \boxed{V = \dfrac{h}{6} (G_1 + 4 M + G_2)}$

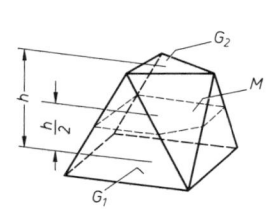

Diese Formel gilt für alle nachfolgenden Körper bis einschließlich Kugel!

Pyramide $\quad V = \dfrac{G \cdot h}{3}$

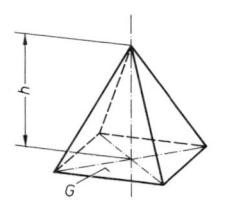

Pyramidenstumpf

$$V = \frac{h}{3}(G_1 + \sqrt{G_1 \cdot G_2} + G_2)$$

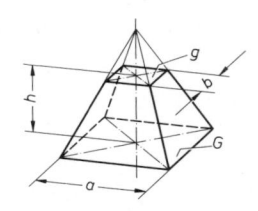

Rechteckprismatoid
(Obelisk)

$$V = \frac{h}{6}[a \cdot b + a_1 \cdot b_1 + (a + a_1)(b + b_1)]$$

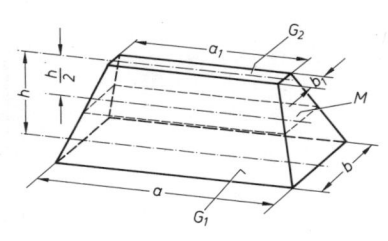

Keil

$$V = \frac{h \cdot b}{6}(2a + c)$$

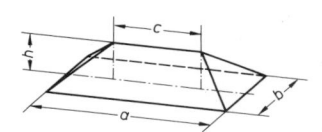

Rampe

$$V = \frac{h^2}{6} m (3b + 2h \cdot n') \text{ oder wie schief ab-}$$

geschnittenes liegendes Prisma
1 : m = Neigung der Rampe
1 : n' = Neigung der Rampenböschung
h = Höhe der Rampe
b = Kronenbreite der Rampe

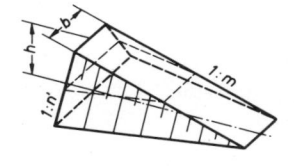

Rampe an Böschung

$$V = \frac{h^2}{6}(m - n)\left(3b + 2hn'\frac{m - n}{m}\right)$$

oder wie abgeschnittenes liegendes Prisma
1 : n = Neigung der Böschung

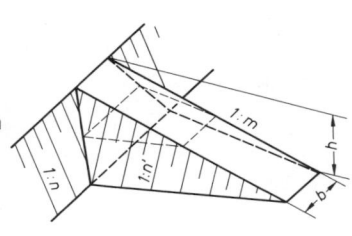

Formelsammlung 149

Kegel $\quad V = \dfrac{G \cdot h}{3} = \dfrac{\pi \cdot r^2 \cdot h}{3}$

Mantelfläche $= \pi \cdot r \cdot s$
$s = \sqrt{h^2 + r^2}$
$g : G = x^2 : h^2$

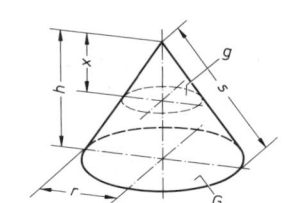

Kegelstumpf

$V = \dfrac{\pi \cdot h}{3} (r_1^2 + r_1 \cdot r_2 + r_2^2)$

Mantelfläche $= \pi \cdot s (r_1 + r_2)$
$\qquad\qquad\quad = 2\pi \cdot p \cdot s$
$\quad p = $ Radius auf halber Höhe
$\quad s = \sqrt{(r_1 - r_2)^2 + h^2}$

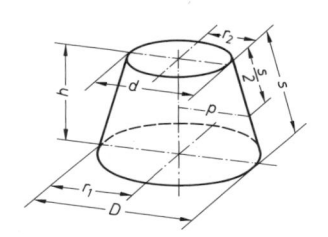

Faß
(elliptisch) $\quad V = \dfrac{\pi \cdot h}{12} (2 D^2 + d^2)$

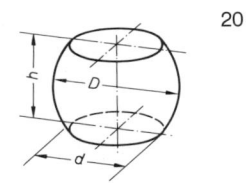

Kugel $\quad V = \dfrac{4}{3} \pi \cdot r^3 = \dfrac{1}{6} \pi \cdot d^3$

$V \approx 4{,}189 \cdot r^3$
$F = 4 \pi \cdot r^2 = \pi d^2$

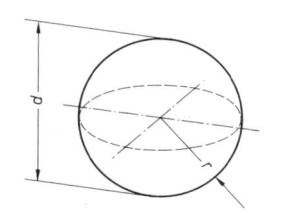

Kugelabschnitt
(Kugelsegment)

$V = \pi \cdot h^2 \left(r - \dfrac{h}{3}\right) = \pi \left(\dfrac{s^2}{4} + h^2\right)$

$F = 2 \pi \cdot r \cdot h = $ Kappe

$V = \dfrac{\pi \cdot h}{6} \left(\dfrac{3}{4} s^2 + h^2\right)$

$V \approx \dfrac{\pi \cdot \varrho^2 \cdot h}{2}$, sofern $h < \dfrac{s}{3}$

$\varrho = $ Radius des Grundkreises $\qquad r = $ Radius der Kugel

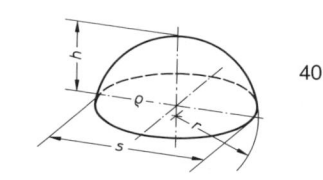

Kugelschicht

$$V = \frac{\pi \cdot h}{6}(3\varrho_1^2 + 3\varrho_2^2 + h^2)$$

ϱ_1 und ϱ_2 = Radien der Schnittkreise

$F = 2\pi \cdot r \cdot h$ = Zone

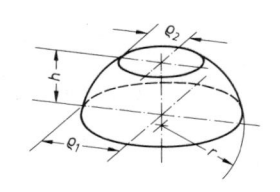

Kugelausschnitt $V = \frac{2}{3}\pi \cdot r^2 \cdot h$

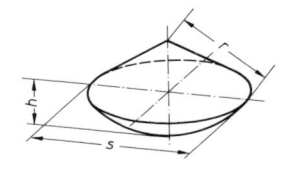

Kugelzweieck $F = \dfrac{\alpha}{200 \text{ gon}} \cdot 2\pi r^2 = 2\alpha \cdot r^2$

Kugeldreieck $F = (\alpha + \beta + \gamma - 200 \text{ gon}) \dfrac{\pi \cdot r^2}{200 \text{ gon}}$

$F = (\alpha + \beta + \gamma - \pi) r^2$

Ellipsoid $V = \dfrac{4\pi}{3} a \cdot b \cdot c$

Drehkörper V = erzeugende Fläche mal Weg des Schwerpunkts der Fläche
(Guldins Regel) Mantelfläche = Länge der erzeugenden Linie mal Weg des Schwerpunktes dieser Linie

Sachverzeichnis

Fettdruck bedeutet, daß das Stichwort auf dieser Seite ausführlich behandelt worden ist.

Abfuhr 71,13 118.23 126,03 + 10 130,44
Ablesefehler 34,02 + 15
Ablesung 32,42 34
Abrechnung 16,28 20,30 28,45 38,34
 40,30 + 35 45,26 46,13 56,35 66,02
 68,20 100,25 103,02 120,47 134,22
 138—142
Abrechnungsaufmaß 40,30 42,06 + 15 + 18
 44,04 **45,20 134,15 138—142**
Abstecken 20,19 + 41 22,38 121,30 127,22
 131,02 135,35 136,01
Absteckplan 18,40 28,44 30,02 42,17
 121,33 127,22
Abszisse 13,27 48,32 54,15
Abtrag **121,12** 134,23 135,28 136 **139,35**
 140,02 + 31 141,27
Abtragsböschung 121,41 **123 124** 125,15
Abtragsfläche 69,20 86,38
Abtragsgebiet 66,23 + 30 69,05 — 9 71,34
 72,06 74,32 75,03 76,44 95,14 112,25
 116,33 118,28 125,43 127,43 129,40 130
 131
Abtragshöhe **68,37** 116,33 117,03 + 10
 118,27
Abtragskörper 75,15 82,05 83,19
 95,02 + 09 99,33 102,30 **121,01** 127,16
Abtragslinien 67,35 104,43 115 **116,30 117**
 121,33
Abtragsprofil 88,10 92,41 96,01 + 12
 102,24
Abtragsrechnungen 66,10
Abtragswerte 67,03 **68,37** 69,13 72,03
 74,06 + 34 78,08 81,17 + 40 82,12 86,21
 96,03 117,15
Ab- und Aufrunden **15,10**
Ab- und Auftragswechsel **74** 78,09 80
 92,40 95,05 112
Abwicklungsaufmaß **54,35 55,01**
Abwicklungsfläche 40,14 41,42
 42,06 + 25 + 31 + **40** 44,20 + 32 55,40
 132,38 135,21 140,23
Achse 13,25 20,46 22,35 84,05
Achsenverschiebung 22,41 **27,01** 28,18
 54,11 98,43
Achteck 144,40
Additionszirkel **30,42**
ähnliche Dreiecke 78,15
alte Höhen 66,23 67,02 + 20 + 40 **68,35**
 69,03

— Höhenlinie 67,31 103,12 104,40 106,25
 108,35 110,41 **112,25** 117,11
— Masse 66,23
— Profile 84,42 90,06 94,25 96,47 98,10
 120,14
Altgrad 43 123 145,15
anfängliche Lockerung 117,08 121,11 + **22
 123** 127,41
Anfuhr 71,13 126,03 + 10
Anordnung des Koordinatensystems
 13,20
— von Maßen **13,39 16,42 84,44**
Anschlußhöhen 126,39
Anschüttungen 140,36
Ar 14,33
Arbeitsaufwand 38,40 **122 123**
Arbeitsbeschreibung **122 123 138—142**
Arbeitsbreite 124,06
Arbeitserschwernis 42,33 44,08 + 37
Arbeitsraum 124,06 139,05
Architekt 126,12
Arithmetisches Mittel 60,05 62,32 70,16
 71,46 75,25
ATV = Allgemeine Technische Vorschriften
 für Bauleistungen 16,26 20,30 28,45
 40,35 41,46 42,05 44,01 45,25 + 33
 55,02 68, 19 103,02 120,45 134,18
 138
Auflockerungsgrad **121,12 123**
Aufmaß 16,29 40,30 42,20 **45,20** 49 54,39
 55 65,45 66,35 68,21 92,05 **134,15**
Aufmaßarbeit 16,33 42 45,30 68,22 134,21
 135,15 + 43 136,01
Aufmaßkontrolle **55,42** 135,40
Aufmaßplan **45,40** 46,08 53,44 54,12 + 30
 55,32
Aufmaßtabelle **45,40** 50 52
Auftrag **121,08** 134,23 135 136 **140,37**
 141,27
Auftraggeber 45,36 46,11 + 32
Auftragnehmer 45,36 46,12 + 32
Auftragsböschung 118,29 121,42 **124,24**
Auftragsfläche 69,20 86,38
Auftragsgebiet 66,23 + 30 69,05 + 09 71,35
 72,06 74,32 75,03 76,44 95,14 112,25
 116,33 118,28 125,43 128,43 129,46 130
 131
Auftragshöhe **68,37** 116,33 117,03 + 10
 118,27

152 Sachverzeichnis

Auftragskörper 75,15 82,05 83,20
　95,02+09 99,33 102,30 **121,01**
　127,17
Auftragslinien 67,35 104,43 115 **116,30** 117
　121,33
Auftragsprofil 88,10 92,41 96,01 96,12
　102,24
Auftragsrechnungen 66,11
Auftragswerte 67,03 **68,37** 72,03
　74,06+34 78,08 81,17+40 82,14 86,21
　96,03 117,15
Auf- und Abtragswechsel **74** 78,09 80
　92,40 95,05 112
Ausführungsplan 16,27 46,07 68,20
Ausgleich 33,40 39,13 40,35 **126**
Ausgleichböschung **71,20**+40
Ausgleichfläche 126,15—25
Aushub 86,13 134,32 139,01+19 **139,35**
　140,02
Auskeilungslinie 69,06
Ausschreibung 16,30 38,33 40,29
　42,05+31 44,06+38 45,17+26 46,31
　56,02 68,23 76,37 103,02 127,12 131,28
　134,22 **138,09**
Aussparungen 40,12
Auszählen **30,08**
Außenkreis siehe Umkreis
Autobahnböschung 124,36

Bäume 117,01 132,03 140,06+29+39
　141,42
Baggerschaufel **122,12**
bandartige Flächen **36,33**
Basis 66,24+34 **84,40** 86,12 88,05
Basisebene **70,13** 96,39 106,22+29
Bauabwicklung 116,31 120,38 **127**
Baubehörden 15,25+39
Baugrube 65,08 119,20 121,15+41 **123**
　124,01 125,46 127,27 130,15+45
　131,11 **133** 134,30 139,01—22
Baukörper 71,33 132,34 139,04+33
Bauleistungen **138**—**142**
Baulichkeiten 127,46
Bauphasen **127**—**131**
Baustelle **127,32** 130,46 131,11
Berechnungsmethoden **65,40** 66,28
Berme 124,09 133,25 139,15
Bestandsplan 30,01 42,18 53,11+36 54,03
Bezugshöhe **68,46**
Bilanz 74,08 81,17 127—131
bindiger Boden **122** 132,12
bleibende Lockerung 70,09 71,27 82,41
　117,08 118,25 **121,05** 123 125,33+46
　127,40 128
Bodenab- und -anfuhr 118,23
Bodenarbeiten 127,39 **132**
Bodenarten 98,11 **122**
Bodenbewegung 69,14 117,01 125,45
　127—**132** 135,35 140,41

Bodengruppen 140,41
Bodenklassen 121,10 **122** 131,30
　138,36+39 139,10
Bodenlagerung 106,28 127—133, 140,35
　141,33
Bodenlebewesen 122,09
Bodenlockerung 117,08 **120,42** 125 141,21
Bodenschichten 84,44 98,11 140,36
Bodenverbesserung 71,33 131,35 142,05
Böschung 44 70,10 119,20 **121,36** 124,37
　125 126,42 **139,10 148**
Böschungsneigung 41,45 43 55,31 **124 125**
　126,40 **139,10 148**
Böschungssicherung **124,39 125**
Böschungsverhältnis 43 44,29 148
Böschungswaage 46,33
Böschungswinkel 41,45 43 55,31 121,40
　123 124 134,33 **139,10**
Bogen 36,41
Bohrer 122,38
Brechungswinkel 51,03
Bruchrechnungen **122,32**
Bussolenzug 48,15 49,40 **51,40**

Clothsche Hyperbeltafel **18,15** 21
Computer 13,34 28,25 34,31
Cosinus 41,44 51,15
Cotangens 43

Damm 121,42 124,25
Deckfläche 132,45
dekadische Ergänzung **27,25**
Diagonale 76,24 104,11 146,25
Diagonalprobe **76,18** 78,32+39
　79,08+18+31 80,05+20+32 81,30
Dimensionen 13,20 15,02 37,11 107,01
　116,02
DIN 4124　124,03 139,05
DIN 823　14,44
DIN 18300 120,45 **122 123** 124 127,40
　131,43 132,18 134,26 **138**—**140**
DIN 18320　40,11 120,45 134,26 138,13
　140—**142**
DIN 18915　127,39 131,33+42 **132** 133,11
DIN (sonstige) 138,11—20
direkte Erdmassenberechnung **66,15**
　108,35
Divisionen 15,20
Dränschichten 141,12
Draufsicht **58,40** 104,08
Drehkörper **150,30**
dreidimensional 15,02 89,07 118,04
Dreieck 17,10 18,02 19,30 20,05 39,02
　40,03 47 48,21 58,43 60,08 78,35 79,30
　81,43 94,41 **143**—**144**
Dreiecksschwerpunkt 60 61
Dreiecksumwandlung 19,40 **20,11**
Dreiseitprisma 58,45 78,36 133,33
Durchgangspunkte **104**

Sachverzeichnis

Durchschnittsformel **64** 65,10—35 88,21 90,10+40 100,02 102,09+33 107,02+20+45 108,23 110,19+29 112,10 114,36 **118,07** 134,43

Ebene 75,32 76,21
Eckhöhen 48,44 60,05 76,26 78,37 80,45 81,41
EDV 13,34 14,45 15,30 **100,20**
Einbau 121,08 139,39 140,02+36
Einebnen 68,05 70,06
Einschnittsböschung 121,42 **125**
Einstellwerk 27,06
Einzelflächen 46,42
Einzelkörper 66,40 **75,08**
elektronische Datenverarbeitung 13,34 14,45 28,25
— Rechenmaschinen 15,15+36 47,25 94,40
elektrooptische Distanzmessung 47,36 50,11
Elling, Elektronenrechner **27,41**
—, Erdmassenberechnung 67,25+36 89,09 98,02 **118,01**
—, Flächenberechnung 26,10 51,34 54,18 88,03 98,43 102,05
—, Kleincomputer **28,25**
—, Kurbelmaschinen **26,12**
Ellipse 18,30 60,19 **146,05**
Ellipsoid **150,25**
Endprofil 99,35
Entfernung 127,13 129 138,36—43
Entnahmestelle 139,36 140,31+38
Erdarbeiten **138—140**
Erdhaufen 62,35 64,30 116,44 127,27 132,35—46 134,07+**37**
Ergebniswerk siehe Resultatwerk
Erdmassenberechnung aus der Fläche **67,01 69,25** 100,16 133,03+44 **135,16**
— — Höhenlinien 66,09 **67,30 102,40** 118,06
— — mittlerer Höhe **118,20**
— — Profilen 65,25 66,09 **67,15** 98,40 106,41 108,42 112,12 114,47 118,06 **136,40**
—, direkte **66,15**
—, indirekte **66,20** 68,02 98,03 106,26
—, kombinierte **67,40**
—, Methoden **65,40** 102,38
—, nach Elling **118,01**
—, überschlägliche **82 100,28**
Erschwerniszuschlag 42,33 44,08
Extremfälle 64,13 81,22 90,09

Fadenentfernungsmessung 50,11
Fahrarm 32,18+40 **35,30** 36,06+22
Fahrlupe 32,21
Fahrstift 31,44 32,18 36,09
Fallinie 42,23 44,15+40 65,32 103,26 105,30 106,05 107,10 116,14 126,34

Farberläuterung 39,35
Farbrandstrich 40,05 66,11
Faß 62,36 **149,20**
fehlender Boden 66,31 **126**
Fehler 26,18 36,01 **37,30** 40,28 41,20 42,20 47,32 51,12+41 53,08 **56** 64 65,44 76,31 78,37 80 **83** 88,22 **102** 103,47 107,02 110,30 **116,10** 120 126,13 135,34
Fehlerausgleich **37,28** 51
Fehlergrenzen **41,20** 51,10 56,10+36+**40**
Fehlerpyramide **76,30**
Fehlvolumen 66,31 71,11 74,10 81,18 102,09 118,23 124,45 **126**
Feldbuch 48,36+45 54,14+29 55,32
Feldmaße 16,10 45,25 46,40
Feldskizze 45,42 53,46
Fels 98,15 **122,30** 125 126,41 141,25
Fertighöhe 69,04 **71,17**+31 82,40 124,46
feste Masse **121,07** 121,27
Festpunkt 48,32 54,07 135,37 137,05
Flächenaufmaß im Gelände **45,20** 141,10—22
— nach Plan **16,25** 141,10—22
Flächenaufteilung 30,27 34,46
Flächenausgleich 29,35 **40,25**+34 41,10 46,15 52,10 53,39 55,42 56,10+32 86,20
Flächenbegrenzung 38,48 39,10 46,20
Flächenberechnung nach Koordinatenwerten **20,25** 86,18
Flächenbestimmungen **16**
Flächenbezeichnung **39,21** 40,01 41,10 46,01
Flächenfehler 40,28+34 56 **57,20**
Flächenformeln **143—146**
Flächenkontrolle **37,28** 40,28 41,35 53,38 55,44 **56,25**
Flächenmaße 39,26 46,10
Flächenneigung 39,09 40,38 **41,40** 42,08+22 43 **44**
Flächennivellement 103,25 **135 136**
Flächenplan **38,30**
Flächenschwerpunkt 58,42 **60 61**
Flächentabelle **39,44**
Flächenzusammenstellung 38,32 39,37 **40,25**+39 41,10
Flächenzuschlag 40,14 42,33 **43 44**
fließende Bodenarten 122,10
Förderweg 127,13 138,36—43 140,40
Formfläche **146,10**
fortlaufende Messung 13,13
Fotogrammetrie 103,29
Frostfreiheit 117,06 126,41
Füllboden 116,41
Fünfeck 80,21+45
Fundamente 71,33 117,04 125,32 133,20 139,20
Funktionsgleichung **94,30**

Sachverzeichnis

GAEB 100,21
Gaußsche Flächenformel **23,40** 27,22 54,19
Gefälle **43** 72,01 84,25 104,10
Gefällmesser 55,31
Geländeangleichung **71,20**
Geländedarstellung **103,06**
Geländeform 65,42 67 68,10 69,37 75,32 83,03 + 36 84,13 + 25 102,20 + 44 103,43 108,36 135,43
Geländeknickpunkte 67,10 83,34 136,46
Geländekuppen 102,43 104,02 106,27 + 33 107,01 **108**
Geländemulden 102,43 104,02 106,28 + 33
Geländeoberfläche 83,05 102,20 103,05
Geländeverfälschung 83,10 120,03 + 06
gelb 66,11 69,09 72,11 86,23 89,05 94,46 95,14 127,25
gemittelte Nullinie 74,43 80,10 81,30 **92,42**
Genauigkeit **37,28** 40,28 41,20 47,32 51 53,08 + 26 55,42 **56 57** 65,07 + 45 67,42 68,22 79,16 80,01 + 32 83,10 88,21 100,37 102 120,26 134,44 135,30 138,32
Geräte **122**
Gerätefehler 36,12 37,40
Gesamtrechnung 40,27
gewachsener Boden 117,06
Gewicht 138,34 140,04 + 26 + 39
gon 31,41 43 50,38
Graben 86,28 **124,03** 127,27 130,18 139,06 + 23
graphische Flächenbestimmung 39,19 44,45
Grobabstecken 117,07
Gründungstiefe 126,41
Grundfläche 108,07 132,45 146,25
Grundkreis 35,11
Grundmaße 39,06 + 25 40,06 46,01
Grundwasser 126,41
Guldinsche Regel 98,29 **150,30**

Hacken **122**
halbgraphische Flächenbestimmung 16,14
Halbkreis 40,04 60,28
Halbwinkelsatz 144,27
Handarbeit **123**
Handgeräte **122**
Hanglage 67,07 69,38 106,34 + 47 108,38 110,02 112,45 114 126,25 133,26
Hangneigung 39,09 67,07 114
Harfe 30,35 53,20
Hauptflucht(-achse) 48,32 + 40 54,05 55,13 69,17 84,05 89,13
Hauptgefälle 44,15
Hausmauern 116,34
Heckenschnitt 142,02
Heronsche Formel 17,20 42,25 47,08 + 22 55,14 56,20 84,02
Hilfslinien 39,39

Hindernisse 140,06
Hinterfüllen 139,30
h/m^3 **123**
Höhenausgleich **126,15—127**
Höhendifferenz 44,28 50,07 66,35 103,06 135,41
Höhenkurve **103,03**
Höhenlinien 44,15 + 27 58,29 65,28 67,30 84,27 86,09 101 **103 104** 106—112 114 116 118,40 + 46 120,32
Höhenlinienabstand 44,30 + 40 45,01 67,36 103,38 106,44 107,09 112,07
Höhenliniendurchgangspunkt 103,28 + 42 **104**
Höhenlinienharfe 103,40 **104,20** 105,05
Höhenlinienkonstruktion **103,22**
Höhenlinienschichtflächen 67,33 106,30 107 108—112 116,01
Höhenlinienzahlen 68,32 86,11 **103,19** 117,16 126,36
Höhenmaßstab 37,12 86,13 104,23
Höhenmaßsysteme 67 118,35
Höhenpflöcke 135,39
Höhenpunkte 44,13 67,02 + 16 **68,34** 83,02 + 39 **84,25** 86,15 103,26 104,02 106,06 126,31 + 33 135,31 136 137
Höhensatz 143,45
Höhenschichtlinie **103,03**
Höhenunterschied 103,06 + 28 104,10 106,38 117,25 136,41
Höhenvermessung (siehe auch Nivellement) 13,30
Höhenwerte = z-werte 13,30 13,46 **68,34**
Horizontalaufmaß 13,25 41,41 42,06 + 12 44,20 **46,25** 55,30 56,01 132,37 135,21
Horizontale 13,25 40,38 42,23
Horizontalebene 13,25 44,22 103,04
Horizontalprojektion 41,47 140,25
Horizontalkurve **103,03**
Hügel 106,33
Humus 122,09 131,41
Hyperbeltafel 18,15 21

indirekte Erdmassenberechnung **66,20** 68,02, 98,03 106,26 108,40 118,37
indirektes Aufmaß **55,30 66,20**
Innenkreis oder Inkreis 143,10
Integralrechnung 60,24
interpolieren 67,42 90,06 92,10 + 20 94,18 **104,40** 120,28
Isohypse **103,04**

Justieren 35,31

Kalkulation 76,37 103,01 120,37 127,12
Kappenberechnung **31,10 52,29** 108,14 **149,40**
Kataster 56,13
Kathete 61,15

Sachverzeichnis

Kathetensatz 143,45
Kegel **62,01** 108,15 149,05
Kegelstumpf 62,35+39 **149,10**
keilartig 112,09
Keile 122,33 **148,20**
Kennbuchstaben 39,05+**21**+26 69,11+41
Keplersche Faßregel **31,25**
Kies 98,15 **122 123** 125
KIRGIS 122,48
kleine Flächen 40,11
Klothsche Hyperbeltafel **18,15** 21
Koeffizient 42,03 43 44,19 121,11 125,40 126,04 127,40 131,31
Körperformeln **146—150**
Kompensationsplanimeter **32,12**
Kompost 141,33
Konstante 35,45
Kontrolle 27,35 36,01 39,08 40,13+27 44,05 51,06+41 55,42 **56** 72,43 110,08 135,41
Kontrollfläche 36,08+20
Kontrolllineal 32,20
Kontrollschiene 36,07
Koordinatenanordnung 13,18 19,05
Koordinatenaufmaß 16,12 48,12+**25**+**31** 53,34 **54,01** 55,20 56,12
Koordinatenbezeichnung 13
Koordinatensystem **13,20** 20,45 22,40 23,42 26,41 48,35+47 49,10 51
Koordinatenwerte 13,13 19,10 20,25 65,20
Korngrößen **122**
Kosinussatz 144,25
Kostenberechnung 38,33 39,10+28 98,12
Kreis 18,30 40,03 48,01 60,19 **145**
Kreisabschnitt 60,31
Kreisausschnitt 145,10
Kreismittelpunkt 48,02
Kreisring 144,35
Krümmungen 52,20 98,25
Kubikmeter, -cm, -mm 14,33 15,02
Kubizierung 65,41
Kugel 62,36 **149,30**
Kugelabschnitt **108,05 149,35**
Kugelausschnitt **150,10**
Kugeldreieck **150,20**
Kugelplanimeter 32,28
Kugelpol 32,26
Kugelschicht **150,05**
Kugelsegment **149,35**
Kugelzweieck **150,15**
Kuppen 67,10 76,36 104,02 106,27+33 **108** 114,37
Kurbelrechenmaschinen **26,14**
Kurvenaufmaß 52,20
Kurvenmesser 31,03 **36,26**
Kurvenmeter **36,26**
kurvig begrenzte Flächen 25,30 **29,20** 37,18 48,10 **52,01** 56,34

Ladekoeffizient **121,11** 125,40 126,04 127,37+41 131,31
Laderaum **121,25**
Längenausdehnung **90** 99,05
Längenfehler 56,45
Längsprofil **86,25**
Lageplan 41,40 84,20 86,01 95,09 104,35 112,39
Lagevermessung siehe Horizontalaufmaß
Lambertsche Regel **31,10**
Landschaftsbauarbeiten **140—142**
Laufrolle siehe Meßrolle
Lebendverbau 141,20+35
Lehm 125
Leistungen 45,27 123 134,19 **138—142**
Leistungsbeschreibung 41,47 45,30 54,36 131,44 132 **138—142**
Leistungsverzeichnis 39,23 40,41 42,29 44,02+09
Leitungen 139,42
Linearplanimeter 32,27
Linienmaßstab 14,25
Linksumfahrung 32,03 35,21
Lockerung 70,09 71,27 82,41 117,08 118,24 **120,40 121** 125 126,01 127,35 131,23
Lockerungskoeffizient **121,11** 127,40 131,31
Lösbarkeit **122 123**
Lote 20,45 46,35 84,47 117,28 **120,40**
Luftbildmessung 103,30

Mantelfläche 149 150,30
Markierungen 141,36
Maschinen 134,11
Massenausgleich 126,11
Massenbilanz 66,31 68,10 100,47 102,05 112,27 **124,42 125** 126,09 130,35
Massendifferenz 66,27
Massenverteilungsplan 138,39
Maßanordnung 13 14 16,43 19,10
Maße, direkte und relative 14,38
Maßeinheiten 14,20+43 68,45
Maßlinien 46,20
Maßstäbe (M) **14,35** 19,25 35,35 37,11 69,40 86,12 104,23+36 106,01
Materialeinbau 70,09 **71,33** 82,41 83,18 118,25 125,32+43 129,42 130
Mauer 38,25 140,06
mechanische Methoden 39,19
Mergel 125
Meßlatten 46,38
Meßlinie 13,47
Meßrad **36,26**
Meßrolle 32,21+31 35,12 36,04
Meter 14,28
Mietenaufmaß **134,37** 135,20
Millimeterpapier 30,06 38,03 104,24
Mischfelder **74,25** 75,04 80,15 81,35

Sachverzeichnis

Mischprofile **95,05** 96,19 **97** 98,44
Mittelasymptote **18,18**
Mittelfläche 30,10
Mittellinie 30,35 31,21—40 36,36 98,23
Mittelradius 60,28
Mittelwerte 76,28
mittlere Breite 36,43
— Fläche 62,29 64,05 65,16—32 110,40
— Geländehöhe 96,42 112,27
— Höhe 58,43 60,05 **70,05** + 15 74,40 75,22 79,28 **96,32 106,15** 112,04 **118,20** 126,17 133,40
— Höhenlinie **107,05 110,38**
— Planiehöhe 68,09 71,42 100,30
mittleres Profil 87,40 **90,05** 91,20 92,04
Moorboden 125,06
Mulden 67,10 76,36 104,01 106,28 + 33 126,27
Mutterboden siehe Oberboden

Nachbarprofile 88,22 96,09 + 16 + 27 98,28 99,07
Nadelpol 32,25
Näherungsverfahren 74,25 92,42 133,38 + 46 138,32
natürlicher Böschungswinkel **124,34**
negative Koordinatenwerte **13** 20,44 **22,40**
Neigungsanteile 42,32
Neigungsaufmaß **42,41**
Neigungsgruppen 44,35 45,10 46,30 49,05 55,35
Neigungsmaßstab **45,02**
Neigungsprozente **43**
Neigungsunterschiede 33,40 44,32 55,33
Neigungszuschläge **43** 44
Netzaufmaß 66,08 67,05 68,25 + 40 69,28 82,10 118,47 120,05 133,04
Netznivellement 69,35 103,25 126,32 135,34
neue Höhen 66,25 67,02 + 20 + 40 **68,35** 69,03 **71,31**
— Höhenlinie 67,32 103,12 104,40 106,25 **108,35** 110,41 **112,25** 117,11
— Masse 66,25
— Profile 84,42 90,06 94,25 96,47 98,10 120,14
Neugrad siehe gon
nichtbindiger Boden **122**
nichtparallele Profile 60,47 84,08 **98,19** 101,05
Niveaulinie **103,04**
Nivellement 42,20 117,07 119,40 135,28 136
Nivellierhorizont 66,36 136,17
Nivellierlatte 136,09 + 33 137,08
Nonius 32,23 + 46 35,32
Noniuseinheiten (NE) 32,15 + 47 34 35,19
Nullarettierung 34,14
Nullinie 67,45 69,06 + 18 74,24 75,15 **76,42**

79,12 80,02 + 20 81,31 84,03 92,41 94,15 + **22** 95,03 96,06 102,24 104,42 **112,23** 116,20 117,10 118,37 **120,34**
—, gemittelt 74,43 80,10 81,32 **92,42 112,04**
Nullpunkt 13,14 54,09 69,18 74,32 **78,02** 80,08 **94,22** 95,09 97,05 102,26 104,16 137,06
Nullwert 89,24

Obelisk **148,10**
Oberboden 71,30 98,15 116,38 **122,07** 127,29 127,34 128 129,38 130 **131—133**
Oberbodendicke 127,36 132,37 133,04 135,23
Oberbodenlagerung 127,35 132,15 + 41 + 46
Oberbodenmieten 62,35 132,35—46 133,25 134,36
Oberbodenplan 127,21
Ordinaten 13 19,05 24,14 48,35 54,07
Originalplan 46,12 69,07

Papierveränderung **38,03**
Parallelglastafel **18,01**
Parallelogramm 17,01 **143,30**
Pauschalabrechnung 40,31
Pflanzung 141,36 + 41 142,01
Pflege 141,31—45, 142,02—06
Pfeiler 58,22
Pi = π 145,03
Plandarstellung 14,40 **68,30**
Planiehöhe **71,16**
Planimeter 30,32 31,40 32,12
Planimeterharfe 25,30 **30,32**
Planimeterzirkel 30,42
Planmaße 16,14 + 19 41,41 42,15 44,04 46,40
Planum 118,25
Planung 126,19
Plastizität **122**
Pol innen **35,10**
Polarkoordinaten 25,20 **28,42**
Polarkoordinatenaufmaß 16,12 + 34 **28,42** 47,31 48,13 **50,05** 53,34 **54,25**
Polararm **32,25**
Polarplanimeter **32,12** 33,10 **35,40** 40,05 86,40 102,05 106,26 107,06 112,20
Polygonzug 48,15 49,25 **51** 110,05
Preßluftgeräte **122**
Prisma 42,20 47,11 55,17 58,25 64,16 133,46 **146,45 147,05 146,25** + 35
Prismatoid **62,11** 64 65,10—35 88,12 + 20 96,45 106,32 **147,30**
Prismatoidformel 31,25 53,27 **62,20** 64 65,10—35 68,26 75,30 79,38 90,09 92,04 102,34 107 110,35 117,30 133,22 + 28 134,46 **147,30**

Sachverzeichnis

Probe 76,18
Profil **84** 118,41 120,05 133,37
Profilabstand 67,24 68,25 69,20 88,14 89,08 90,31 92,18 98,33 100,35 102,13 118,09
Profilanordnung 67,25 **84,02** 88,14 136,44 137
Profilanzahl 67,25 68,25
Profilbasis **84,37** 86,02+09 88,05 96,47 103,41
Profilberechnung 20,43 86,08 94,27 96,47 98,14 100,32
Profilbezeichnung **84,15+35** 89,12
Profildarstellung **84,28 85** 103,35+46 120,20
Profile, nicht parallele 60,47 84,08 **98,19**
Profilform 86,15
Profillänge 88,22 89,02 **90** 99,05 100,16 102,32 110,33
Profillinie 86,02 94,25+44 103,40
Profilnivellement 103,25 136,40
Profilpunkt 67,06+18 **84,25+35** 88,01 92,25 126,32 136,44 137
Profilpunktbezeichnung 84,30
Profilschwerpunkt **61** 98,28
Profilverschiebung **92 120,10**
programmieren **28,30** 94,39
Projektionsfläche 41,41 140,23
Projektionswinkel 42,21
Proportionsgleichung 78,14
Punktanordnung 82,17 83,35 92,23
Punktbezeichnung 70,20+30 84,30
Pyramide **62,01** 63,20 64 76,30 80,20 96,27 108,15 110,28 114,04 133,46 **147,40**
Pyramidenstumpf 62,35+39 64,33 **148,05**
Pythagoras 56,15 **143,40**

Quader 58,24 **146,40**
Quadrat 17,01 58,43 **75,20** 80,18 100,33 **143,15**
Quadratmeter, -cm, -mm 14,30
Quadratnetz 55,35 **69,35 73,20** 104,11
Quadrattafel **30,05**
Querprofil 70,02 84,01 **86,35** 98,23
Querschnitte 133,47 139,34+44

Radialplanimeter 32,28
Radien 143,09 **145** 147 149 150
räumliche Darstellung 19,05 59 63 93 146—150
Rampe 126,39 **148,25**
Randausgleich 71,20 118,25 126,21
Randflächen 30,12 35,01 78,25 99,35 102,23
Randstrich 40,05 66,11
Rasen 141,20+23
Raumdiagonale 146,22—40
Raumformeln **146—150**
Rauminhalte **146—150**

Raummaß 14,33 15,02
REB **100,24**
Rechenfehler 15,15
Rechengänge 15,10+22 28,40 37,31 89,14 117,15 127,32 130,40 131,04
Rechenkontrolle 24,20 24,44 37,30
Rechenmaschinen 15,15 26,15
rechnerische Basis 88,05
Rechteck 17,01 39,02 40,03 58,43 60 61 **75,20**+35 78,39 80,18 100,33 **143,20**
Rechteckprismatoid 62,40 134,43 **147,10**
Rechteckpyramide 64,24 133,23
Rechtsläufigkeit 13,23 23,05 26,40 32,02+39 48,38 50,13 51,17 52,28
Rechtsumfahrung 32,02+39
Reduktionstachymetertheodolit 47,30 50,11
regelmäßige Vielecke 60,15 144,30—45
relative Höhe 69,02
Restkappen 31,06 52,30
Restkeil 99,45
Restkörper 67,23 96,26 **99,31** 101,15 102,31 110,03 **112,09 114,25** 116,20 133,33
Restkuppen **108** 110,03
Restmasse 127,05
Restprofilfläche 96,25
Restpyramide 99,40 133,37
Restzunge **100,03**
Resultatwerk 27,11—27
Revisionsplan siehe Bestandsplan
Roden 140,06+28 141,38
Rohplanum 69,04
Rohrleitungsgraben **124,03** 125,46 139,23
Rohrleitungstiefen 117,04 139,25
Rollenschiefe 36,04+14
rot 38,44 39 66,11 69,10 72,12 86,23 89,05 94,46 95,14 127,25
Rückblick 51,43
Runden 14,10
Rundungsfehler 14,14 37,33 66,07 72,10 76,14 102,35
Rundwerte **15,10** 40,34 46,15

Saaten 141,12+17+23
Sackmaß 117,07
Säulen 58,21
Sand **122 123** 125
Sandkastenmethode **68,05**
Sattel 104
Satteldach 64,16
Schaufel **122,07**
Scheibenplanimeter 32,28
Schichtabbau 98,13
Schichtlinie **103,03**
SCHIECHTL 124,35
Schlammpumpe **122,13**
Schlammschaufel **122,11**
Schluff **122 123**

Sachverzeichnis

Schneide 31,42 99,45
Schneidenplanimeter 25,30 **31,40**
Schnellaufmaß 50,10 136,05
Schnitte 78,06 112,39 114,20+33 116,18 117,27 120,02 133,26
Schnittfläche 108,45
Schnittlinie 103,04
Schnittpunkt 88,08 94,25 102,26 103,41 112,33 117,26 120,25
schreibende Rechenmaschinen 34,31
Schreibweise von Zahlen 16,42 18,39 84,44 103,18 117,16
Schütthöhe 127,28 133,01
Schüttwinkel **124,31** 127,27 134,09
Schutzschicht 133,21 139,02+26
Schwerpunkt 31,45 **60** 71,10+47 82,37 127,16 133,40 138,42 150,30
Sechseck 144,30
Segment 145,25
Sektor 145,15
Sicherungsbauweisen 125,01—20 141,20—26 135
Sickerkörper 139,42
Simpsonsche Regel **31,25** 53,15 62,46
Sinus 50,35 51,15
Sinussatz 144,25
Sohlenbreite 124,05 139,04
Spaten **122,18**
Spatenhammer 122
Spezialformel 81,03
Sprengstoff 122,40
Staffelmessung 42,28 54,08
Standardleistungsbuch 100,23
Stationen 84,17
Steilsichtprisma 47,18
Steine 122 140,09
Steinpackungen 139,42 140,03
Stellen hinter dem Komma **15,10**
Stereometrie 58,10
strahlenförmiges Netz 104,36 105,30 **106,07**
Strahlensatz 78,15
Straßenbau 84,15
Streckenfehler 47,32 56,45 **57**
Streckenkontrolle 55,44 **56**
Streckenteilung **92,30** 106,03
Streckenverfahren 16,10 47,29 55,03+10
Streckenvermessung 36,28 42,28+43 46,21+35
Streckenwerte 14,12
Streichwinkel 51,42
Strichpunktlinie 69,16 84,14
Stützmauer 116,34
Stundenleistung **123**
summarische Rechnungen 15,18+24 31,30 37,01 66,07 67,24 70,01 **72,06 74,24** 80,05 89,27 96,29 106,45
Symmetrieachse 60

Tabellenführung 15,10 17,41 **39,46 45,40** 106,41 110,09 112,12 116,46 118,14 131,21
Tachymetertheodolit 16,34 47,31
tachymetrisch 16,34
Tangens 43
Teilflächen 39,12+**44** 40,09 69,32 112,20
Teilkörper 74,02+27 75,08 76,43 78,40 81,35+43 96,04 110,10 112,09 127,23 133,25
Teilprofilfläche 96,22
Teilstreckenmaße 14,12
Teleskop-Meterstäbe 46,38
Terrasse 69,29 82,35 116,15 126,25+42
Tetraeder 64,38
Theodolit 42,20 50,07 51,40 54,28
Tiefbauingenieur 126,12
Ton **122 123** 125
Transportvolumen 126,03 134,24
Transportwege 127,13 138,37 140,41
Trapez 17,30 19,40 39,02 40,03 47,40 56,14 60,25 61 **79,12 143,35**
Trapez, verschränktes 21,40 **22,44**
Trapezsumme **20,38** 23,40 54,19 61,10
Trasse 98,23
Trennlinie 46,30 55,08 69,06

Überhöhung **86,13** 104,24
Übermessen 40,11 141,01—07
überschlägliche Rechnungen 29,40 38,18 **82 100,28 114,43** 126,15
Überschütten 139,30
Überschußboden 66,31 **126** 129,31
Überschußvolumen 66,31 71,11 74,10 81,18 102,09 118,23 124,45 **126** 131,01
Ultraschall-Streckenmessung 46,39
Umdrehungszählwerk siehe Zählwerk
Umfahrungswerte 32,01
Umfang 145,35
Umkreis 143,10
Umrechnungen von Maßeinheiten 14,43
— — Maßstäben 14,43
Umrechnungsfaktor 32,16 38,19
Umwandeln von Höhenmaßsystemen **118,35**
Universalplanimeter 35,26
unregelmäßige Flächen 29,20 52
Unterboden 127,39 128 129,43 130 131,33 **133,10**
Uraufmaß 15,27 16,08 46,10
Urmaße 14,39 15,27 26,47 45,25 46,10

Vegetationsflächen 116,40 127,39 128,44 129,40 130 131,34 132
Verbindungslinie 78,18 84,26 94,01 98,28 104,08
Verdichtung 121,09+32 139,45 140,05
Vergabe 138,09
Verhältnisgleichung 78,15

Sachverzeichnis

Verjüngung 90,32 107 110,34 + 42 114,03
Verkleinerung 14,35
Vermessungsachse 13,25
Vermessungsgang 13,23 16,10 44,07
Verschiebung der Abszisse 22,41 **27,01** 28,18 **48,43** 54,11 98,43
verschränktes Trapez 22,44
Vertikalmessung siehe Höhenvermessung
Vertragsbedingungen 138,10
Vielecke **18,35 48,10** 51,02 52 56,12 58,43 60,15 + 43 61 89,15 132,44
Vielecksumwandlung **18,35 29,35**
Vielfachflächen 20,34 + 43 25,15 28,39 29,15 34,44 38,22 46,05 **53,30** 56,28
Vielschichtige Profile **98,07**
Vielseitprisma 58,26
Vierecke, unregelmäßige 18,02 **81,40**
VOB = Verdingungsordnung für Bauleistungen 45,35 **138,08**
vorübergehende Lockerung 121,27

wässern 141,31
Wall 98,25 126,27
Walzenplanimeter 32,27 34,43
wasserhaltender Boden **122**
Wechsel von Ab- und Auftrag **74** 78,09 80 **92,40 95,05 112**
Wegebefestigung siehe Materialeinbau
Wegeflächen 16,17 33,30 36,34 127,46 131,10 141,28
Werfen **123**
WERKMEISTER 56,43
Wertigkeit siehe Wichtung
Wichtung 36,45 55,37 70,18 72,20 74,04 + 35 80,47 82,10 + 20 84,25 133,05
Winkelmessung 17,25 50 51 54,25 55,05 + 25 56,21
Wölbungen 76,36 83,04
Würfel 58,24 **146,30**

x-Dimension **13,25** 58,21 + 41 116,24
x-Werte **13,25** 51 61,15 69,17 84,15 + 38 88,02 **99,09**

y-Dimension **13,28** 58,21 + 41 107,03 116,24
y-Werte **13,28** 51 61,02 + 15 **84,31** 86,15 92,15 94,25 118,43

Zählscheibe 32,23 34,03 35,18
Zähltafel **30,05**
Zählwerk 27,05
Zahlenstellung 13,37 14,10 16,42 84,44
z-Dimension 58,21 112,20
Zeichenerklärung 39,35
zeichnerische Ermittlung 78,06
Zickzackfaltung 86,06
Zirkel 30,42
Zirkelplanimeter **31,40**
Zugseite 51,03 + 42
zungenförmig 100,03
Zuschläge 40,15 43 **44** 45,10
Zuschlag für geneigte Flächen 40,14 **43 44** 45,10
Zuschlagskoeffizient 42,03 43 44,19
Zuschlagsprozente **43** 45,10
z-Verfahren 78,06 92,46 **104,05** + 47
zweidimensional 89,07
zweimaßstäbliche Flächen **37,10** 86,41
zweiseitige Gefälle 44,13
z-Werte **13,31 68,40 84,47** 86,15 88,02 92,13 94,25 103,06 116,24 118,44
Zwischenlagerung 121,26 **124,29** 127—132 133,42 **134,05** + 23
Zwischenprofil **92 120,15**
Zwischenpunkt **92,26** 94,17 96,20 99,01 120,13
Zwischenschicht **110,38**
Zylinder 58,25 **147,10**
Zylinderhuf **147,20**

Richard und Dion Neutra
Pflanzen Wasser Steine Licht

Herausgegeben von Hermann Exner, Berlin, und Dion Neutra, Los Angeles, unter gartenarchitektonischer Beratung von Prof. Herta Hammerbacher. Berlin. 1974. 132 Seiten mit 312 teils farbigen Abbildungen. 28 × 28 cm. Ganzleinen DM 138,—

Zusammen mit Le Corbusier, Walter Gropius und Mies van der Rohe gehört Richard Neutra zu den bedeutendsten Architekten europäischer Herkunft, die den Baustil unseres Jahrhunderts entscheidend geprägt und den Architekten neue Impulse gegeben haben.

Wie kein anderer hat Neutra die natürliche Umgebung der Landschaft und des Gartens und deren Elemente, die Wirkung von Licht und Schatten, von Reflexionen und Farbkontrasten als Stilelemente seiner Baukunst einbezogen und das kongeniale Zusammenwirken von Architekten, Garten- und Landschaftsgestaltern zu einheitlicher, sich gegenseitig befruchtender Vollkommenheit entwickelt. Richard Neutra verband die biologischen und soziologischen Voraussetzungen für ein neues Wohnen. In aller Vielseitigkeit und Breite seines Schaffens hat er die Synthese zwischen Natur und Industriegesellschaft, zwischen Biologie und Realität gesucht und ist so zum Architekten des „Biorealismus" geworden.

Diaserie zum Buch

Bildtexte und Bildauswahl von H. Exner, Berlin. 1974. 54 farbige Kleinbilddiapositive und ein 22seitiges Textheft. DM 88,—

Richard und Dion Neutra
Bauen und die Sinneswelt

2., erweiterte Auflage. 1980. 44 Textseiten und 144 Abbildungen auf 133 Tafeln. 27,5 × 24,5 cm. Ganzleinen DM 49,—

Hier zeigt ein weiterer Bildband ein bestimmendes Element im Schaffen Richard Neutras: eine stets glückhafte und geglückte Synthese von Natur, Kunst und Architektur. Mit diesem Erlebnis- und Erfahrungsbericht aus dem von ihm als Forschungsstätte geschaffenen Haus am Silbersee vermittelt er zugleich eine intensive, ästhetische Urteilsfähigkeit zur bewußten Wahrnehmung von Räumen, Bauwerken und Landschaften mit eigenem künstlerischen Empfinden und weist Wege zur weiteren Verwirklichung seiner Gedanken und Ideen beim Planen, Gestalten und Bauen. Als Beispiele geben mehr als 140 Meisterfotos, von denen ein jedes nach detaillierten Anweisungen Richard Neutras entstand, Einblick in ein baukünstlerisches Schaffen von einmaliger Bedeutung und Ausstrahlung.

Verlag Paul Parey · Berlin und Hamburg